語《かた》られた親鸞《しんらん》

塩谷菊美《えんやきくみ》

法藏館

語られた親鸞

語られた親鸞　目次

語られた親鸞

はじめに――「お話」としての親鸞伝――

『御伝鈔』への異論

親鸞は高貴な家の出身で、華やかな宮廷生活を約束されていたのに、慈円を師として得度したと言われてきました。しかし、昨今は歴史学者から、これに異論が出されています。

異論その一。父の日野有範《ありのり》は日野家でも庶流の末に位置し、皇太后宮大進《こうたいごうぐうのだいしん》という肩書きから見ても一介の下級官吏にすぎない。貴族としての栄達はもちろん、天台僧になっても出世は望めなかったはずだ。

異論その二。慈円の弟子の幸西・証空は建永（承元）の法難の際に慈円の庇護で実刑を免れたのに、親鸞は流罪に処された。また、親鸞の出家名は範宴だが、このころには宴の字のつく僧侶が大勢いる。親鸞は慈円でなく宴の字のつく僧侶のもとに入室したのだろう。

これらの新説は親鸞と同時代の記録や日記に基づき、厳密な論証を経ています。説得力ある新説の前に、長らく信じられてきた親鸞像が揺らいできていることは否定できません。

従来の親鸞像は、親鸞の曾孫に当たる覚如が永仁三年（一二九五）に作った『親鸞伝《でん》絵《ね》』（以下『伝絵』と呼びます）という絵巻物に拠っています。真宗で最大の年中行事は親鸞の祥月命日に勤められる報恩講ですが、このとき寺院の余間に掛けられる「御絵伝《ごえでん》」は『伝絵』の絵を抜き出して掛幅《かけふく》にしたもの、読み上げられる『御伝鈔《ごでんしょう》』は詞書《ことばがき》（文字の部分）を抜き出して書冊にしたものです。真宗寺院で語られる親鸞の生涯は、基本的に『伝絵』（『御伝鈔』）によって形成されてきたと言ってよいでしょう。

『御伝鈔』は『真宗聖教全書』にも収録されている「聖教《しょうぎょう》」、すなわち真宗聖典の一として尊ばれてきましたが、明治時代には、その記述はかならずしも事実どおりではない、そんなもので本当の親鸞を理解することはできないという意見が出され始めました。報恩講で『御伝鈔』を拝読しない真宗寺院が増えているのも、「史実どおりでない、ただのお話」という意識が反映しているのかもしれません。史実か否かを採否の基準とした場合には、『御伝鈔』の将来は明るくないと言わざるを得ないでしょう。

でも、ちょっと待ってください。覚如が『伝絵』を作ったのは親鸞没後三十三年目、親鸞の直弟やその子供たちが大勢生きていた時代です。誰一人として『伝絵』（『御伝鈔』）の記載に事実どおりでない部分があると気付かない、などというはずはありません。そもそも『伝絵』は親鸞の史実を書いたものとして読まれていたのでしょうか。

深夜の箱根登山

『御伝鈔』箱根霊告段はこんな風に始まります。

東国での布教を終えた親鸞聖人は都への道を辿《たど》られ、日が落ちてあたりが暗くなってから、箱根の急坂にかかりました。ようやく人家が見えてきたころには夜明けが近づき、月は山の端に沈みかけておりました。

当時の東海道は箱根より北の足柄峠を通っていました。親鸞はなぜ箱根山に登ったのでしょう。まして天下の険を日没後に登り始め、明け方に箱根神社に辿り着くなどあり得ないことです。朝から登って夕方前に山を越えてしまうか、昼間のうちに箱根神社に着くつもりで行くか、どちらかでしょう。覚如も読者が事実ととらえないのは知っていただろうに、なぜこんなことを書いたのでしょうか。「お話」は次のように続きます。

箱根神社で聖人が案内を請うと、待ちかまえていたように老人が出てきて、「巫女たちと神を祀っておりましたところ、権現様《ごんげん》から、大切な客人が通るからおもてなしをせよとご託宣がありました。そのご託宣が終わるか終わらないかのうちに、あなた様がおいでになったのです」と言って一行を招き入れ、珍味を整えて饗応《きょうおう》しました。

「おむすびころりん」の「お話」を思い出してください。爺さんのおむすびを食べてしまった地蔵様は、爺さんを背後に隠して、合図をしたら鶏の鳴き真似をせよと教えました。やがて鬼どもが出てきて博奕《ばくち》に熱中し、地面に大金が広げられたところで、爺さんは地蔵様の合図にしたがい、コケコッコーと叫びました。すると鬼どもは「あっ、もう朝だ。夢中になって時の経つのを忘れてしまった」と叫んで取るものも取りあえず逃げ去り、爺さんは鬼どもの残した金を持って家に帰りました。それを見た隣家の爺さんが……もう十分ですね。この「お話」はここまでにしておきましょう。

昼は人間の時間で、夜が神仏や鬼・化物の時間でした。神が人間界に姿を現すのは日没から鶏鳴《けいめい》までなので、箱根権現による饗応も夜ということになります。

けれども、覚如には、親鸞が箱根神社に泊まるつもりだった、自発的に箱根に参籠したとは言いたくない事情がありました。『御伝鈔』熊野霊告段では、親鸞が弟子の平太郎に「領主の命などによる非自発的な神社参詣は行ってよい」と教えています。弥陀一仏に帰依すべき真宗門徒が、諸神諸仏に帰依するのは許されないが、社会的関係のなかでやむを得ない場合は堂々と参詣せよ。覚如はそう考えていたのです。それならば、親鸞が箱根権現の饗応を受けたことにするためには、夜半偶然に社前を通過させるしかありません。

親鸞は諸神諸仏に卓越する、唯一絶対の阿弥陀如来そのものとして造型されました。熊野霊告段では熊野権現が膝を折って畏《かしこ》まり、蓮位夢想段では、親鸞の弟子の蓮位が、聖徳太子が親鸞を弥陀如来の化現《けげん》として礼拝する夢を見ます。権現の饗応は、覚如が親鸞の絶対性を表わそうとして並べ上げた「お話」の一にほかなりません。

一方、親鸞の弟子たち（蓮位や平太郎）は、絶対者親鸞をひたすらに仰ぎ、ひたすらにその命に従うことで、極楽往生への道を歩む者として描かれ、読者は彼らの振舞いを通じて、真宗教義や真宗門徒としてのあるべき姿を学びました。

『御伝鈔』の親鸞や弟子たちは、「お話」の登場人物としての「親鸞」や「蓮位」や「平太郎」であって、鎌倉時代に生きていた生身《なまみ》の親鸞・蓮位・平太郎ではありません。彼らの言動は「お話」の登場人物のそれとして書かれ、読まれていたので、彼らの実像を知っている者たちによって、事実と違うと非難されることもなかったのでしょう。

『御伝鈔』はたしかに「聖教」だったのです。『教行信証』や『御文』（『御文章』）などと同様に、真宗教義を学び、後世に伝えるための聖なる書物。現代風に言えば教義書ということになるでしょうか。

もっとも『教行信証』と『御伝鈔』はタイプが異なります。『教行信証』は教義を論理的に説くタイプの教義書、『御伝鈔』は登場人物が教義を実演する「お話」（物語）型の教義書です。抽象的な学術用語を読みこなせる人には、前者があれば十分でしょうが、文字が読めず、人に読み上げてもらって耳で聴く人、字は読めるけれども難しい文章を読むと混乱したり、寝てしまったりする人には、後者の方が学びやすいでしょう。

『御伝鈔』に見る親鸞の生涯

現存する親鸞伝のほとんどが『御伝鈔』とかかわるので、最初に『御伝鈔』の全体像を掲げておきましょう。

今、『伝絵』でなく『御伝鈔』と言いました。『伝絵』と『御伝鈔』は形が異なるだけで、内容的には同じものです。本願寺の一族や各地の由緒ある大寺院など、ごくわずかな上層部の人びと以外は、絵巻物の『伝絵』を実見することはありませんでした。普通の真宗門徒は『御伝鈔』を聴き、「御絵伝」を見たのですから、本書ではとくに覚如の著作として扱う場合や、絵巻物という形態を問題にする場合にかぎって『伝絵』という言葉を使用し、それ以外は『御伝鈔』としておきます。

絵巻物は絵画と文字が交互に出ますので、お話の区切れ目が目で見てはっきりわかります。文字だけの本ではわかりませんから、第何段という段数表示が付されました。『伝絵』は上下二巻なので、「上巻第○段」という形です。
しかし、江戸時代後期には各段の内容を四字熟語のようにして表示するようになりました。いくつかのバリエーションがありますが、一般的なものを挙げておきます。

上巻第一段　出家学道　高貴な家に生れながら、比叡山に入り慈円の弟子となる。
第二段　吉水入室　法然門に帰依する。
第三段　六角夢想　六角堂で救世菩薩から専修念仏を広めるよう夢告を受ける。
第四段　蓮位夢想　弟子の蓮位は聖徳太子が親鸞を礼拝する夢を見る。
第五段　選択付属　法然から『選択集』を授与される。
第六段　信行両座　法然門弟を信不退・行不退の二座に分け、信の大切さを教える。
第七段　信心諍論　法然門弟の間で論争が起こり、法然は親鸞を正しいとする。
第八段　入西鑑察　弟子の入西が親鸞の肖像を描かせ、親鸞が生身《しょうじん》の弥陀と知れる。
下巻第一段　師資遷謫　専修念仏禁止で法然とともに流罪となる。
第二段　稲田興法　赦免され、関東で布教に励む。
第三段　山伏済度　板敷山の山伏を教化する。
第四段　箱根霊告　上洛の途次、箱根権現に饗応される。
第五段　熊野霊告　弟子の平太郎が熊野参詣し、親鸞に助けられる。

第六段　洛陽遷化　逝去する。

第七段　廟堂創立　大谷に廟堂が造立される。

「下巻第三段」と言うより「山伏済度段」の方がわかりやすいので、真宗門徒はこの形で呼び慣れています。入西鑑察段のように、内容を端的に表現したとは言いがたい段名もありますが、本書もこの形で示していきたいと思います。

さて、一見してわかるとおり、『御伝鈔』はだいたい時系列に沿って進行しますが、蓮位夢想段と入西鑑察段は親鸞が老年になってからの話で、下巻の後半にふさわしいものです。覚如は最初はこの二段のない十三段の『伝絵』を作り、後に入西鑑察段を加えた十四段本、さらに蓮位夢想段を加えた十五段本へと改訂していきました。覚如自身が十五段本をもって完成形と考え、『御伝鈔』も十五段本で作られましたので、たんに『伝絵』『御伝鈔』と言う場合は十五段本を指します。

親鸞の身の上に時間が逆に流れたはずはありません。けれども、一話読み切り型の十五の「お話」が、時には時系列を無視して並べられるというのが、親鸞伝の基本形でした。

さて、本書は親鸞の身に起きた事実を解明しようという本ではありません。親鸞を主人公とする「お話」を読みながら、その「お話」を作った人や、読んだ（聴いた）人の気持ちに分け入って、その時代特有の感じ方、考え方を見ていこうというものです。

明治初期の統計資料によれば、日本人の約三割が真宗門徒ですから、その感じ方、考え方を追うことは、日本文化史を描くことにもつながるはずだと、大風呂敷を広げたくもなりますが、余計な言挙げをしていないで、ともかく幕を開けることにしましょう。

第一章　物語型の教義書——鎌倉時代後期から南北朝時代——

一　『親鸞聖人御因縁』——「親鸞と玉日の物語」のはじまり——

第一話「親鸞因縁」

一冊の本で親鸞伝全体をお話しすることもできませんから、親鸞と玉日の結婚物語に焦点を絞りましょう。この「お話」の初発は『親鸞聖人御因縁』という、「親鸞因縁」「真仏因縁」「源海因縁」の三つがセットにされた物語です。「親鸞因縁」と「真仏因縁」は鎌倉時代後期、『伝絵』よりわずかに早い時期に作られ、「源海因縁」は南北朝期に入ってから前二者に付加されたもののようですが、いずれも作者はわかりません。

まず「親鸞因縁」を読んでいきますが、その前に、「上人」と「聖人」の書き分けについて触れておきます。江戸時代中期以降の真宗では、法然を「上人」、親鸞を「聖人」とする書き分けが一般化しましたが、『御因縁』の古い写本は法然を「聖人」としています。これにも意味があると思われますので、ここでは法然を「聖人」としておきます（本書では原文を口語訳して掲げましたが、原文のまま引用する際には、片仮名書きの資料でも平仮名書きに直しました）。

建仁元年十月のこと、月輪《つきのわ》の法皇が黒谷の法然聖人の庵室を訪れました。「お師匠様の三百余人のお弟子のなかで、俗人はこの円証しかおりません。出家の念仏と俗人の念仏に違いがあるのでしょうか」とお尋ねになると、法然聖人は「弥陀の本願は極悪最下の者の救済にありますが、善人もお見捨てになりません。何の違いもありませんよ」とお答えになりました。法皇が「末世の凡夫は私のような疑念を抱きがちです。本当に差別がないのでしたら、お弟子のなかで一生不犯《ふぼん》の僧を一人頂戴して還俗《げんぞく》させ、そうした疑念を破ってしまいましょう」とおっしゃると、聖人は困ったふうも見せずに、「善信房（親鸞）は今日から法皇の仰せに従いなさい」とお命じになりました。親鸞は涙を流し、「私は九歳で慈鎮和尚《かしょう》のお弟子になり、二十九歳で聖人さまのご門下に入れていただいて、三十八歳の今日まで戒律を犯しておりませんのに、破戒して煩悩にまみれた凡夫になれとは、恨めしく存じます」と涙にくれ、衣の袖を顔に押し当てました。聖人は「そなたは六角堂の観音のご示現でここに来たのだろう。その示現のとおり穢れた俗人の身になりなさい」と仰せになりました。善信が「私は示現のことを誰にも話していないのですから、ご存知のはずはございません」と申しますと、聖人は「示現の証拠となる偈文《げもん》を、私はそのときから知っているのだ。お前の身に何があったのか、詳しく語りなさい」とおっしゃいました。一座の者たちが興味津々でざわめくなかで、善信は語り始めました。

私が慈鎮和尚の弟子として少納言公忠安と名乗っておりましたころ、慈鎮和尚へ恋という和歌の題が割り当てられました。

我が恋は松を時雨の染めかねて真葛《まくず》が原に風騒ぐなり

帝は御覧になって、「恋をしたことがなくて、これほど面白く詠めるはずがない。一生不犯の天台座主が恋をしていたとは勘弁ならぬ」と仰せになり、流罪に処そうということになりましたが、座主は「恋は実体験ではございません。歌だからこそ詠んだのです」と弁明なさいました。「それならば、体験したことのないはずの歌題で詠ませてみよ」と、「鷹羽《たかば》の雪」という題が出されました。

雪降れば身に引き添ふる箸鷹《はしたか》のただきの羽《は》や白斑《しらふ》なるらん

比叡山から宮中への使者として、この善信が歌を持参いたしますと、帝をはじめ関白殿や宮中の皆々が座主の無罪を得心なさいました。帝から使者の俗姓についてお尋ねがあり、「前岡崎皇大皇宮大進、有範卿の子息でございます」と申し上げると、「なるほど前若狭大進の孫であったか。祖父も師匠も歌人ではないか。お前もただ者ではあるまい。師匠はただ鷺（鷹の左側）の羽を詠んだのだから、お前は身寄り（鷹の右側）の羽を詠め」との勅定が下り、辞退もできず、

箸鷹の身寄りの羽風吹き立てて己と払ふ袖の雪かな

と詠みましたところ、帝は御感のあまり、お召し物を脱いで下さいました。それを肩にかけて宮殿を下り、少し歩いて輿に乗ったものの、「ああ、こんなことをして何になるのか。もし詠み損なえば自害するところだった。自害すれば、最も重い罪である五逆罪よりもなお重く、無間《むけん》地獄に堕ちるのだ。出家の挙句が堕地獄か」と、すぐに輿を坂本（京から比叡山への登り口）へ返し、私はそのまま六角堂に赴いて、救世《ぐぜ》菩薩をたのんで七日間参籠いたしました。その示現に任せて聖人の弟子にしていただいたのですが、示現について語ったことはございませんから、ご存知のはずがありません」と申し上げました。

親鸞の話が終わると、法然聖人は硯《すずり》を持ってこさせ、「その示現の偈文は知っている。私が言う前に、さっさと言ってしまいなさい」と仰せになりました。そこで親鸞

はその偈文を、

行《ぎょう》者《じゃ》宿《しゅく》報《ほう》設《せつ》女《にょ》犯《ぼん》　我《が》成《じょう》玉《ぎょく》女《にょ》身《しん》被《ひ》犯《ぼん》
一《いっ》生《しょう》之《し》間《けん》能《のう》荘《しょう》厳《ごん》　臨《りん》終《じゅう》引《いん》導《どう》生《しょう》極《ごく》楽《らく》

と申し上げました。親鸞の言葉と、かねて聖人が書いておかれた証拠の偈文とが一字も違わないので、皆一斉に声を上げました。親鸞は力及ばず、月輪法皇と同車して五条西洞院の御殿においでになり、その夜、法皇の第七の姫君の玉日の宮と結婚なさいました。

では、これについて考えてみましょう。釈尊は一切衆生のために上等な衣を脱いで汚れた姿となり、街なかに出て法を説きました。不軽《ふぎょう》菩薩は自分を打つ衆生を助け、文殊師利《もんじゅしり》菩薩は自分を信ずる人びとより打ち罵《ののし》る人びとをこそ助けようと誓い、龍《りゅう》樹《じゅ》菩薩は九十九種の外道を済度しました。今、法皇は末代の衆生を助けるために、姫君を取るに足らぬ者の妻となさったのです。まことにありがたいことです。

さて、三日後に親鸞夫婦は一つの車に同乗して、黒谷の法然聖人のところに参りました。聖人は姫君を「子細なき坊守である」と仰せになったので、それ以来、一向専修の念仏の一道場の主人を坊守と申すのです。

「月輪法皇」の創造

『御伝鈔』が「お話」（物語）であるように、『御因縁』も事実の記録ではありません。まず、月輪法皇円証という人は実在しません。仏門に入った上皇が法皇ですから、月輪法皇が実在するためには月輪天皇がいたはずですが、そう呼ばれる天皇はもちろん、出家して円証と名乗った天皇もいません。

月輪殿と呼ばれ、円証と名乗った公家ならば実在します。九条兼実という政界の著名人です。久安五年（一一四九）に関白藤原忠通《ただみち》の子として生まれ、源頼朝との協力関係によって摂政・関白・太政大臣を歴任し、五摂家の一つである九条家の祖となり、承元元年（一二〇七）に五十九歳で世を去りました。天台座主の慈円（慈鎮）は同母弟です。

兼実は法然に強く帰依し、法然を戒師として出家しました。『教行信証』には、法然の主著『選択集』が「月輪殿兼実、法名円照」（「円照」は「円証」の音通表記と考えられています）の命で撰集されたと記されています。「親鸞因縁」の「月輪法皇」は法皇と九条兼実、二つのイメージの二重焼き付けのようになっているのです。

江戸時代には「二人で一人」式が受け容れられなくなり、「法皇」を「殿下」、「勅定」（天皇の命令）を「仰せ」に書き換えた写本が流布したり、泰巌《たいがん》という学僧のように「禅定殿下を法皇、殿下の仰せを勅定」としているのは『御因縁』が聖教でない証拠だと言って、聖教目録から外す者も出てきましたが、後述のとおり『御因縁』は『伝絵』と同じころの成立です。親鸞自身が「月輪殿兼実、法名円照」と明記しているのに、その弟子たちが親鸞を「月輪法皇円証」の婿と信じるでしょうか。中世の『御因縁』の読者も『御伝鈔』の読者と同様に、これは物語だと割り切っていたのでしょう。

いや、なかには知識のない読者もいただろう、その人が「月輪法皇円証」を実在の人物と思い込んだらそれまでじゃないか、と思われるかもしれません。じつは、ここが中世の親鸞伝を読む際のポイントなのですが、今はとりあえず物語を読み進めましょう。

理論書の物語化

物語は月輪法皇が法然に疑念を表明するところから始まります。両者の会話を問答の形に組み直すと、こうなります。

〔円証の問い〕お師匠様の三百余人のお弟子のなかで、俗人はこの円証しかいません。出家の念仏と俗人の念仏に違いがあるのでしょうか。

〔法然の答え〕弥陀の本願は極悪最下の者の救済にありますが、善人もお見捨てになりません。何の違いもありませんよ。

〔円証の問い〕末世の凡夫は私のような疑念を抱きがちです。本当に差別がないのでしたら、お弟子のなかで一生不犯の僧を一人頂戴して還俗させ、そうした疑念を破ってしまいましょう。

法然と弟子たちの問答を集めた『念仏往生要義抄』という本に、こんな問答があります。

〔弟子の問い〕出家した者の念仏と俗人の念仏とは、勝り劣りがあるのでしょうか。

〔法然の答え〕出家した者の念仏と、世間者の念仏との功徳は等しく、まったく違いがありません。

〔弟子の問い〕まだ疑いが残っています。女人に近づかず、汚れたものを食べずに唱える念仏は尊いでしょうが、朝晩女性と睦みあい、酒を飲み、汚れた食事をして唱える念仏は劣ることでしょう。功徳が等しいはずはありません。

「法然は浄土宗、親鸞は真宗」と分けるのは江戸時代以降のことで、親鸞自身は法然の弟子という意識を強く持っていました。「親鸞因縁」の作者も、法然門流の教義書である『要義抄』を物語化したのです。理論的教義書を物語に作り替えてしまえば、難しい理屈が苦手な人も取り付きやすくなります。

『要義抄』でとくに問題とされているのは女犯《にょぼん》と肉食《にくじき》（殺生）です。「末世の凡夫は造寺造塔などの功徳を積めないのみならず、禁戒を守ることもできない。極楽往生を願う者はひたすらに念仏を唱えよ」という法然の教えは、多くの者たちを惹《ひ》きつけました。けれども、在家のままの往生が本当に可能なのか、疑念を払拭《ふっしょく》できぬ弟子もありました。

「親鸞因縁」の円証はそういう弟子の一人でした。とはいえ、出家した上皇が法皇ですから、「在俗の弟子」とは奇妙な言いようです。戦国時代の『日葡《にっぽ》辞書』は法皇を「国を子に譲り渡した老王」としていますので、「隠居した天皇」の意味もあったにせよ、据わりが悪いことは否定できません。なぜこのように表現したのか気になりますが、これも後回しにしましょう。

ともあれ、法然は在家往生を説きながら、法然自身も弟子たちも戒を保つ生活をしていました。これは矛盾、と言って言い過ぎならば、言行不一致とは言えるでしょう。『要義抄』の問者は教義理解の浅い弟子というだけですが、「親鸞因縁」の法皇は法然の言行不一致を鋭く突く、重要な役回りを担っていることを指摘しておきたいと思います。

二　和歌の世界からの逸脱――中世文化における和歌の意味あい――

題詠の時代

法然は親鸞を指名し、観音の告げに任せて女犯の戒を破れと命じます。親鸞の語った入門の契機も女犯から始まっていました。当面の問題は女犯に絞られました。

前近代において恋と性は別物ではありません。次のなまめかしい二首は『古今和歌集』の「恋」の部に入っています。

君や来し我やゆきけむ思ほえず夢かうつつか寝てか覚めてか

かきくらす心の闇にまどひにき夢うつつとは世人《よひと》定めよ

詞書によれば、在原業平が伊勢神宮に赴き、斎宮《さいぐう》（神に仕える未婚の内親王）と密会した翌朝の遣り取りとされています。女が「昨夜あなたと契ったのは夢なのか現実なのか、わかりません」と詠んだのを受けて、男は「私は今、分別を失っていますから、他の人に聞いてください」と応えました。このように恋と性は分かたれていなかったのですが、ついでにもう一つ、「贈答歌などでは、後から詠む人は前の人の用いた言葉や情景を活かして詠む」という詠歌のルールも、ここで確認しておきましょう。

さて、慈円の歌は「冷たい時雨が松を紅葉させられないように、私の恋は好きな人の気持ちを私の色に染めてしまえず、風が葛の葉の裏側を白々と見せて吹き荒ぶように、恨み（裏見）心が騒ぐありさまです」という意味です。正治二年（一二〇〇）に後鳥羽院が主催した『正治初度百首《しょうじしょど》』や、それを引いた元久二年（一二〇五）の勅撰集（天皇や院の命で編まれた歌集）の『新古今和歌集』に、たしかに慈円の歌として載っています。

勅撰集への入集は公家・武家・僧侶、すべての人のあこがれの的でした。『平家物語』によれば、平家が都落ちをする際に、忠度《ただのり》は師の藤原俊成に己の和歌を記した一巻を託し、いつか勅撰集が編まれるときには一首なりとも選んでほしいと頼んで去っていきました。平家滅亡後、俊成は『千載集』を編む際に、重罪人の忠度の一首を「詠み人知らず」として入集させたといいます。

慈円は恋歌の名手と言われ、この歌もその重大な勅撰集に「前大僧正慈円」の歌として収載されました。そもそも『千載集』以後、明治以前の和歌は、題詠が主で、実体験とは無関係に制作されるものでした。僧侶が恋の歌を詠むことも珍しくありません。天台座主が恋歌を詠んで破戒の罪を問われるとは、およそ非常識な筋立てです。

「親鸞の和歌」の原拠

しかし、「親鸞因縁」の作者は非常識どころか、和歌の知識を十二分に持つ人です。師匠と弟子の二首、

雪降れば身に引き添ふる箸鷹のただささきの羽や白斑なるらん
箸鷹のみよりの羽風吹き立てて己と払う袖の雪かな

について考えてみると、師匠の「徒前《ただささき》（左側）の羽」に対して、弟子は「身寄（右側）の羽」で詠むという設定です。鷹を左腕に据えると、鷹の右側は自分の身に近いところにくるので「身寄」、左側は手の先端にくるので「手な先」（「な」は「の」の意）です。「親鸞因縁」の作者や、作者が読者として想定していた人びとは、詠歌の作法を身につけていたと見なければなりません。

慈円の「雪降れば」の歌は、『正治初度百首』に藤原範光《のりみつ》作として、

雪降れば身に引き添ふる箸鷹のたなさきの羽ぞ白斑なりける

の形で出ています。貞治三年（一三六四）以降の『六花和歌集』では慈円の作として、第五句を「白斑なるらん」とする「親鸞因縁」と同じ形で載っていますから、慈円詠とする伝承もあったのでしょう。

親鸞の「箸鷹の」の歌は高階成朝《たかしななりとも》という公家の歌の改作です。正安二年（一三〇〇）に高階宗成《むねなり》の編んだ高階一門の家集『遺塵《いじん》和歌集』に、「雪中鷹狩を」の詞書で出ます。

箸鷹の身寄りの羽風吹き立てて我と払はぬ袖の白雪

高階氏は天武天皇の孫、長屋王の後裔とされます。「親鸞因縁」の作者が高階一門でないかぎり、『遺塵集』を見たとは考えにくいのですが、真宗史の知見では、親鸞もしくは真宗門徒と高階氏との接点は見出せません。「親鸞因縁」の作者は何か別のルートで、このマイナーな歌を知ったのです。

高階宗成は『遺塵集』を撰するに際し、息子や娘の歌を十数首ずつ入集させました。嫡子成朝に男子がいれば、かならず採ったに違いありませんが、成朝息の成兼《なりかね》は一首も入っていません。成兼は文保二年（一三一八）に編纂された勅撰集『続千載和歌集』に入集したほどの実力の持ち主ですが、『遺塵集』編纂時にはまだ幼なすぎたのでしょう。そうだとすれば、成兼の父の成朝が詠歌できる年齢に達するのは、早くて一二八〇年代初頭、常識的には九〇年代に入るはずです。

後で詳しくご説明しますが、「親鸞因縁」は武蔵・相模近辺で、永仁三年（一二九五）成立の『伝絵』に先んじて作られたと考えられます。成朝が「箸鷹」の歌を詠んだのと「親鸞因縁」との間には、最大限に長く見積もっても十余年しかありません。

逆に距離的にはこの二つは遠く離れています。成朝の歌は『遺塵集』の「鷹司《たかづかさ》の大殿（関白太政大臣鷹司基忠《もとただ》）の御会」での一連の詠作中にあります。都の太政大臣家の歌会で詠まれた歌を、「親鸞因縁」の作者がどうやって知ったのでしょうか。

鎮護国家の仏教からの逸脱宣言

『遺塵集』によれば、宗成は十回余も鎌倉に下向したそうです。藤原為家・二条為氏・京極為兼・真観といった鎌倉政権寄りの職業歌人たちと、歌の贈答も繰り返しています。この歌人は存外鎌倉と近いのです。

鎌倉武士の側も公家との交流に積極的で、多くの武士や僧侶が都から職業歌人を下向させたり、東下りしてきた歌人に指導を請うたりしていました。

覚如の長子である存覚の口述を記した『存覚一期記』によれば、覚如から義絶された存覚が京都山科の仏光寺に身を寄せていたとき、仏光寺に火事があり、存覚はやむなく鎌倉の誓海を訪ねました。鎌倉滞在中に北条（大仏《おさらぎ》）貞直邸を訪問すると、花山院師藤《もろふじ》という公家の娘の長楽寺禅尼が、貞直の娘の後見として住み込んでいました。花山院師継《もろつぐ》（師藤の祖父）の息である仁和寺尊勝院の厳忠《ごんちゅう》大僧都は、すでに遁世して無住と名乗っていましたが（『沙石集』作者の無住とは別人です）、その人が居合わせて、存覚の娘を長楽寺に入れるよう禅尼に勧めてくれたそうです。

大仏氏は都から公家の女性を呼び寄せ、娘の教育に当たらせていました。同氏から歌人が輩出したのも当然のなりゆきで、貞直も複数の勅撰集に入集しています。都人の存覚が都人の無住を鎌倉武士の屋敷で紹介され、その口添えで近江に残してきた娘の身の振り方を決めるとは、嘘のような出来事ですが、それがとくに感激した風もなく『存覚一期記』に記されたのです。東国の真宗門徒も公家の文化のなかに在ったと言って過言ではありません。

『御因縁』は親鸞・真仏・源海の三因縁のセットですから、親鸞―真仏―源海と相承《そうじょう》する、いわゆる「荒木門徒」の作った親鸞伝と考えられます。仏光寺を開いた了源や、存覚を迎えた誓海も荒木門徒の一員でした。「親鸞因縁」の作者が成朝の歌に触れた具体的な事情はまったくわかりませんが、荒木門徒、鎌倉武士、公家の深いつながりと、高階宗成が鎌倉を始終訪れていた事実を考え合わせれば、成朝の歌を知る可能性は十分にあったと言えるでしょう。

公家の文化と書きましたが、厳密に言えば、和歌は公家に発しながらも、中世には公家・寺家・武家共通かつ必須の教養になっていました。武将平忠度の最後の願いが勅撰集への入集とされ、僧侶も慈円のように和歌の名手であることを要請されました。太田道灌と「七重八重花は咲けども山吹の実のひとつだになきぞ悲しき」のお話もあります。立派な武家は和歌にも秀でていなければなりませんでした。

代々の帝は勅撰集を編み、地方の武士や山寺の僧侶も必死で和歌を学んで、詠歌できない下々の者たちと一線を画しました。最新の国文学の成果では、詠歌できること、詠歌の場に参加できることが公的秩序の一員たる証であって、公家・寺家・武家は内部的には対立を抱えながら、和歌によって結ばれた公共圏を形成してきたとされています。

それでは親鸞はどうでしょうか。伝親鸞作という和歌は一見して江戸時代風で、確実に親鸞作とされる歌は一首もありません。そればかりか、真蹟のなかに「殺」や「盗」など「十悪」を列挙した一紙があり、「綺語」に「うたをよみ、いろへことば（お世辞）をいふ」という左訓が付されています。親鸞にとって詠歌は十悪の一でした。仏の偉大さを讃嘆するなど、一般に和歌が用いられる場面では、親鸞は和讃を用いました。

もっとも、それは史実上の親鸞の話です。「親鸞因縁」の主人公の親鸞は歌の上手でしたが、帝に認められ、褒美を賜ったまさにそのとき、愕然《がくぜん》としたのです。詠み損ねていたら自害して、地獄に墜ちるところでした。

天台僧の職務は仏教の力で国を安泰に保つことです。鎮護国家の仏教の担い手として、加持祈禱の功験を高めるために女犯や殺生をせず、常に身を清浄に保っていました。支配階級の一員として恋や鷹狩を詠みこなしていても、詠歌は実体験でないことが前提ですから、自己矛盾ということはありません。

しかし、清浄さや和歌の才は「この私の往生」の糧にならないどころか、堕地獄を招くものでさえありました。物語中の親鸞はそれに気づき、山を下りて、穢身のまま浄土を願う在家仏教を創始します。女犯肉食の歌を詠みながら、実地にはけっして行わない慈円と、歌を排して女犯肉食の在俗生活を選ぶ親鸞、師弟の道ははっきりと分たれました。

鎮護国家の仏教から「この私の往生」を願う仏教へ。清浄身でなければ許されない自力の仏教から、穢身のままの他力の仏教へ。「親鸞因縁」は「この私の往生」を願う者たちの、国家的仏教からの逸脱宣言です。

この物語は法皇の疑念から始まりました。国家的仏教の頂点にある者でも、「この私の往生」となると、とたんに確信が持てなくなってしまいます。一介の公家にすぎない九条兼実では、この物語には役不足、どうしても法皇でなければなりません。「歌を詠む」が公共圏の内部に在ることであるのなら、現秩序の枠を自ら外れる「遁世」は、和歌の世界からの逸脱にほかなりません。国家的仏教からの逸脱が、和歌の世界からの逸脱の物語として語られる所以です。和歌を排した親鸞は、次の段階で、ついに女犯に踏み切ることになります。

三　聖なる人の誕生――女犯偈と成仏――

玉女の誘惑

親鸞と法然は同じ偈文を得ていました。一般に女犯偈と呼ばれる偈文です。

行者宿報設女犯　我成玉女身被犯　一生之間能荘厳　臨終引導生極楽（おまえが女犯をする宿命にあるのなら、私が玉女となって犯されよう。おまえがこの世に在る間は荘厳し、臨終に際しては極楽に導こう）

荘厳《しょうごん》とは仏像や仏堂を仏具などで飾ることです。この世に生きている親鸞に対し、仏に対するのと同じ語が用いられているのには注意しておきましょう。

発邪見心。淫欲織盛可堕落於世。如意輪我成王玉女。為其人親妻妾共生愛。一期生間。荘厳以富貴。令造無辺善事。西方極楽浄土令成仏道。莫生疑云々。（もし悪い心を起こし、性欲が激しくて女犯しそうになれば、如意輪観音が玉女となって、その人の妻妾となり、ともに愛し合って一生富貴にして荘厳し、多くの善根を積ませて、西方の極楽浄土に往生させよう。それを疑ってはならない）

これは一九六三年に名畑崇氏が報告されたもので、『覚禅鈔《かくぜんしょう》』という真言密教の書物に出ます。内容面の類似だけでなく、女犯偈の「我成玉女」「一生之間能荘厳」と『覚禅鈔』の「我成王玉女」「一期生間荘厳」とは語句のレベルでもほぼ一致します。『覚禅鈔』は真言密教を専門的に学ぶ僧侶が読んだ鎌倉初期の書物で、真宗とは結び付きそうにありませんが、同じ種が密教と真宗で二輪の花を咲かせることもないとは言えません。女犯偈のような考え方は、どの程度受け容れられていたのでしょうか。

性愛と成仏に関する言説については、すでに多くの指摘があるので、それにしたがって挙げていきます。まずは『維摩経《ゆいまきょう》』仏道品《ほん》第八です。『維摩経』は有名な経典ですから、誰でも名前ぐらいは知っているでしょう。親鸞もこの部分ではありませんが、別のところを『教行信証』に引用しました。「仏説」何々とある他の経典と違って、この経典で法を説くのは仏陀でなく、妻子ある俗人の維摩詰《ゆいまきつ》です。

或現作淫女。引諸好色者。先以欲鉤牽。後令入仏道。（みだらな女となって好色な者の気を引き、鉤《かぎ》にひっ掛けてこちらに引き寄せておいて、後に仏道に入れるのだ）

江戸中期の粟津義圭作『御伝鈔演義』では女犯偈の解説にこれが引かれ、さらに中国の馬郎婦《めろうふ》観音の例が挙がっています。仏法に関心の薄い陝西《せんせい》の人びとの前に美女が現れて、法華経普門品を暗誦した人の妻となると言い、金剛経、法華経八巻と、順次暗誦の要求を上げていって、覚えきった男との結婚直前に急死しますが、彼女はじつは観音だったそうです。

日本の『今昔物語集』にも、虚空蔵《こくうぞう》菩薩が美女に身を変じて僧に学問修行をさせた話があります。日本でも院政期には同類の物語が行われていたのです。

破戒する聖人たち

ただ、これら「美女（とくに観音の化身）が男を誘引して成仏へ導く物語」には、破戒への苦悩が見られません。そこで今度は「女犯・肉食という禁忌に触れる行為によって、聖なるものが誕生した」とする物語群を見ていきましょう。

保安三年（一一二二）に源為憲《ためのり》が執筆した『空也誄《るい》』に、神泉苑の門外で病み臥せる老女に空也が自ら肉類を与え、養う話があります。癒えた老女は空也との性交渉を望み、空也が応じようと決心したとき、老女は「我は神泉苑の老狐、上人は真の聖人である」と讃嘆し、姿を消したといいます。

もっと濃密な性行為の描かれる物語もありました。大江定基《さだもと》発心譚は『続本朝往生伝』『今昔物語集』などに出る有名な物語ですが、ここでは『御因縁』第三話「源海因縁」によってまとめてみましょう。

三河入道寂照は野辺に捨てられた相寿の死骸に添い伏し、その舌を己の口に含んで慕い嘆きましたが、死体はやがて変色し、舌根は腐って虫がわきました。定基はそれを見て発心し、後には天竺へ渡って、清涼山に登ってその目で大聖文殊を拝みました。

「源海因縁」は読者がこの物語をあらかじめ知っているものとして書かれており、それだけを読んでもわかりづらいので、『今昔物語集』で補うと、寂照は道心を固めようとして生きた鶏の羽をむしらせ、血の涙を流して苦しむさまを見ながら、生きたまま肉を切り取らせて食べました。後に入宋して（天竺というのは「源海因縁」の誤りです）五台山で風呂を施行すると、腫物のある女が湯を乞い、人びとに追い払われそうになりました。寂照が食物を恵み、湯浴みをさせると、女はかき消すように失せ、文殊の化身と知れたそうです。

どちらもグロテスクな物語です。怖いもの見たさで寄って来る人びとをつかまえ、仏の道を説き聞かせてしまおうという、『維摩経』で言う「鉤」でもあるのでしょうが、それだけではありません。空也は市聖と呼ばれました。穢れた市街で活動する聖たちは、清浄な山域に住む僧侶とは社会的な位置づけが異なりました。

仁和寺で大僧都だった人が遁世して無住和尚と名乗ったように、「親鸞因縁」では天台僧が遁世して法然門に入りました。出家の遁世とは変に聞こえるかもしれませんが、朝廷に出仕する公卿の遁世と、仁和寺に出仕する真言僧の遁世、比叡山に出仕する天台僧の遁世は、当時としては等価だったでしょう。

空也や寂照は積極的に女犯の境涯を受け容れ、それによって聖なるもの（神泉苑の老狐や文殊）の讃嘆を受けて聖別されました。山を下りて国家的仏教の保護と支配を脱し、街なかの六角堂に籠もる親鸞の姿は、彼らと重なります。

現実の社会では、比叡山や高野山の多くの僧侶が半ば公然と妻帯していました。しかし、空也や寂照の物語では、「清浄であってこそ仏果を得られる」という建前が確固たる前提とされています。その前提を超えて突き進む、異常かつ破壊的な力が、聖なるものに受けとめられたとき、新しい「真の聖人」が誕生するのです。

弥陀の化現

慈悲心の発露として自ら身を穢し、「真の聖人」と讃嘆される物語については、もう一度「真仏因縁」で見ることにしますが、『御因縁』はこうした物語のパターンを踏まえて読まないと、読み違えてしまいます。女犯偈は単なる女犯の許可ではなく、聖なるもの（救世菩薩）の召命を受けた、念仏集団指導者の誕生を語っていました。

法然もただの人ではありません。在家仏教を実践する弟子の登場を、九年前にすでに知っていたというのですから、法皇の要求は予言されていたようなものです。

現実の親鸞は、『浄土和讃』では法然を勢至菩薩の化身と讃え、『唯信鈔文意《ゆいしんしょうもんい》』では「無《む》碍《げ》光《こう》仏（阿弥陀仏）は観音とあらはれ、勢至としめす」、つまり、観音・勢至は弥陀がこの世に現れるときの一形態であるとしました。「法然は勢至の化身、つまり阿弥陀仏なのだよ」と、親鸞は弟子たちに教えていたのでしょう。

「真仏因縁」では親鸞やその弟子の真仏が弥陀の化身として描かれます。「親鸞因縁」の法然も弥陀の化現なのでしょう。親鸞は弥陀の化現である救世菩薩から在家仏教の秘密の鍵を与えられ、同じく弥陀の化現である勢至菩薩にその実行を促されて、末世に弥陀の教えを宣布すべく、自らの身を穢しました。その結果、親鸞もまた弥陀として顕現することになるのです。

「『覚禅鈔』から女犯偈が作られた」というように、点と点を矢印で結ぶことよりも、女犯偈の説くところが、見たことも聞いたこともない奇妙奇天烈なものではなく、したがって真宗の専売特許でもなくて、物語の形で当時の社会に浸透していたのを確認すること、そして、その上で真宗が何をなしたのかを問うことが、大切なのだと思います。

真宗は中世社会に生まれた子供です。神祇不拝・一向専修など、非常に純粋で、それゆえに一般性から遠いイメージがありますけれども、鎌倉時代の真宗門徒は鎌倉時代の空気を吸って生きていました。

ちなみに、弘法大師空海も聖徳太子の遺跡（磯《し》長《なが》の太子廟）で夢を見たとされます。太子の遺跡地に籠もって夢告を得るのも、「聖なる人」誕生のパターンだったのでしょう。

四　女犯偈にかかわる二種の物語――中世における物語の作り方――

『御伝鈔』と『経釈文聞書』

史実上の親鸞は神仏と交流できるタイプで、その交流体験の伝承にも熱心だったようです。自己の生涯についてはほとんど書き残していないのに、法然に『選択集』を授与されたとき夢告《むごう》によって改名したことを『教行信証』に、康元二年（一二五七）二月九日に「弥陀の本願信ずべし」の和讃を夢に得たことを『正像末和讃』に記していますが、六角堂の夢告に関する親鸞自身の記録は現存しません。

女犯偈は「親鸞因縁」と『御伝鈔』、専修寺に蔵される真仏筆『経釈文聞書《きょうしゃくもんききがき》』、「熊皮《くまがわ》御影《ごえい》」と呼ばれる親鸞影像（肖像画）の讃銘に記されています。このうち『経釈文聞書』は経典等からの要文を集めたもので、「蓮華面経に言はく」「善導法事讃に云はく」などと出典を書いては引用するのですが、女犯偈は「親鸞夢記に云く」として引用されました。

「親鸞夢記」にこう書かれています。「六角堂の救世菩薩が善信に行者宿報云々の偈文を与え、『この偈文は私の誓願であるから、すべての人に説き聞かせよ』と命じ、親鸞は数千万の人びとに説き聞かせると見て、夢から覚めました」と。

『御伝鈔』はこれとほぼ同文ですが、後ろに「この記録を開いて例の夢想について考えてみますと」という覚如自身の解説が続きます。それによれば、この夢告は「真宗繁昌の奇瑞、念仏弘《ぐ》興《こう》の表示」で、「この偈文を授けていただいたがゆえに、親鸞は阿弥陀仏のかたわらに聖徳太子を崇めた」のだそうです。

『経釈文聞書』はすべて「○○に云はく」から始まるので、「親鸞夢記に云はく」とするのは当然ですけれども、奇妙なことに『御伝鈔』も「かの記にいはく」として六角堂の夢告を記しています。これは偶然でしょうか、それとも、「六角堂の夢告」には「親鸞夢記（かの記）にいはく」が付き物だったのでしょうか。

覚如が『経釈文聞書』を見て『伝絵』を書いたため、『経釈文聞書』の「親鸞夢記云」が残ってしまったというのなら、覚如は「親鸞夢記」そのものを見ていないことになります。「この記録を開いて例の夢想を考えてみると」と言われれば、普通の読者は「そうか、覚如は親鸞自筆の夢想記を見たのだな」と思うでしょうから、やや誇大広告というところでしょう。

なぜ、そんな些事にこだわるのかというと、中世・近世には、実在しない書物や文書を

「引用」してしまうことがよくあるからです。「親鸞夢記に云はく」とあるから「親鸞夢記」が実在したはずだと思い込んでしまうと、危険なところもあります。そういうとき現代人は引用でなく偽造と呼ぶでしょうが、昔の人は、本来あるはずのものが欠けている場合には、欠を補ってしかるべきだと考えていました。

恵信尼と存覚

親鸞の妻である恵信尼の書状や、存覚が親鸞讃嘆の講式（経文などに節を付けて唱えること）として作った『歎徳文』、覚如伝『最須敬重絵詞《さいしゅきょうじゅうえのことば》』（覚如高弟の乗専の作ということになっていますが、じつは存覚の手になるものです）、『教行信証』注釈書の『六要鈔』といった存覚の著作には、別のタイプの六角堂夢告の物語が記されています。『敬重絵』によってまとめると、

> 生死を免れる道を得ようと修行に励み、延暦寺本尊の薬師如来や地主《じしゅ》神の山王権現、延暦寺の祖師である最澄・円仁にもそれだけを祈りました。さらに観音菩薩の悲願をたのみ、聖徳太子の済度を仰いで、山王権現から西坂本を経て六角堂へ百日参詣をして、真の知識（仏道に導いてくれる師匠）に引き合わせてほしいと祈念をこらしたと

ころ、満願の九十九日目の夢に「末代出離の道は念仏だけだ。法然聖人を訪ねよ」と示現があり、吉水の法然聖人の禅室に赴きました。

六角堂夢告の物語には『伝絵』『経釈文聞書』型と、『恵信尼書状』『敬重絵』型の二つがあるのです。

『経釈文聞書』と『恵信尼書状』は親鸞と同時代人（真仏・恵信尼）の作とされています。「親鸞の事実を見てきた人が書いたのなら、物語でなく事実のはずだ」ということにならないのは、もうおわかりいただけたことでしょう。二十年ちかく前に、『恵信尼書状』を細かく分析された西口順子氏が「六角堂参籠の話は他の書状と違い、文体が流麗で、口語りの一節を聞くような感がある。すべて正確な事実というよりも、語られていた話であったと見たほうがよい」と指摘されました。本当にそのとおりだと思います。

それでは、まずこの二型の共通点を見ることにしましょう。両者とも救世菩薩すなわち聖徳太子の加護を言っています。日本仏教は総じて太子を尊崇し、親鸞も例外ではなかったので、太子の加護を言うこと自体は珍しくありません。

問題は救世観音です。平安時代の『聖徳太子伝暦《でんりやく》』に「聖徳太子誕生に際して百済の聖明王が救世観音像を日本に贈り、使者の阿佐太子は合掌敬礼《きょうらい》救世大慈観音菩薩と言って礼拝した」とあります。『伝暦』はたいがいの太子伝のもとになった書物で、親鸞もその著作『尊号真像銘文《めいもん》』の「皇太子聖徳御銘文」にこの部分を採り上げたほか、「救世観音大菩薩　聖徳皇と示現して」に始まる和讃も作りました（『皇太子聖徳奉讃』）。真宗系太子伝の『正法輪蔵《しょうぼうりんぞう》』（聖法輪蔵）』でも、太子自らが磯長太子廟の壁面に「我が身は救世観世音」などと記したことになっています。聖徳太子は古来、救世観音の化身とされ、真宗門徒もその流れの上にありました。

ところが、六角堂の本尊は、実際には救世観音でなく如意輪《にょいりん》観音でした。室町時代の百科事典である『拾芥抄《しゅうがいしょう》』には「六角堂。金銅三尺如意輪、聖徳太子」とあり、『正法輪蔵』にも如意輪と明記されています。六角堂の如意輪は太子像であると信じられていたところへ、太子は救世観音だという思い込みが重なって、「六角堂の救世菩薩」になったのでしょう。両型の諸書が足並みを揃えて同じ間違え方をしたのではなく、もともとひとつの物語だったのではないでしょうか。

女犯偈の物語的性格

二つの型の違いは何でしょうか。『伝絵』『経釈文聞書』では、六角堂の救世菩薩が親鸞に偈文を授けて宣布するよう命じたこと、親鸞が数千万の人びとに説いたこと、の二点が

「親鸞夢記」に書いてあるとされました。『恵信尼書状』『敬重絵』に「親鸞夢記」や女犯偈は登場せず、親鸞は六角堂に百日参詣して、極楽往生への道を示してくれる真実の師を求め（『恵信尼書状』では「後世が助かるような縁に出会いたい」という表現ですが、内実は同じことでしょう）、法然に師事せよという夢告を授かったということです。

六角堂で得たのは女犯偈かそれ以外か。六角堂の夢告は一回か二回か（女犯偈を得たときと法然門に入ったときの夢告は、同じか別か）。江戸時代の学僧たちは熱心に議論を戦わせました。でも、「親鸞因縁」は物語です。「夜中の箱根登山とは人を馬鹿にしている」「そこらの公家の歌を聖人の和歌と言うとは、聖人に失礼だ」などと怒るのが見当違いであるように、学僧の議論を蒸し返し、「親鸞は本当に六角堂で女犯偈を授かったのか」と問い詰めるのも、「親鸞因縁」との上手な付き合い方とは思えません。

僧侶の女犯が強く忌避されるのでなければ、女犯偈は意味を成しませんが、天台宗の清僧にも妻子のある者は大勢おり、実子が法弟となれば「真弟《しんてい》」と呼ぶ習慣さえ存在しました。そういうなかでは、女犯偈は史実よりも物語上の問題になるはずです。

親鸞の史実の探究は日記や文書にお任せして、物語を読むこの場では棚上げにしましょう。極端な言い方をすれば、親鸞という人が実在せず、誰か別の人たちが真宗教義を考え出したのだとしても「親鸞因縁」は書かれ得るし、真宗門徒がそれによって真宗教義を学ぶことはできました。門徒集団が伝えたいのは教義であって、親鸞の史実ではありません。

女犯偈をめぐる二種の物語は、どちらも「親鸞は六角堂で夢告を得たことにより、念仏を広める道に入った」という「真宗のはじまり」を説いています。二つを別の話と見ることはできません。

「親鸞は六角堂で女犯偈を授かり、法然の弟子となった」とする「親鸞因縁」は、女犯偈を授かる点では『伝絵』『経釈文聞書』型、夢告を契機に法然門に入るところは『恵信尼書状』『敬重絵』型です。換言すれば、六角堂夢告を言う二つの型は、それぞれ「親鸞因縁」の半面に光が当たった形なのです。

最後に「熊皮御影」について触れておきます。この影像のもとになった「安城御影」には火桶や鹿杖《かせづえ》（先が二股になった杖）が描かれ、これを実見した存覚は「杖や火桶は桑材、敷皮は狸で草履は猫の皮」などと記録しました。宮崎円遵氏は「安城御影には服装や調度についての詳しい伝承か説明書があったのだろう」と想像しています。たしかに絵だけから桑か桐か、狸皮か猫皮かを見分けることはできず、狸や猫であることの意味もつかめませんから、「親鸞が狸皮を敷き、猫皮を履くにいたった物語」が存在したのでしょう。

女犯偈が記されたのは『御因縁』『伝絵』という物語、そして「熊皮御影」という物語を背後に置く絵画です。『恵信尼書状』も、親鸞と恵信尼の娘の覚信尼が父の往生に疑念を抱いたとき、親鸞が法然の弟子になった次第を説明して「往生は間違いない」と述べたものです。女犯偈は物語的な史料にしか出てこないのです。真宗における物語の重要性を指摘するのに、いくら声を大にしても、しすぎることはないでしょう。

五　玉女と玉日——巫女的な女性——

仏光寺了源の妻

救世菩薩（聖徳太子）は「玉女となって犯されよう」と親鸞に告げました。玉女は「すばらしい女性」という意味で、仏典によく出ます。平安時代の『東大寺要録』には、聖武天皇が伊勢神宮に参詣すると夢に玉女が現れ、自分は天照大神で本地は盧舎那仏だと明かしたので、天皇は東大寺を建立したとあります。かの慈円も『慈鎮和尚《かしよう》夢想記』に、三種神器の神璽《しんじ》が玉女と化し、剣（王）と交会して不動明王の印が成就した、王法・仏法相依して治国利民が成るという夢を見たと記しました。

「親鸞因縁」では聖徳太子が玉女と化します。ここで旧一万円札の壮年男性を思い浮かべてしまうと、ひどく不似合いですが、真宗寺院に安置される聖徳太子像はだいたい太子十六歳像、いわゆる孝養《きようよう》太子像です。中性的な面持ちで垂髪《すいはつ》（髪を二つに分けて体の前に

孝養太子像（妙安寺蔵）

長く垂らす）か角髪《みずら》に結い、華やかな衣をまとっていて、妙齢の女性に現じても不自然ではありません。

それでも、孝養太子像から女性としてのセックスアピールまでは汲み取れません。「親鸞因縁」の性のイメージは、太子信仰のみから出てきたわけではないでしょう。

荒木門徒のなかでも『御因縁』を作ったのとは別の一派で、近畿・中国地方を中心に展開した仏光寺教団では、開祖了源の妻の了明《りょうみょう》が重要な役割を果たしました。この集団では天竺（インド）・震旦《しんだん》（中国）・本朝（日本）の高僧先徳を並べ上げた「光明本尊」と呼ばれる掛幅を依用します。描かれる高僧先徳はほとんど男性ですが、了明尼だけは了源と向かい合わせに描かれてきました。

近江国堅田本福寺はもとは仏光寺傘下にあり、十五世紀に本願寺教団に加わりました。

十六世紀に書かれた『本福寺跡書』によれば、法住という住持が病気の際に、薄墨染の衣の貴僧二人が法住宅の仏壇に立ち、「汝拙々《つたなし》」（『本福寺由来記』では「きたなしきたなし」）と言って鳥の羽で払うと、床の間から虫がはらはら落ちるという夢を見ました。母の妙専が「一人は黒谷上人（法然）、一人は本願寺上人（親鸞）に違いありません。ほかの御僧がおいでになるわけがない」と夢解きをして、「あなたの父親が禅宗になったので両上人が悲しんでいるのだ。本願寺に参詣しなさい」と勧めたため、法住は上洛しましたが、本願寺は寂れていたので、賑わっていた仏光寺で光明本尊の解説書である『弁述名体《みようたい》鈔』を読み聞かせてもらい、感激したといいます。

その後、法住は仏光寺を離れ、本願寺門徒となりますが、それはさておき、妙専の台詞には妙な言い訳がましさがあります。また、光明本尊では天竺・震旦から本朝の源信・法然までは色鮮やかな衣、親鸞以下の真宗僧は黒衣を着ています。仏光寺の系統にある人が「薄墨染の衣」から想起するのは真宗僧であって、法然ではなかったでしょう。

中世後期に流行った説経節『信徳丸』では、継母が清水寺等の柱に六寸釘を打って呪いを掛けたため、信徳丸はハンセン病に罹ってしまいますが、許嫁《いいなずけ》の乙姫が清水寺の観音から賜った鳥箒《とりぼうき》で「善哉《ぜんざい》なれ」と唱えつつ信徳丸の体を三度撫でると、百三十五本の釘がはらりと抜けて平癒します。岡見正雄氏によれば、室町時代の勧進聖《ひじり》・琵琶法師などの宗教的芸能者はかならず二人連れで、『信徳丸』には鳥箒を持って仏教絵画の絵解きをして歩いた、二人連れの絵解き僧のイメージが揺曳《ようえい》しているということです。

『本福寺跡書』は本福寺が本願寺教団に入った後に書かれ、仏光寺傘下にあったことが隠蔽《いんぺい》されています。夢のなかで穢れを祓い、病を治した二人連れは、了源・了明夫妻だったのではないでしょうか。

信徳丸の許嫁の名の「乙姫」は、竜宮城のお姫様をはじめ、巫女的な女性によく見られます。『信徳丸』を改変した浄瑠璃『摂州合邦辻《がつぽうがつじ》』では、継母の玉手御前が巫女役で、自分の生き血を飲ませて俊徳丸を救い、古く『古事記』では、海神の娘で天孫との間に鸕鷀草葺不合尊《うがやふきあえずのみこと》を産んだ豊玉姫や、その妹で神武天皇を産んだ玉依《たまより》姫に「玉」が付きます。『正法輪蔵』で聖徳太子の乳母は、仏菩薩が衆生を救うために仮に姿を現した「権者《ごんじゃ》」で、月益《つきます》姫・日益《ひます》姫・玉照《たまてる》姫という三人の「天女玉女」のごとき女性たちでした。

女性の霊力

長々と脇道へ逸れてしまいましたが、「親鸞因縁」に戻りましょう。玉日は神を祀り、神の依代《よりしろ》として神意をこの世に顕してきた女性たちの後身ではないでしょうか。月輪円証が一介の公家でなく法皇とされたのは、このあたりにも一因がありそうです。真宗も、神意ならぬ仏意を現世に伝える巫女的な女性と無縁ではなかったのでしょう。

親鸞の弟子の性信《しょうしん》の後嗣は娘の証智でした。茨城県の天台宗寺院に、証智没後に造られた阿弥陀三尊像が現存しており、中尊の内部に「本師証智比丘尼御等身也」「南無証智比丘尼」「成就所願、国土豊饒、一天平穏」等という正和四年（一三一五）の修理銘が読み取られています。証智尼は「本師」と呼ばれ、等身の阿弥陀像に刻まれて「南無」（「帰依します」の意）されたうえ、現世利益の願をかけられていました。

柳田國男の『妹の力』をお読みの方も多いでしょう。古代日本では男性は政治、女性は祭祀を司っていて、女性はその霊力によって近親者や配偶者を守っていたといいます。真宗は確固たる教義をそなえた普遍的宗教として、そういう土俗的な心性とは切れていると思われがちですが、「親鸞因縁」では明晰に説明し得る教義だけでなく、文字化されない底流をも掬《すく》い上げながら、「真宗のはじまり」が語られました。

六　読者に要求される知識――「衆」の結集と親鸞伝――

カボチャの馬車

親鸞の年齢について「親鸞因縁」は、二十九歳で法然門に帰し、建仁元年に三十八歳で結婚したとしました。実際には親鸞は承安三年（一一七三）生まれで、『教行信証』には「建仁辛酉（元年）の暦、雑行を棄てて本願に帰す」とあるので、建仁元年（一二〇一）に二十九歳で法然門に入ったと考えられます。「親鸞因縁」は「二十九歳」「建仁元年」を活かしていますから、例によって知識不足でなく確信犯的に「建仁元年に三十八歳」としたのです。「本願に帰す」の意味するところを、法然門に入ることではなく、法然のもとから巣立ち、在家仏教を創始したことにするための作為でしょう。

たとえ耳学問でも「建仁元年」や「二十九歳」が親鸞の回心に関るキーワードという知識を持つ読者なら、「二十九歳で法然の弟子となり、建仁元年に結婚した」と言われれば、親鸞による「真宗のはじまり」を看取できました。ほかにも「月輪円証」「六角堂の救世菩薩」「玉日」といった、信仰の厚みを背負う言葉がちりばめられています。「親鸞因縁」は、すでに知られている物語の型に読者を誘い込むように作られているのです。

ここまで、あちこちで脇道へ逸れながら読み進めてきましたが、「物語の型」が出てきたところで、改めて「脇道へ逸れる」とはどういうことかを考えてみましょう。

誰かが「A子はカボチャの馬車を見つけたよ」と言えば、同席者全員がシンデレラの物語を思い浮かべ、「A子は今まであまり幸せではなかったが、今、思いがけない幸運をつかみかけているのだな」とうなずくことでしょう。「カボチャの馬車」という一言を口にするだけで、いきさつを仔細に話さなくても、皆が共通のイメージを抱くことができます。シンデレラの物語を知らず、A子の像を結べない人が混じっている場合には、改めて説明するか、話の通じない奴としてオミットしてしまうか、どちらかになります。

現代人は「月輪円証」「六角堂の救世菩薩」に関する知識がないので、いちいち説明が必要です。その結果が相次ぐ脇道、横道になるのですが、「親鸞因縁」の作者や読者には説明されるまでもない常識、それを聞けば理屈抜きで得心できてしまうような言葉でした。「親鸞因縁」は読者に一定の知識を持っていることを要求します。月輪円証と聞いてぴんとこない人や、六角堂の救世菩薩が聖徳太子で、聖徳太子が女性のような像容で描かれるのを知らない人に、この物語は理解できません。逆に、これらの言葉に反応できる人であれば、難しい本を読まなくても、在家仏教としての真宗教義が学べます。

祖像を中心とした結集

物語を読む前に、あらかじめ「月輪円証」や「六角堂の救世菩薩」についての知識を持っているとは、どういうことでしょうか。ここが中世の親鸞伝を理解する上でのポイントです。またまた脇道に逸れますが、しばらくの間、一人で本を読むのでなく、「衆」として存在していた初期の真宗門徒のありようを見ていきましょう。

存覚は元亨四年（一三二四）に著した『破邪顕正抄《はじゃけんしょう》』に「念仏勤修《ごんしゅ》の日はおおむね月に一度だ」と記しました。「念仏にかまけて仕事の手を抜くことはないのだから、弾圧される必要はない」というのです。

同じころ、了智という人を中心に活動していた信濃の真宗門徒は、毎月二十八日に集まって、念仏の勤行《ごんぎょう》と、集団運営のための協議をしていました。松本正行寺《しょうぎょうじ》に蔵される『了智定』という掟書を簡単にまとめると、次のようになります。

一、念仏を申し、衆に連なりながら、私の邪義を立てる者は、聖教・本尊を返納させて衆中から追放する。
一、師のご恩に背いてはならない。背いた者はどれほど念仏を申しても往生できない。
一、門徒の詮議を経ずに弟子・同行を勘当してはならない。
一、門徒の詮議を経て決定された分担米を支払わない者は追放とする。
一、仏法の破滅を引き起こさぬよう、在所の礼儀に背いてはならない。
一、毎月二十八日には、他にどれほど大切な用事があっても欠席は許されない。全員で集会《しゅえ》して、仏法の修理荘厳について話し合わなければならない。

念仏は一人で唱えるのでなく、「衆」として行われていました。「衆」の認める教義と異なる「私」の説を唱える者や、行事費・修繕費を怠納した者は聖教や本尊を返納させられ、追放されることになっていましたが、その決定も師匠の恣意でなく、合議を経なければなりませんでした。祖師の月忌《がっき》はそういう重要事項の話し合われる日でもありました。

真宗門徒だけではありません。道元の言葉を集めた『正法眼蔵随聞記』には、「船に乗って川を渡れば、操舵法を知らなくても、よい船頭に任せるだけで彼岸に到着できる。よい師匠に随って衆とともに行き、私を滅すれば、それでもう仏道の人である」とあります。加賀白山でも毎月二十五日の荘厳講の後に「衆」の総会が開かれ、出席を怠った僧侶は罰せられました。往生、大悟、鎮護国家、いずれも「衆」に在ってこそ追求できたのです。

追放されたらどうなるのでしょうか。時衆の『道場制文』には、弘安二年（一二七九）からの二十八年間に死んだ二七五人の僧尼のうち、七人が制戒を破って衆中を追い出され、往生できなかったと記されていますが、実際に藤沢遊行寺蔵『時衆過去帳』の七人の名前に「不」の字が付されているそうです。真宗もこれほど細かい追放規定を持つからには、追放すなわち堕地獄決定《けつじょう》だったのでしょう。寺院は万人に開かれていたのではありません。本尊が守護するのは「衆」に属している者だけでした。

これが親鸞伝の発達と大いに関ります。正行寺の集会は毎月二十八日の親鸞忌日に開かれました。親鸞讃嘆が行われるとすれば、この日しかありません。現に、観応二年（一三五一）に作られた覚如伝『慕帰絵《ぼきえ》』に「親鸞の月忌にはかならず『報恩講私記《こうしき》』（報恩講式）を演《や》る」と記され、『報恩講私記』には親鸞の俗姓や生涯を述べた一段があります。親鸞の年忌（報恩講）に『御伝鈔』を拝読・聴聞する十五世紀以降の習慣は、月忌に行っていた中世の習慣を組み替えたものと推定されます。

親鸞伝拝読・聴聞の場には、多くの場合、親鸞の影像が安置されていたようです。本願寺は両堂といって、本尊阿弥陀像を安置した阿弥陀堂と、親鸞木像を安置した御影堂とが並び建てられ、後者が信仰の中心ですし、由緒ある真宗寺院にも往々にして、親鸞やその寺院の開基僧といった、祖師たちの絵像・木像があるものです。こうした影像が真宗門徒の結集の中心だったのではないでしょうか。

「衆中にある」とは祖像の前に結集することである、と考えれば全体像が見えてきます。祖師の法を受け継ぐ者たちは、道場に祖師の影像を安置し、その前で「衆」としての結集を遂げていきました。落伍者が出ないよう皆で手をつなぎ、ともに往生を目指したのです。道場主と弟子たちが師弟でありながら、基本的に平等な関係を結び得たのは、すでに往生を遂げた祖師が厳かに見守るところでの活動だったからにほかなりません。

拝読・聴聞されるテクスト

図版A~Cをご覧下さい。Aは『御因縁』（室町時代写本）、Bは『御伝鈔』（南北朝時代写本）、Cは『御文』（室町時代板本《はんぽん》。板本は板木《はんぎ》を彫って印刷した書物）です。「マ」が「丅」、「レ」が「乚」となる字姿までそっくりです。『御因縁』は『真宗聖教全書』や各派の『真宗聖典』に収録されていませんが、古くは『御伝鈔』や『御文』と同様に真宗の聖教（教義書）でした。

この字姿、そして、江戸時代以前の本の常として句読点はないものの、分かち書きで語句の区切れ目を明示し、総ルビを振るという この形が、明治まで続きました。一人が声を出して読み上げるのを、大勢が耳を澄まして聴く、拝読・聴聞にぴったりの書き方です。今まで「読者」と言ってきましたが、「聴き手」と言う方が実状に合うのでしょう。

一人の読書では、知識不足や思い込みによる誤解も起きてしまいますが、集団で読んでいれば間違えても誰かが訂正してくれ、落伍者が出にくくなります。物語を耳で聴き、頭のなかで登場人物たちの像を動かして、その振舞いを通じて真宗教義を体得したり、同座して同じ物語を聴く者同士の一体感を強めたりするのが、真宗道場のあり方でした。「御絵伝」のような掛幅がある場合も、絵相の細かいところまで見えるわけではないので、事前の知識・想像力や、耳で聴く集中力の勝負だったと思われます。

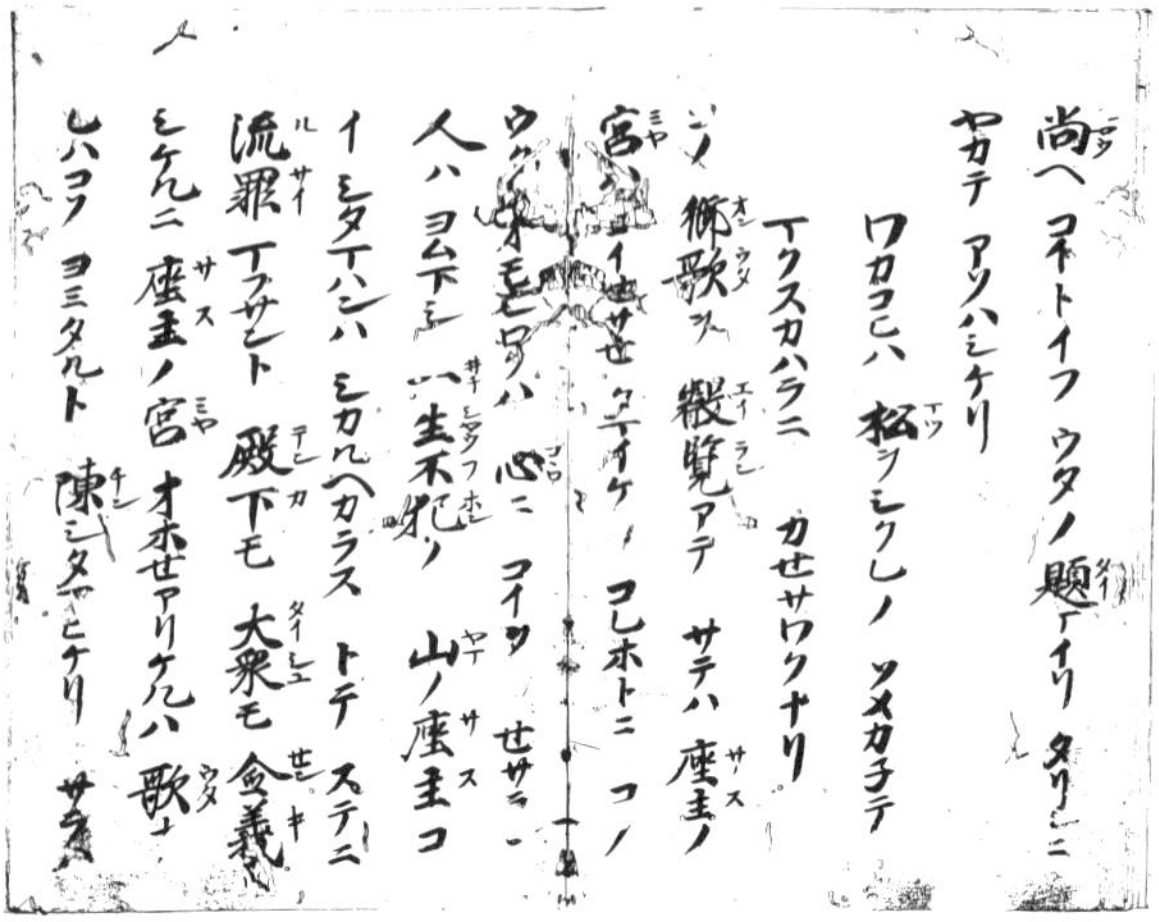

A　『親鸞聖人御因縁』（西本願寺蔵、室町時代）

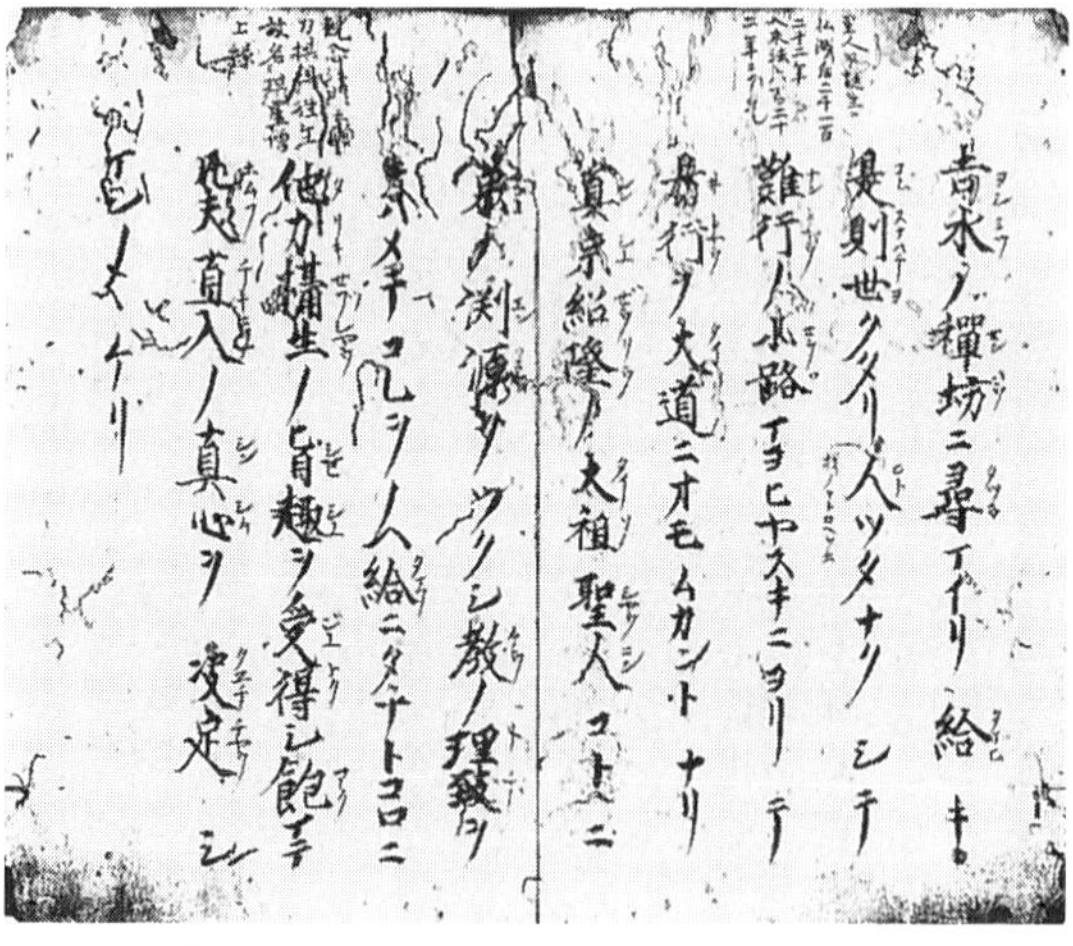

B　『御伝鈔』（大谷大学博物館蔵、南北朝時代）

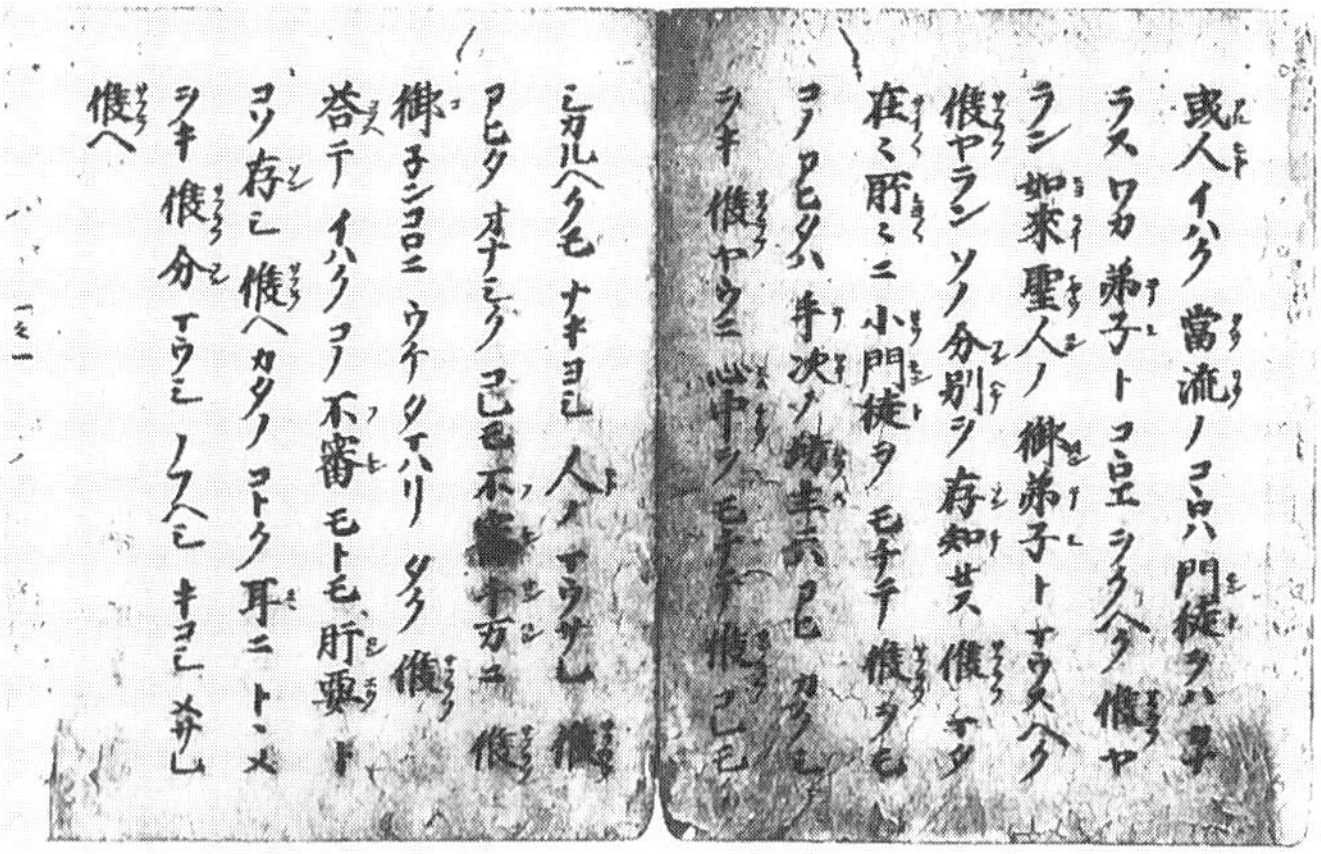

C　『御文』（鷺森別院蔵、室町時代）

D　『本願寺聖人親鸞伝絵』康永本（東本願寺蔵、鎌倉時代）

次に図版Dをご覧下さい。『伝絵』は連綿体の平仮名書きで、分かち書きもルビもありません。同内容でも目で見る絵巻物は平仮名、耳で聴く冊子本は片仮名で書かれたのです。親鸞が誰か特定の人に宛てて書いた手紙はたいがい平仮名書きですが、『親鸞聖人御消息集』のような編纂物になると、ルビと分かち書きのある片仮名文です。大切に保存された親鸞の手紙も、教義学習用の本にするときには片仮名書きに直されました。

片仮名は平仮名に比べて公的な文字と言われていますが、皆で聴き、皆で学ぶという、真宗聖教の公的性格は字姿にも現れました。A～Cの文字は親鸞の字とも蓮如の字とも違う、真宗聖教であることを表示する特別な字姿です。活版印刷の始まるよほど前から、真宗では字姿まで統一様式が定まっていました。

真宗は在家仏教です。真言宗や天台宗の大寺院のように、豪壮な堂宇に金色の仏像を安置し、華やかな衣の僧侶たちが荘重に声明《しょうみょう》の声を合わせ、闇のなかで金属製の法具が炎にきらめいていれば、それだけで宗教的熱情に駆られることもあるでしょう。神仏や、神仏の化現としての祖師の姿がありありと浮かび、自らの身を彼に委ねようという気持ちになったり、信徒同士が手を取り合ったりもするでしょう。でも、真宗では、それをほとんど言葉のみによって行わなければなりません。

しかも、「衆」の構成員全員が文字をすらすら読めるとは限らず、耳で聴いてわかる形が要求されました。もちろん、和歌の作法を知る人びとですから、主たる布教対象者はそれなりの教養を身につけていたでしょうが、慶信《きょうしん》という親鸞直弟の手紙には「御とく」(恩徳)、「歓嘉」(歓喜)といった誤字があります。直弟がこれでは、孫弟子・曾孫弟子には読み書きの難しい人もいたでしょう。かならずしも文字の世界の住人とは言えない人たちが集まり、ほとんど言葉のみによって教義の継承と結集の強化を行おうというのです。物語型聖教の重視は当然のことで、古い真宗寺院には太子伝・法然伝や、広く仏教関係の物語を集めた仏教説話集『沙石集』なども伝わっています。

七　真仏因縁――「まことの仏」誕生の物語――

善光寺縁起による枠組作り

『御因縁』第二話「真仏因縁」と、第三話「源海因縁」にも軽く触れておきましょう。まず「真仏因縁」は次のようなお話です。

常陸国横曾根の農夫、平太郎は、領主の佐竹殿が熊野参詣をする際の人夫に徴用されました。平太郎は「いつぞや親鸞聖人という念仏の大師が都から下ってきて、神は迷いの姿、仏は悟りの体だと教えてくれたものだ」と思いましたが、領主の命令なのでやむを得ず熊野に向かいました。

路傍に飢えて倒れた人たちがいると、平太郎は自分の食事を割いて恵み、他の人夫たちは「熊野参詣の道者の食事と同じ火で作ったものを、平太郎が乞食に与えたため、我々は穢れに負けて頭痛等で苦しんでいる」と主人に訴えました。平太郎は打擲《ちょうちゃく》されそうになりながら、「あなた方の食物を蠅も食うではないか」と言い返し、皆はどっと笑って、熊野ではそれ以来、人を扶持するようになりました。「南無証誠《しょうじょう》大菩薩」（「証誠菩薩」は熊野権現のこと）でなく「南無阿弥陀仏」と唱えて山道を登り、田辺では沈没船から打ち上げられた何体もの死骸を埋葬しました。

熊野本宮に着くと、千七百余人の道者が同じ夢を見ました。証誠殿をはじめとする熊野の神々が平太郎を礼拝するので、佐竹殿は「身分が賤しく、道中を穢した平太郎に利生があって、自分にないのは何故か」と尋ねました。権現は「現世利益を願う人びとの息が三熱《さんねつ》の炎となって私を苦しめて来たが、平太郎の称名念仏を聞いて極楽に還ることができた。その嬉しさに拝むのだ」と告げました。佐竹殿がさらに「念仏さえ申せば御心に叶うのですか」と問うと、神は歌をもって答えました。

　賤しきも清きも今はおしなべて南無阿弥陀仏と言ふは仏ぞ

「平太郎はまことの仏だ」と告げて神は還りました。佐竹殿をはじめ、夢を見た人びとは平太郎を拝み、平太郎は神前で出家して真仏坊と名乗りました。佐竹殿は「生身の仏とお会いできたのだから、このうえ新宮・那智に参るまでもない」と言って、自分の乗ってきた輿に真仏を乗せて上京しました。真仏はその途中で二万八千人を勧化し、亀山天皇より上人号を与えられましたが、師の在世中に上人と呼ばれるわけにはいかないとして、親鸞聖人の供をして常陸に下りました。

中世の百姓は領主から年貢のほかに夫役《ぶやく》(肉体労働)を賦課されていました。『御因縁』の聴き手は和歌の作法を知る人たちなのに、その領袖の真仏が、自ら夫役を勤めねばならないほど低い階層の出身ということがあるでしょうか。

また、熊野権現は不浄を忌避しないのが特徴です。鎌倉初期の後鳥羽院の参詣記録には、道筋の乞食への施しが参詣者の行の一のように描かれていますし、『一遍聖絵』では熊野権現が「信不信をえらばず、浄不浄をきらわずに念仏の札を配れ」と一遍に夢告を与えました。他の神社ならともかく、熊野参詣で飢人への施しを不浄として咎《とが》められるとは、いかにも変です。

「真仏因縁」にも「非常識」な展開が目立ちますが、その一因は、善光寺縁起と聖徳太子伝が用いられていることにありました。

善光寺縁起によれば、天竺の月蓋《がっかい》長者の鋳造した阿弥陀三尊が日本に渡ってくると、守屋が難波の海に沈めてしまいました。聖徳太子が守屋を滅ぼし、信濃から夫役で上京した本田善光が難波を訪れたとき、如来は海から飛び上がってその背中に飛びつきました。善光は信濃に善光寺を建立して如来を安置したといいます。

『ものくさ太郎』も信濃国の夫役の人夫が主人公でした。徴用を厭う村人たちは太郎をだまして上京させましたが、太郎は成功後に村に戻って神と現れ、信濃の人びとを守りました。これも「夫役の人夫による仏法東漸《とうぜん》（仏教が西から東へ伝わること）」パターンに乗っていると言えましょう。

阿弥陀如来は衆生済度のために、威厳ある如来の姿でなく、人びとに身近な神の姿で現世に現れましたが、その結果、神身（蛇体）につきものの三熱の苦を受けることになってしまいました。慈悲心の発露は犠牲を伴うのです。しかし、神は平太郎の念仏を聞いて見失っていた己の本地を思い出し、三熱の苦から逃れられました。「夫役の人夫が受難の弥陀を救出し、仏法の救いの及んでいない東国へ導く」という善光寺縁起の型を利用して、東国での「真宗のはじまり」を語るなら、平太郎は夫役の人夫でなければなりません。

もっとも、救出された阿弥陀仏は熊野権現ですが、平太郎とともに東国へ下る阿弥陀仏は親鸞でした。「真仏因縁」において親鸞は弥陀（善光寺如来）、平太郎は本田善光の役回りを割り振られました。

中身は聖徳太子伝

善光寺縁起の枠組のなかには聖徳太子伝が入れられました。俗に片岡山説話と呼ばれる物語です。太子は片岡山を通りかかって、倒れている飢人に自分の衣を掛けてやって歌を贈答しました。飢人が死んだので死体を葬り、また衣を着ていると、大臣たちは「清浄であるべき皇太子が卑賤な飢人と交流し、葬送まで行うとは何事か」と非難しましたが、結局、飢人は達磨だったことがわかるのです。

平太郎は太子の行動を正確になぞって、飢人を養ったり、死体を葬ったり、激しい非難を受けたりしました。さらに存覚が元亨四年（一三二四）に著した『諸神本懐集《しょじんほんがいしゅう》』を援用すれば、平太郎と太子の二重写しがはっきり確認できます。熊野権現が聖徳太子に「現世利益を願う人びとの息が三熱の炎となって、私を苦しめて来た」と語る場面があり、これが「真仏因縁」と同文的に一致するのです。

存覚は「日ごろ流布の本」を参照して『本懐集』を書いたと記しています。「真仏因縁」も同じ本に拠ったのでしょう。「流布の本」ですから、読んだり聴いたりしている真宗門徒もいたでしょうが、そこで太子が演じていた役を、「真仏因縁」は平太郎に演じさせたのです。平太郎は本田善光であるばかりか、聖徳太子でもありました。

生身仏信仰

平太郎は熊野権現から「まことの仏」真仏と呼ばれて、その名を名乗りました。真宗における「まことの仏」は言うまでもなく阿弥陀仏で、実際に「源海因縁」では「常陸国の真仏聖人の本地は阿弥陀仏です」とされています。つまり、平太郎は本田善光・聖徳太子・阿弥陀仏・人間（親鸞の弟子）なのでした。二重写しどころか多重写しです。

ここまでくれば、祖師伝（親鸞伝・真仏伝・源海伝……）は事実の記録ではあり得ないことが歴然とするでしょう。生身《なまみ》の人間が阿弥陀仏になったり、聖徳太子や本田善光になったり、この世とあの世を融通無碍に往き来するのです。そういう人こそ祖師として讃嘆されたのであれば、祖師伝は物語の形でしか存在できません。

多重写しの根本には、親鸞も平太郎も熊野権現も、みな阿弥陀仏だという観念が存在していました。阿弥陀仏が親鸞・平太郎・熊野権現や、「親鸞因縁」の法然など、さまざまな姿をとって現世に顕現していると言ってもよいでしょう。

熊野権現は弥陀としての本質（本地）を持ちながら、仮に神の姿をとって（垂迹）衆生済度に当たるうちに、自らの本地を忘れてしまい、「我が本来不思議の名」、すなわち「阿弥陀仏」を唱える平太郎の声を聞いて我に返りました。熊野権現は己が弥陀であることを見失った者、苦しむ衆生の代表です。

如来が衆生済度を志して穢土《えど》に顕れたものの、済度は進まず、自らも浄土へ戻れなくなってしまう。これもまた物語の型に乗っていました。

月やあらぬ春や昔の春ならぬ我が身ひとつはもとの身にして

在原業平とおぼしき主人公が高貴な女性を恋して、やっと思いを遂げたのも束の間、彼女は入内してしまいました。月日は流れ、また春が来て、彼女の住まいを訪れた男が往時を思って歌を詠んだという、『伊勢物語』にある有名な歌です。高校の授業では「愛する人がいなくなった今は、何もかもが変わってしまったように見える。変わらないのは我が身だけ」というような意味だと教えますし、『伊勢物語』の正統的な注釈書で、鎌倉時代半ば以前に成立した『和歌知顕集』も、だいたいそんな解釈でした。

ところが、同じころにできた冷泉家流の『伊勢物語抄』ではこうなっています。

「月」は空の月ではなく心性の月である。「春」は三人の日と書き、天皇と后と我、すなわち法身《ほつしん》（永遠不変の真理）・報身《ほうじん》（仏となるための行を積み、その報いとして完全な功徳を備えた仏身）・応身《おうじん》（さまざまな衆生の救済のため、衆生に応じて現れる身体）の三身を指す。日は明・常住を意味して火をつかさどる。月は真如門・生滅門を顕わし、不定にして水をつかさどる。「昔」は本覚《はんがく》（人間に本来的に具わっている仏の悟り）の真如（真理）をさす。「我身一」とは、三身即一と悟れば、父母から生まれたこの身体がすなわち大日如来だということである。大日如来はすでにこうした悟りに達しているのだが、衆生済度のために業平として現れたのだ。

さらに、鎌倉時代後期の『玉《ぎよく》伝《でん》深秘巻』という和歌秘伝の書ではこうなりました。

私（住吉明神）は法身の如来で、衆生済度のためにこの国にやって来たが、度し難き衆生が多すぎて、「私が見ているのは、すべての衆生が仏性を持つとされた昔の本覚の月とは違う月なのだろうか」と詠んだ。「春や昔の春ならん」とは、本覚の春に浄土を出たものの帰路を失い、本覚の春を忘れたのかという意味である。「我が身ひとつはもとの身にして」とは、衆生のなかで我が身だけが本覚の身であるということ、

「あばらなる板敷」とは娑婆界の荒悪をいう。「月のかたぶくまで」とは本覚の月が傾いて利生の末になるという心をいう。「去年を恋ひて」とは、昔の本覚の位を恋い慕っているのだ。

『玉伝深秘巻』は摂津国の住吉明神（和歌の神）から伝授された秘伝の集成という体裁です。住吉明神が如来身であった昔をしのんで詠んだのが「月やあらぬ」だとは、あまりに荒唐無稽と笑われる向きもあるかもしれません。たしかにこれは当時としてもマイナーな解釈でしたが、『親鸞聖人御因縁秘伝鈔』にも関るところなので、覚えておいてください。

神道との親近性

室町時代の説話集『三国伝記』に「玄奘《げんじょう》三蔵天竺に渡る事」という物語があります。唐の玄奘が天竺に渡ると、臭気を発する病人が野原に捨てられていて、嘗めてくれと頼みました。玄奘が嘗めると病人は金色の観世音となり、「汝は真の聖人なり」と告げて、衆生利益のために般若心経を授けました。玄奘は十七年間の修行後に帰国し、種々の偉業をなしたということです。

この物語には「般若心経を明かす」という副題があって、般若心経の由来譚でもありました。『三国伝記』の成立には浄土宗の談義所（学問所）との関連が指摘されていますから、慈悲心によって我が身を穢した者が「真の聖人」と讃嘆され、東方に仏法をもたらすという、「真仏因縁」と同じ型の物語が、広く浄土教の教化に用いられていたのでしょう。「親鸞因縁」で空也の例を見ましたが、平太郎も権現から「まことの仏、真仏」、天皇からは「聖人」と讃えられました。「女犯肉食でも救われるのか」「神祇とはどのように付き合うべきか」「葬送に携わると穢れてしまうのではないか」などといった問いに答える教義書の役割を果たしつつ、親鸞・真仏ら、弥陀の化現たる祖師たちを讃嘆するのが「親鸞因縁」や「真仏因縁」でした。

絶対者が人間や神祇の姿をとってこの世に現れるのも、真宗の専売特許ではありません。鎌倉時代末期の俗神道で考え出された超越神は、「天照太神が大毘盧舎那《びるしゃな》仏・釈迦牟尼・豊受大神《とようけのおおかみ》などに身を変じつつ、三界（衆生が生死輪廻する迷いの世界）の最高所から現世に降りてくる」という形でした。真宗と神道は結集形態もよく似ており、かなり近い位置取りをしていたことがうかがわれます。

「それは親鸞の思想と異なる不純な信仰だ。親鸞の孫弟子世代はそこまで堕落してしまっていたのか」という意見もあるかもしれませんが、考えてみてください。出版文化成立以前の段階で、『教行信証』を隅から隅まで読み込み、頭のなかに親鸞思想のコピーを作れる人がどれほどいたでしょう。世塵を逃れ、生涯を書物に向かって過ごす高貴な僧侶であれば、それも可能だったかもしれません。でも、商売をしたり、武家奉公をしたり、さまざまな仕事をして、月に一度の念仏の集会に出席し、かろうじて信仰をつないでいった人びとが、「親鸞聖人のお考えはこうなのだな」「こうすれば俺も救われるんだ」と思ったのなら、それこそが「親鸞」であり「真宗」ではないでしょうか。

空海『三教指帰《さんごうしいき》』、最澄『山家学生式《さんげがくしょうしき》』、道元『正法眼蔵《しょうぼうげんぞう》』など、宗祖の思想的達成を示す書物はどの宗派でも大切に保存され、日夜研究が進められていますが、真宗の強みは、著名なトップ思想家だけでなく、名もない人びとの史料をたくさん持っていることです。普通の人たちがトップ思想家たちの思想に支えられ、ときには誤解したり、換骨奪胎したりもしながら成し遂げたことを、正面から見ていきたいと思います。

八　「真仏因縁」と『伝絵』――二元的思考の導入――

平太郎は弥陀ではない

「真仏因縁」はいくつもの資料を使って念入りに組み上げられています。事前に構成を立て、綿密な計画のもとで書き進めないかぎり、こうはいきません。覚如はこの完成された物語を用いて『伝絵』熊野霊告段を書きました。

『伝絵』の平太郎は京都の親鸞に参詣の可否を尋ね、その指示に従って登山します。夢のなかに権現が現れ、精進潔斎しないとは何事かと詰問されますが、同じ夢に親鸞も現れて「これは私の教えによって念仏する者だ」と言うと、権現は膝を折って畏《かしこ》まります。

覚如は神をも平伏させる親鸞と、彼に庇護される平太郎という、単純明快な師弟関係を描き出しました。この段の半分以上は親鸞の説法です。平太郎は親鸞の忠実な弟子（人間）の役回りを出ることがなく、もちろん「まことの仏」真仏にはなりません。

おまえたちは法然も親鸞も平太郎も阿弥陀如来と思っているようだが、じつは弥陀は親鸞だけなのだ。おまえたちは弥陀を仰ぎ、親鸞にすがりさえすればよい。自分であれこれ判断するのは難しくても、それならできるだろう。『伝絵』はすでに『御因縁』を知っている者には、そう教えたのです。何というわかりやすさでしょう。

穢れを忌まぬ熊野の特殊性も機能させなかったので、伊勢でも熱田でもどこの神社にでも交換可能になりました。「真仏因縁」の改変に当たり、覚如は思い切って単純化・普遍化を施したのですが、少し時代を先取りしすぎていたのか、この新しい教義が広く定着したのは、ずっと後のことでした。この時代には「草木国土《そうもくこくど》悉皆成仏《しっかいじょうぶつ》」、一切合切が本来的に覚りの智恵を持つとする考え方が一般的で、絶対者と衆生を別個のものとする二元的思考には慣れていませんでした。

けれども、後世の歴史を知る我々は、覚如による革新の重要性がよくわかります。近世真宗教団の大展開は覚如の教義の延長線上にあり、『御伝鈔』は本願寺派・高田派・仏光寺派など真宗各派共通の聖典となりました。荒木門徒系の大寺院も室町中期以前に『伝絵』や「御絵伝」をかなり導入していきます。

門流を超える親鸞伝

『御因縁』と『伝絵』は説く教義が異なるのに、説き方はよく似ています。「真仏因縁」の作者は善光寺縁起や太子伝を下敷きに物語を作り、登場人物の言動を通じて教義が学べるようにしました。覚如は「真仏因縁」を下敷きに物語を作り、覚如の新しい教義を盛り込んでいます。両者とも何もないところからの創作でなく、先行する物語の枠を用いたり、読み替えたり作り替えたりしながら新しい物語に編み上げていきました。

覚如は親鸞の曾孫で、親鸞墓所に建てられた廟堂（本願寺）の管理者でした。親鸞―真仏―源海と次第する荒木門徒の一員というわけではありません。その覚如が「真仏因縁」を入手できた理由は、第一に、廟堂に参詣する東国在住の門徒と会う機会が多かったこと、第二に、彼らから都で仏教の学問を積んだ専門家と尊敬されたことが考えられます。存覚は源海の弟子に源海讃嘆の講式の作成を依頼されています。そういう場は祖師伝を知る格好の機会だったでしょう。

第三に、覚如自身の積極的な取材活動が挙げられます。存覚の記録によれば、覚如は正応三年（一二九〇）から二、三年の間、東国の親鸞遺跡を巡拝し、帰洛して『報恩講私記』と『伝絵』を著したそうです。親鸞直弟の登場する蓮位夢想段・入西鑑察段・山伏済度段などは、その成果かもしれません。

「本願寺にはどの門流に属する者も参詣し得るし、参詣しなければならない」というのが、覚如の考え方の基本でした。親鸞—真仏—源海という門流にある者以外の、例えば蓮位や入西を祖師と仰ぐ者たちが、親鸞・真仏・源海を主人公とする『御因縁』を読んでも、感激のしようもありません。けれども、本願寺に必要な親鸞伝は、すべての門流のすべての門徒が知っておくべき「本願寺聖人親鸞」の「伝」と「絵」なのでした（『伝絵』の最終決定版である康永本の標題は「本願寺聖人親鸞伝絵」です）。

『伝絵』は親鸞の死で終わらずに廟堂の建立までを語り通す、本願寺の由緒書でもありました。覚如が本当にさまざまな門流の祖師伝に拠って『伝絵』を作ったのか、そういう体裁を取っただけなのか、今となってはわかりませんが、『伝絵』が広く真宗門徒全体に開かれた祖師伝であることを明示する形で作られているのは間違いありません。

九　「親鸞因縁」と『伝絵』——女犯偈の意味の変更——

事実の記録めいた物語

親鸞・真仏両因縁は当初からセットで制作されたと思われますが、前者は高階成朝が「箸鷹」の歌を詠んだ一二九〇年ごろから後、後者は『伝絵』成立の一二九五年までの作でした。親鸞・真仏両因縁と『伝絵』はごく近い時期に成立したのです。覚如が「親鸞因縁」を見ていた証拠はありませんが、「真仏因縁」を見ているからには、「親鸞因縁」も見た公算が高いでしょう。

『伝絵』で「親鸞因縁」に相当するのは吉水入室段と六角夢想段で、吉水入室段はごく短く、「建仁三年春、二十九歳のとき、隠遁を望んで法然の吉水の禅房を訪ね、法然から懇切な教えを受けて他力の信を固めた」という内容です。六角夢想段は長いので、簡単にまとめておきます。

建仁三年四月五日の夜寅時（午前四時ごろ）、聖人は夢のお告げを授かりました。その記録はこうなっています。「六角堂の救世菩薩が高僧の姿で現われ、白い袈裟を着て大きな白蓮華に座り、善信（親鸞）にお告げになりました。

行者宿報設女犯　我成玉女身被犯　一生之間能荘厳　臨終引導生極楽
救世菩薩は善信に『これは我が誓願である、この誓願の趣旨をすべての人に語り聴かせよ』と命じました。夢のなかで御堂の正面から東方を見ると、そびえ立つ高山に数千万億の人びとが集っているので、お告げのとおりに偈文の心を説き聞かせ終わったところで、目が覚めました」

今、この記録を広げてこの夢について考えてみますと、真宗繁昌の奇瑞、念仏弘興《ぐこう》の表示（真宗が栄え念仏が広まることを、あらかじめ示したもの）なのです。ですから聖人は後にこう仰せになりました。

「仏教は天竺で起こり、日本に伝わった。これはひとえに聖徳太子のおかげである。聖徳太子のご恩がなければ、我々凡夫は弥陀の誓いに出会えなかった。救世菩薩は聖徳太子の本地であるから、人間の姿を借りて仏法を興すという願いを示そうと、本地の尊いお姿を顕したのである。大師聖人（法然）が流罪にならなければ私も刑を受けず、私が流されなければ仏法に無縁な僻地の人びとを教化できなかった。大師聖人は勢至の化身、聖徳太子は観音の垂迹だから、私は観音・勢至二菩薩のお導きにしたがって、阿弥陀如来の本願を広めるのだ。真宗が興隆し、念仏が盛んになるのは、悟った人びとの教えによるのであって、凡夫の思念によるのではない。観音・勢至の願いは、弥陀の御名をひたすらに念ずることだ。今の行者は誤って脇士（観音・勢至）に仕えるのでなく、直接、根本となる仏（弥陀）を仰がねばならない」

だからこそ親鸞聖人は阿弥陀仏の傍らに聖徳太子を安置して崇めなさいました。仏法を広められたご恩に感謝するためです。

六角夢想段の覚如自身の文章は一割だけで、二割は親鸞自身による記録、七割は親鸞が後に語ったことの引用という形です。「記録」については前述のとおりですが、「語り」の方も、いつ誰に語ったのか、親鸞没後に生まれた覚如がどうやって知ったのか、示されておらず、「親鸞が自ら六角堂の夢想を解釈して聞かせた」という事実があったかと問われれば、疑わしいと言わざるを得ません。でも、夜の箱根登山のように、はなから「お話」として読まれたのでもないでしょう。覚如はこの「語り」を根拠に、女犯偈を「真宗繁昌の奇瑞、念仏弘通の表示」と判断したと言っています。親鸞の語りは事実のはずなのです。『伝絵』には物語なのか事実の記録なのかわかりづらい、ことによると、物語なのに事実の記録めかして書いたのかと思われるところがあります。親鸞の出自や修学に関する記載が事実と異なるという指摘も、こうした記述方法と関るでしょう。

和歌の世界への回帰

覚如自身による一割を読んでみましょう。「親鸞因縁」では六角堂夢告を受けて法然門に入り、九年後に結婚しますが、『伝絵』では建仁三年春（一～三月）に「隠遁を望んで」吉水入室、同年四月五日に六角夢想ですから、順序が逆です。

もうひとつ、親鸞の結婚を言わないのも「親鸞因縁」と相違します。女犯偈を女犯に関するものとせず、真宗興隆の予言とするのは不自然ですし、事実の記録という形式を採りながら、結婚という重要な事実を記さないのも奇妙です。覚如は親鸞の曾孫です。結婚の事実を記さないからといって、結婚しなかったと思う門徒がいるはずもなく、むしろ結婚を強調した方が、東国の親鸞門弟の優位に立てそうなものですのに。

ところで、覚如伝『慕帰絵』は乗専作とされますが、実際の作者は乗専から依頼を受けた存覚です。十巻の半分以上が和歌の話で占められ、桐火桶を抱いて苦吟する藤原俊成（鎌倉初期の著名な歌人）を摸した覚如像が描かれるなど、僧侶というより歌人の伝記のようです。「親鸞因縁」が和歌の世界からの逸脱宣言であるとすれば、『慕帰絵』は和歌の世界に真宗を位置づけようとする物語と言うべきでしょう。

『慕帰絵』は存覚による覚如理解ですが、覚如自身の目指したところを見誤ってはいないでしょう。覚如が乗専に口述筆記させた『改邪鈔《がいじゃしょう》』では「なまらざる音声《おんじょう》をもて、わざと片国《へんごく》のなまれる声を学んで念仏する」こと、すなわち東国風の発音で念仏することが禁じられ、「田舎の声」と「王城の声」では後者が是とされました。王城を規範として発せられる声とは、和歌の世界、国家的仏教の枠内における専修念仏のことでしょう。覚如が親鸞の結婚を描かないのは当然というものです。

真宗にまったく無知な者が『伝絵』を読むことはありません。結婚という露わな表現をしなくても、女犯偈自体から想像力を働かせれば、意味は通じます。想像力が不足気味の人には、師匠や仲間が教えてやることもできました。事実の記録では、ある種の事実のみを記述から外せば一種の捏造に当たりますが、物語の場合は、強い言葉で強調するところ（熊野権現が親鸞の前に膝を屈した）と、暗示程度で済ませるところ（親鸞の結婚）があっても変ではありません。

十　源海因縁——鎌倉悟真寺と荒木門徒——

講式と物語

『御因縁』第三話「源海因縁」はたいそう長いので、かい摘んで梗概を記します。

武蔵国荒木の源海聖人は駿河守隆光という立派な武士でした。当時は関東一統の天下で、隆光は鎌倉扇谷《おうぎがやつ》の花寿、月影谷の月寿という二人の遊君を迎え、弘長四年（一二六四年。親鸞没後一年余）の春、花寿が花若を、秋に月寿が月若を産みました。兄弟は九歳で武蔵国慈光山中山院文殊坊の稚児になりましたが、四年後の秋に花寿が病死し、花若は継母から古着しか送ってもらえなくなりました。師匠が何とかしてくれるかと、隠居を申し出てみましたが、同情しながらも引き留めてくれず、逆に部屋に籠る羽目になってしまいました。

翌春、同宿の僧が花若を励まし（寂照の発心譚はこの励ましのなかに出ます）、花若の願いならば何でも聞くと請け合いました。花若は継母を苦しませるために月若を殺してほしいと頼み、僧は花若の自害を恐れて、月若殺害を決意しました。

僧は花若に教えられたとおり、兄のために夜着を持ってくる月若を待ち伏せて斬り殺しましたが、翌朝見つかったのは花若の死体でした。花若は自分を殺させたのです。遺体から師匠・父・弟・同宿の僧に宛てた辞世四首が見つかり、月若は兄の苦しみを思って自害しました。

隆光は鎌倉でこれを聞き、遁世して江ノ島の岩屋に三年間籠りました。ある夜、夢に兄弟が現れ、「我々は観音・勢至である。そなたが鎌倉の悟真寺を造営した利生に、浄土へ迎えてやろうと、浄土からやって来て子となったのだ。常陸国の真仏聖人は本地阿弥陀仏だから、その弟子となり、ともに衆生を済度しなさい」と告げて西の雲へ去りました。隆光は常陸へ下って横曾根の真仏聖人の弟子となり、後には荒木に住んで源海聖人といいました。悟真寺は唐の善導和尚の建てた光明寺を移して、源頼朝が開山となった寺ですが、隆光が再興したので、こうした利生を蒙ったのです。

「源海因縁」は一読して前二話と印象が異なります。「親鸞因縁」「真仏因縁」はほぼ同じ長さで、作り方も共通しており（複数の先行資料を十分に咀嚼した上で、ひとつの新しい物語に作りあげる）、同一人物が、当初からセットにするつもりで作ったと思われますが、「源海因縁」は前二話に数倍する長さで、ただひとつの先行資料を敷き写すようにして作られています。「源海因縁」は見るからに別人の作なのです。

「当時は関東一統の天下だった」というのですから、「源海因縁」は関東一統でなくなってから、すなわち鎌倉幕府が倒れた一三三三年以後に書かれたことになります。一二九五年以前に成立した親鸞・真仏両因縁より後に作られ、付加されたわけです。

悟真寺は北条（大仏）朝直《ともなお》（〜一二六四）が佐介谷《さすけがやつ》に創建しましたが、正中二年（一三二五）までに名越の蓮華寺に併合され、明応四年（一四九五）までに浄土宗光明寺となりました。数十年間しか存在しなかった「鎌倉悟真寺」の造営を、源海が真宗に帰依できた理由とするのですから、蓮華寺への併合からさほど間をおかず、悟真寺の名に意味を見出す集団によって「源海因縁」が作られたのでしょう。

『存覚一期記』によれば、延文元年（一三五六）に「荒木満福寺空暹《くうせん》」という僧が存覚に「源海謝徳講式」の作成を依頼しました。空暹を歴代の一人とする三河の如意寺・万徳寺など数ヶ寺の由緒書（寺院の由来や系譜を記した書類）には、「武蔵国豊島郡荒木の安藤隆光は、花寿・月寿という二子（これらの寺伝では二子が花寿・月寿で、母の名は記されません）に同日に病死され、江ノ島の岩屋に籠もったところ、この二子が夢に現れ、彼らの本地は観音・勢至で、常州筑波山麓の親鸞聖人は本地阿弥陀仏なので、行って教えを請うようにと告げた。隆光は後に武蔵国豊島郡荒木満福寺を開いた」という、「源海因縁」と同型の物語が冒頭に掲げられています。

覚如が親鸞の讃嘆として『報恩講私記』（声明）と『伝絵』（物語）を作ったように、源海の後継者たちが『源海謝徳講式』（声明）と「源海因縁」（物語）を備えようとした可能性は高いでしょう。実際に「源海因縁」には「香煙登《こうえんのぼり》て大虚《たいこ》におほひ、一水《いっすい》したたりて大《たい》海《かい》にひとしきことはりなり」など、講式風の文章が目に付きます。断定はできませんが、空暹や如意寺の関係する集団が『謝徳講式』と「源海因縁」を作ったとすれば、一三五六年ごろの作となります。

脊古真哉氏の「荒木満福寺考――満福寺歴代の復元と源海系荒木門流の拡散――」によれば、源海の門流は、武蔵国荒木満福寺、およびこれときわめて近い関係にあって東海地方に展開した集団、近畿から西国へと展開した集団、相模から甲斐へと展開した集団に大別されるそうです。これに従えば第一の集団で『謝徳講式』や「源海因縁」が作られたことになりますが、第二・第三の集団では依用された形跡がありません。第二の集団に発した京都の仏光寺も『御因縁』を用いませんでした。『御因縁』が都で作られて東国にもたらされた可能性はきわめて低いでしょう。

この一派の拡がり方はまさに「拡散」で、荒木満福寺が本寺として君臨し、末寺群が整然とその支配に服するというのではありませんでした。『御因縁』が親鸞、真仏、源海という「人」を主人公とするのに対し、『伝絵』が最終的に本願寺という「寺院」の由緒を語るのは、このあたりとも関るものと思われます。

活動路線の変更

荒木門徒は三集団に分れる前から悟真寺と関係がありました。第二の集団に属する明光は備後山南《さんな》に光照寺を開きましたが、その近くにも悟真寺があります。山南は大仏朝直曽孫の維貞《これさだ》に仕えていた比留《ひる》維広《これひろ》の知行地で、了源はこの維広の奉公人でした。

名越の一画の材木座には鎌倉最宝寺があり（寺伝では一五二一年に横須賀市野比の現在地に移転）、享禄五年（一五三二）、小田原北条氏は三浦郡の真宗門徒に浄土宗光明寺の檀那となるよう命じました。真宗禁制を布くにしても、他の寺院でなく光明寺を指定するからには、最宝寺門徒と光明寺は何らかの関係を持ち続けていたのでしょう。

親鸞——真仏——源海
- 第一の集団 寂信系諸集団（荒木万福寺・力石如意寺 赤津万徳寺・菅生満性寺 など）
- 第二の集団 了海系諸集団（麻布善福寺・鎌倉最宝寺 渋谷仏光寺・溝杭仏照寺 山南光照寺 など）
- 第三の集団 源誓系諸集団（等々力万福寺 など）

荒木門徒の主要三集団（脊古真哉氏による）

『親鸞聖人門侶交名牒』を見ると、源海の弟子筋には現在の東京湾・相模湾岸の居住者がかなりあります。「源海因縁」を作ったのはこの辺りを故地とする人びとではないでしょうか。この物語では親子・兄弟・師弟の恩愛の情がぶつかり合い、すれ違って、少年たちを死へと追い込みます。物語の主題は恩愛にまみれて生きる「俗人のための仏教」、半世紀前に作られた二因縁と同じです。親鸞が都で創始し、真仏が東国に根付かせた在家仏教を、源海が引き継ぐ、そういう師資相承の流れとして三因縁が組み上げられたのです。「源海因縁」の素材としては『花みつ』という室町物語が参照されます。そっくり同じ筋立てで舞台は書写山、源海役は播磨国赤松殿の御内人の「岡部」、二子は「花みつ」と「月みつ」ですが、二作の直接的な関係は判断できません。鎌倉末期から南北朝期は稚児物語の流行期でした。『敬重絵』でも幼児期の覚如が、僧侶たちの寵愛を一身に集める出色の稚児として描かれています。兄弟の稚児の悲話が説経の席などで語られ、書写山バージョンの『花みつ』や真宗バージョンの「源海因縁」になったと想像しておきます。

親鸞・真仏両因縁の作者は、詠まれて間もない都の公家の和歌を入手し、親鸞の詠歌として利用できる人物でしたが、「源海因縁」の作者は稚児物語を入手し、源海発心譚に作り替えられる人物でした。似たような階層の人たちだったのでしょう。

もっとも、和歌の扱いはだいぶ異なります。「源海因縁」には十首もの和歌が含まれます。『花みつ』では四首ですが、「源海因縁」ではそのほかに物語の展開の要所要所で六首が詠まれ、聴く者の涙を誘うのです。荒木門徒も和歌の世界へ回帰したようです。

存覚は元亨四年（一三二四）に『破邪顕正抄』を著し、専修念仏停止は誤解に基づく無謀な措置であることを、十七ヶ条にわたって書き記しました。そのなかに「仏法に死生・浄穢の差別はないが、真宗門徒は世間の風俗に従って穢れを憚り、神事の際にはその土地の習慣どおりに日の吉凶を守る」という一条があります。「衆」として活動しているのに、念仏の集会が開けないのでは往生どころではないと、現実的対応を模索し、体制外を標榜しない念仏に切り替える集団があっても不思議ではありません。

鎌倉時代の末、ほぼ同時期に作られた『御因縁』(「親鸞因縁」と「真仏因縁」)、『伝絵』という二つの親鸞伝が、それ以後の親鸞伝のもとになりました。二つの古い親鸞伝が同時に存在し続けたために、親鸞伝の歴史は一直線の発展(あるいは衰退)にはならず、複雑怪奇な軌跡を描いていきます。

第二章　「正しい解釈」の追求——南北朝から室町初期——

一　親鸞像の父・存覚——儀式における物語の活用——

「御絵伝」と『御伝鈔』の創出

絵巻物の『伝絵』が絵だけの「御絵伝」と文字だけの『御伝鈔』に分けられたのには、存覚が関わっていたと考えられます。覚如の長男ながら何度も義絶され、本願寺を継ぐことはありませんでしたが、真宗一の学匠として重んじられてきた人です。

『伝絵』には十三段本・十四段本・十五段本の三種類が伝わりますが、現存する古い『御伝鈔』はみな十三段本と十五段本の特徴を併せ持ち、かつ、どの『伝絵』にもない『御伝鈔』独自の語句が入っています。つまり、『伝絵』から詞書を抜き出すという『御伝鈔』作成作業は、『伝絵』の持ち主たちがそれぞれ勝手に行ったのではなく、十三段本も十五段本も同時に参照できる立場の人物が一度か二度行い、その成果としての一本か二本が書写されて、各所に流布していったのです。

美濃の楢谷《ゆうこく》寺に貞和五年（一三四九）の『御伝鈔』が存在しますから、右の作業は覚如在世中に行われたはずです。覚如自身でなければ、存覚しか候補者はいません。時代は降りますが、浄恵という学僧が明和二年（一七六五）の『真宗故実伝来鈔』に「存覚上人が『伝絵』の伝と絵を分けた」と記しました。どうやらこれが当たっていそうです。

常陸の横曾根門徒の系統にある錦織《きんしょく》寺には、存覚息綱厳が住持として入寺し、存覚はこの寺に安置する『伝絵』の詞書を自ら染筆しました。存覚はそれほど『伝絵』を重視していたのです。親鸞が妻子に著作や書写本をどれほど遺したか明らかではありませんし、遺されたものがあっても、それは東国の親鸞門弟も持つものでした。けれども、『伝絵』は本願寺の誇る独自の聖教です。存覚が大切にするのは当然でした。

「御絵伝」と『御伝鈔』の創出によって、大勢の参集する儀式での依用が可能になりました。絵巻物では少数の人が覗き込むだけですが、掛幅と書物に分れていれば、集った全員が親鸞の姿を仰ぎ見たり、朗々と読み上げられる文章を畏まって聴いたりできます。頭より体に叩き込めば、威力倍増は間違いありません。

明治初期までには全国の真宗寺院に「御絵伝」と『御伝鈔』がととのえられ、報恩講が厳修されるようになりました。『伝絵』に描かれた親鸞の生涯が真宗門徒の常識と化し、近現代の歴史事典などにも踏襲されたのですから、存覚は親鸞像の父と言うべきでしょう。

存覚の権威

真宗史の知識をお持ちの方は変に思われるかもしれません。「覚如が邪義とした仏光寺のために、存覚は多くの聖教を作った。『御因縁』が荒木門徒の聖教で、仏光寺は荒木門徒の一派、そして『御因縁』と『伝絵』は教義が異なるというのなら、存覚は二股を掛けたコウモリなのか。そもそも本願寺を追われた男が本願寺の聖教を作るのは変だし、それが本願寺の儀礼で用いられるのはもっと変だ」というわけです。

存覚が覚如に何度も義絶されたとは、言い換えれば、義絶され通しだったのではないということです。それに、鎌倉・南北朝期の真宗は組織も教義も固定していませんでした。先述のとおり『御因縁』は荒木門徒中の「第一の集団」の聖教で、「第二の集団」から出た仏光寺は開祖了源を筆頭とする「絵系図」、「第三の集団」は開祖源誓の絵伝を持っていました。小集団が各地に分立し、それぞれが祖師伝（教義書）を持つ状態であれば、その集団の存在した場所や時代によって、教義はどんどん変化したでしょう。『御因縁』を下敷きにした『御伝鈔』が『御因縁』と異なる教義を説くとか、和歌の世界からの逸脱を言う「親鸞因縁」に、和歌の世界にどっぷり浸かった「源海因縁」を足してしまうとかいったことは、いくらでも起きていたと思われます。

この時代は、商工業者はもちろん、農民でも土地への定住度が強くなかったので、真宗道場も移転したり、急成長したり、消滅したりしました。師匠の道場が門流内で常に一番勢力があるというわけにもいきません。施設や組織や儀礼が流動的なのに、教義だけが厳然と固まるのは無理というものでしょう。

また、東国の由緒ある真宗寺院の縁起には、薬師如来・蔵王権現などがよく登場します。蓮如は「禅宗や自力の道を修してきた者が、もともとの宗派の知識で勝手に真宗を解釈している」と怒っていますが、薬師堂や蔵王堂が真宗寺院化された場合には、そうならない方がおかしいくらいです。

一定の教義を備え、施設や組織や儀礼をととのえた宗教団体が、開祖の段階から確立されているというのは、活字やパソコンの発達した現代ならば、まったく不可能ではないかもしれませんが、人から人へ教えを伝えるしかない中世ではきわめて考えにくいことです。

親鸞没後三十余年、真宗を奉ずるさまざまな集団のなかに、所属門流を問わず参詣を受け容れる常設の寺院（本願寺）、その寺院の管理者を安定的に供給する住職家、絶対者親鸞へのひたすらな帰依を説く教義書、の三点を備えた集団が生まれ、その教義を喧伝するようになりました。しかし、さまざまな集団がさまざまな教義をいただく現実のなかでは、「これが正統で他は異端」という発想にもなりにくかったのでしょう。貞治元年（一三六二）に存覚は本願寺住持の善如（存覚の弟の長子）のために聖教目録を作り、翌年にはある門徒の持ち込んだ「天竺震旦高僧真像」という「本尊」に裏書しています。存覚は弥陀ならぬ他国の高僧たちの群像をも本尊と呼ぶ人でしたが、覚如亡き後の本願寺では存覚を最高の指導者として仰ぎ、依用すべき聖教の一覧を作成してもらいました。

そんな風ですから、聖教目録の中身も『伝絵』の教義と一致するものばかりではなく、存覚が荒木門徒系の人びとから依頼されて作った『諸神本懐集』『源海謝徳講式』『浄土真要鈔』なども含まれていました。『真要鈔』は「釈尊・善導が専修念仏を説いても法然・親鸞がいなければ我々は浄土を願わず、法然・親鸞がいても善知識（師匠。略して「知識」とも言います）がいなければ真実の信心は伝えられない。知識の勧めなしに浄土に生まれることはできない」というようなものです。今生きている師匠を釈迦・善導・法然・親鸞と同列に崇めよという、教義的には「親鸞因縁」や「真仏因縁」と近いものを、存覚自身が書き記し、それが本願寺の聖教とされていました。

存覚は東大寺・延暦寺で受戒しました。専門的に仏教の勉強をしたければ、いわゆる旧仏教の寺院に入るしかなかった時代です。関東の真宗門徒の目には、依頼に応じて聖教を作ってくれる存覚が、どれほど尊く頼もしく映ったでしょうか。
どう見ても江戸時代の作なのに、親鸞作、蓮如作と伝えられる宝物が、各地に数えきれぬほどありますが、それと同様に存覚作を擬した書物もたくさん作られました。存覚という名前には大いに権威があったのです。

二　相互注釈関係──『御伝鈔』注釈史の起点──

『敬重絵』と『六要鈔』

存覚は『御因縁』や『伝絵』のようにまとまった親鸞伝を新作していませんが、『敬重絵』の冒頭で親鸞伝をかなり細かく説きましたし、親鸞を讃嘆する『歎徳文《たんどくもん》』や、『教行信証』注釈書の『六要鈔』でも短いながら言及しました。

『最須敬重絵詞』文和元年（一三五二）

＊幼稚にして父を喪い、伯父範綱の養子として育まれた。
＊九歳春に青蓮院の慈円の弟子となり、範宴少納言公と名乗った。
＊建仁元年、二十九歳のとき、生死を免れる道を求め、山上から西坂本を経て六角堂に

百日参詣した。九十九日目に聖徳太子の夢告を受けて法然の弟子となり、綽空と名乗った。後に夢告により善信と改めて実名《じつみよう》親鸞と号した。

『歎徳文』延文四年（一三五九）

＊慈円の弟子。

＊名聞利養を求めず、ただ出離の道を得ようと、根本中堂（比叡山の中心となる堂）や多くの霊崛に参詣し、六角堂百日参詣の結果、法然の弟子となった。

『六要鈔』延文五年（一三六〇）

＊青蓮院の慈円の弟子となり、範宴少納言公と名乗った。

＊法然の弟子となって綽空と名乗り、聖徳太子の夢告により法然の許可を得て善信と名乗るが、これを仮名《けみよう》（通称）として後に実名親鸞を称した。

親鸞の父が早世していないことは歴史学研究が明らかにしたところですし、百日参詣の満願の日に夢告を得るとは「お話」のパターンそのものです。存覚が行ったのは『御伝鈔』の解釈であって、親鸞の事実の探究ではありません。

存覚は物語のなかでも『御伝鈔』に拠りましたが、次の四点では違っています。第一に、幼時に父を喪ったとする点。第二に、根本中堂ほか山内の霊山霊社に参詣したとする点。第三に、法然の弟子となって綽空と名乗り、後に夢告により善信と改め、実名親鸞と号したとする点。第四に、建仁元年の六角堂夢告によって法然の弟子となったとする点です。

第一点から第三点は『御伝鈔』の補足、もしくは解釈でしょう。なぜ父でなく養父が慈円のもとへ親鸞を連れて行ったのか。なぜ比叡山内の寺社でなく、一般庶民の参詣する街なかの六角堂に行ったのか。『御伝鈔』には綽空・善信・親鸞という三つの僧名が出るが、これらはどういう関係にあるのか。こういう誰しも疑問に思うところが合理的に説明され、「貴顕の家に生まれて満ち足りた生活を送れるはずの少年が、幼時に父を喪い、道心を発して慈円の弟子となった。天台僧としての栄達よりも極楽往生の道を求め、比叡山のさまざまな堂宇に詣でたが意を達せず、ついに山上から六角堂へ百日参詣して太子の夢告を受け、法然を師と仰いで綽空と名乗った」という、理解しやすい親鸞像ができあがりました。

第二点については、『伝絵』や「御絵伝」に描かれる慈円の房は、山上でなく平地に建つ壮大な堂舎で、存覚自身も「青蓮院《しょうれんいん》（現東山区粟田口）に入った」と書きました。けれども、「思い悩んだときには清浄な山域で心を澄ませ、根本中堂や山内の霊場を巡ったはずだ。それで駄目だったから六角堂へ百日参詣したのだ」と考えたのでしょう。『御伝鈔』には山岳信仰の拠点を舞台とする箱根霊告段・熊野霊告段や、山伏が真宗門徒となる山伏済度段があります。上田さち子氏によれば、中世には修験者が浄土教の重要な担い手だったそうです。存覚が修験に通ずる親鸞像を思い描いたのも無理からぬことでした。

三つの名前に関する説明も『御伝鈔』の解釈と考えられます。『教行信証』に「わたくし親鸞は建仁元年に雑行を棄てて本願に帰依した。元久二年には師の著作『選択集』を書写し、四月十四日に師の筆で内題や、綽空という名前などを書いていただいた。閏七月二十九日に夢告によって綽空の名を改め、やはり師に名前を書いていただいた」と記されており、選択付属段にはこの部分がそっくり引用されました。六角夢想段には「救世菩薩が善信に告命を与えた」とあるので、この二ヶ所を突き合わせれば、「夢告によって綽空を善信と改めた」という解釈は十分に成り立ちます。

異なる教義の併存

ところが、第四点は『御伝鈔』の解釈としては導き出せないどころか、『御伝鈔』の異説と言うべきものです。『御伝鈔』は「法然門に入った後に六角堂で女犯偈を授かり、これを広めよと命じられた」と言っているのに、「六角堂の夢告によって法然門に入った」とは『御因縁』へ先祖返りしたようなものです。

『六要鈔』に「法然門に入った後に聖徳太子の夢告によって善信と改名した」とあるのを勘案すれば、聖徳太子の夢告は二回あって、一回目は女犯偈を得て法然の弟子となり、二回目は「善信」の名を受けたように見えます。後世の学僧は、六角堂で得たのは女犯偈か否か、六角堂の夢告は一回か二回かを議論することになりました。

でも、存覚は自分が大問題を提出してしまったとは気付いていなかったでしょう。存覚は物語の解釈をしていたので、もし問題を立てるなら「正しい史実はどちらか」ではなく、「相異なる教義が並び立つか否か」になるでしょうが、聖教目録で上述のような状態だった存覚が、『御因縁』的教義と『御伝鈔』的教義を峻別していたとは思われません。六角堂の夢告をもって在家仏教の創始を説く古い形と、女犯に言及せず宣布に重きを置いた新しい形の両方を、呑み込んだだけではないでしょうか。

まさかそんな雑駁《ざつぱく》なことを、と思われるかもしれませんが、中世人はいくつかある解釈のどれか一つが正しく、残りは誤りというような考え方ではなく、論理的に両立しない複数の説を平気で書き並べることがありました。それについては室町後期のところで詳しく見ることにします。

もっとも、存覚は三度もこの件で書きながら、一度も女犯偈を載せませんでした。存覚は『破邪顕正抄』で「念仏門徒は仏前で肉食をするとか、親子・人妻もなく性行為をするとか非難する人がいるが、絶対にそんなことはない」と書いています。女犯肉食の仏教に対する好奇のまなざしは弾圧に直結しました。存覚には覚如の意図を認識し、女犯偈を強調せずにおこうという気持ちもあったかもしれません。

それでも存覚は『御伝鈔』と『御因縁』を同じ物語のバリエーションとして、補い合うように用いました。存覚にとって「『御伝鈔』は正統、『御因縁』は異端」ではありません。

二つの作品のこういう関係を考える上で参考になるのが、『古今和歌集』と『伊勢物語』です。二十七頁の「君や来し」と「かきくらす」の歌は『伊勢物語』六十九段にも出てきます。男が鷹狩のための勅使として伊勢に赴いたとき、斎宮は自ら男の寝所を訪れたのだそうです。翌日の晩は逢えぬまま、別れに臨んで交わした唱和だとか、この斎宮は文徳天皇の皇女だとかいうことも書かれています。

『古今和歌集』と『伊勢物語』にはこれ以外にも共通する和歌がいくつもあります。それらは微妙にずれたり、明確な相違点を持ったりしながら、同じ物語として存在していました。自ら和歌を詠むような人は両書を見ていたため、『古今集』やその注釈書を読むときには『伊勢物語』を念頭に置き、『伊勢物語』やその注釈書を読むときには『古今集』を念頭に置いていたといい、山本一氏はこれを相互注釈的関係と名付けました。正誤・主従でなく、片方を見ようとすると、その後ろにもう片方がぼうっと映ってしまう、片方だけを専一に見るのが難しい関係です。

『御因縁』と『御伝鈔』もこの関係にあったのでしょう。物語型の教義書に拠るためには、登場人物の行動を正しく解釈するための注釈活動が不可欠ですが、その際にお互いを呼び出してしまうのです。

存覚の『御伝鈔』注釈によって、父を幼時に喪ったなどという新しい物語が生まれました。それが次の『御因縁』『御伝鈔』解釈に用いられ、さらに新しい物語が生まれます。『御伝鈔』に対する注釈行為のたびに『御因縁』が呼び出され、荒木門徒以外には意味を持たないはずの『御因縁』が、全真宗門徒の共有財産化されていきました。

三　『親鸞聖人御因縁秘伝鈔』——『御伝鈔』で『御因縁』を注釈する——

流布しない書物

注釈活動の第二弾として、『親鸞聖人御因縁秘伝鈔』についてお話ししましょう。じつは、「御因縁」と名の付く書物は三つあります。その一は、今まで読んできた鎌倉時代の『親鸞聖人御因縁』。その二は、室町初期ごろ覚如に仮託されて作られた、作者不詳の『御因縁』。その三は、江戸時代の半ばに五天良空という高田派の学僧が存覚に仮託して作った『親鸞聖人御因縁』です。

これでは紛らわしくて仕方ありません。第二の「御因縁」は江戸時代に『親鸞聖人御因縁秘伝鈔』の名で有名になったので、『秘伝鈔』と呼ぶことにします。第三の「御因縁」は後に作者自身によって増補改訂され、書名も『親鸞聖人正明伝』と改められたので、ここでは『正明伝』と呼びます。三つの「御因縁」を鎌倉時代の『御因縁』、室町初期の『秘伝鈔』、江戸時代の『正明伝』と呼び分けようということです。

同名異書、異名同書の存在は珍しくありません。昔の人は「ここはこうあるべきだ」「この部分に解説が必要だ」などと考えると本文を書き換えてしまうので、さまざまな異本ができました。『平家物語』には中学校の教科書でお馴染みの一方《いちかた》本の他に、屋代本・延慶《えんぎょう》本など本文の異なる諸本があり、漢文体の四部合戦状本、中身だけでなく名前も違う『源平盛衰記』もあります。真宗の物語型教義書のあり方は、一般の物語のそれと変わりません。

それでは『秘伝鈔』を見ていきましょう。ただし、長い上に難解な漢語を多く含みますので、筋立てのわかる最小限のところだけを示すことにします。

親鸞聖人は源空（法然）聖人面授相承の高弟で、一向真宗の元祖である。俗姓は藤氏で皇太后宮大進有範卿の息男だったが、青蓮院に入って慈鎮和尚の門弟となり、後に吉水の法然聖人に随った。『教行信証』によれば（『教行信証』に選択集の書写を許された際の感激を記した場面があり、それを忠実に引用していますが、省略します）。元祖（親鸞）の諱《いみな》ははじめは綽空で、後に善信と改めたのである。

大師聖人源空には大勢の門弟があるが、都鄙《とひ》の出家・在家に広まったのは一向真宗の元祖、親鸞聖人のご一流である。その法流の濫觴《らんしょう》については次のように伝え聞いている。

建仁元年初冬、月輪禅定殿下（九条兼実）が吉水を訪れ、「三百有余のお弟子はみな出家で、自分だけが在家である。出家した聖人の称名と、在家の者の念仏は、功徳に浅深があるのか」と尋ねた。源空聖人は「まったく違わない」と答えたが、殿下は「朝夕女性と睦みあい、酒を飲み、汚れた食事をして唱える念仏が劣らないはずはない」と疑い、聖人は「それは浄土門の心ではなく、聖道《しょうどう》門の戒めである。そもそも我が宗の趣旨は（長い問答が続きますが省略します）」とお話しになった。

殿下が「お弟子のなかから一生不犯の僧を一人頂戴して還俗させ、末世の俗人の疑念を破りたい」と願うと、聖人は躊躇なく「善信房は今日から殿下の仰せに従いなさい」と命じられた。親鸞は涙にむせび、「幼時から仏道に励み、三十歳に及んで聖人の門下に参って往生をめざしてきたのに」と墨染の袖を絞った。聖人は「今年の夏の初めにここに来たのは、六角堂の太子、救世観音の命であろう。その夢告に任せ、また、人びとを助けるためにも、殿下のご下命に従って在家修行の指導者になりなさい」と仰せになり、善信が「太子救世観音のご利生で参ったのは確かですが、在家になれという示現は受けておりません」と言いかけるのをさえぎって、「私は示現の証拠となる偈文を承知しているのだ。さあ、世を遁れた次第を詳しく語りなさい」と命じ、一座の者たちも興味津々で急きたてた。

親鸞が語っていうには、善信がまだ青蓮院にあったころ、正治二年の春だったか、後鳥羽上皇が百首歌（一人で百首を詠む）を召されたとき、慈円僧正の恋の歌に、

わが恋は松を雲《しぐれ》のそめかねて真葛が原に風さはぐなり

（これからしばらくは『御因縁』と同じなので省略します）

聖人は姫君をご覧になり、「子細なき坊守である」と仰せになったので、それ以来、一向真宗の一道場の家主を坊守と申し伝えている。

その後、九条殿は吉水に藤原隆信入道、法名戒信房を遣わし、「ご高弟を俗人の大導師として頂戴したのは、未来永劫に専修念仏の道が開けるようにと考えたからである。この上は一流派を立てるべく、聖教を一部ご制作いただきたい」と願い出た。年

が明けて聖人は秘かに選集を始められ、奉行（事務担当者）の善恵房と執筆《しゅひつ》の真観房に他言を禁じた。これが選択集である。二月下旬に脱稿して進上すると、殿下は拝見して、「興福寺・延暦寺などの強訴を憚《はばか》るため、私も秘蔵するが、お手元の草稿も聖人ご存生の間は披露しないでいただきたい」と申し入れたので、表には出されなかったが、許されて秘密裡に書写した人びともあった。一流の元祖（親鸞）が『教行信証』に、長楽寺の隆寛が『明義進行集《みょうぎしんぎょうしゅう》』に、鎮西の聖光が『選択伝弘決疑鈔《せんちゃくでんぐけつぎしょう》』に、それぞれ書写を許されたと記し、白河の信空なども家々の諸書に見える。

以上のように、一向専修の当流こそ、この聖教の根源であり、しかも、相伝においては元祖一人世に超えている。元祖の御書に「元久乙丑年、恩恕兮書選択（『教行信証』から選択集と法然影像の書写を許された場面を漢文体でそのまま引いていますが、省略します）仍抑悲喜之涙註由来之縁」とあるのが、その証拠である。

我が一流の元祖以外に、どの流派のどの家も、大師聖人ご自筆の内題等のある選択集を頂戴して伝えてはいない。親鸞師のご著書（教行信証）にも、「慶哉樹心於弘誓仏地（『教行信証』を引用していますが、省略します）末代道俗可仰信敬也可知」とある。門人はこの祖師の教えを喜んで継承しなければならない。

ところで、選択集や一向専修を非難したのは三井寺の公胤《こういん》僧正だけではなかった。

諸行を許しても往生の障碍《しょうげ》にならないのに、一向専修を勧めるのは偏執だと言うのである。黒谷聖人（法然）は「浄土の宗義を知らないから、そんなことを言うのだ。釈尊は一向専念無量寿仏と説き、善導は一向専称弥陀仏名と解釈なさった。一向専念の義は源空が勝手に立てたのではない。非難すれば釈尊・善導を非難することになる」と仰せになった以上は「御伝」の心である（「以上～心である」は『秘伝鈔』作者による注。「御伝」は覚如作の法然伝『拾遺古徳伝絵』を指します）。

このごろ黒谷の流れを汲むと主張する人びとのなかに、勝手な解釈で一向専修を傷つける邪徒が目に付く。我が真宗の元祖善信聖人は、高祖（法然）から正しい教義を伝えられたのだ。浄土往生を願う者は邪執を捨て、この古賢連続の正義を信じなければならない以上は「御伝」の心であるが、わざと文章を省略して記した。

元祖聖人は法然門の優れた弟子であるのみならず、本地は曇鸞《どんらん》和尚の再誕である黒谷聖人の夢告によって改名したが、弟子たちには秘して伝えられなかった。あるときは聖道・浄土二門の高祖として顕現し、あるときは一宗の末学となって、三国（インド・中国・日本）の聖教を伝えられたのである。還来穢《げんらいえ》国《こく》の済度は眼前にあらたかなのだ。

全体の七割方は『御因縁』による親鸞と玉日の結婚物語ですが、生の形で教義を説く部分が多く、難しい漢語が飛び交い、割注《わりちゅう》（本文の途中に二行に小さく書き込まれた注）も入っていて、『御因縁』より読みづらい文章です。その固さ、読みづらさをわかっていただこうと、あえて「である」体で訳しました。

この本の写本は江戸後期の「御因縁」という題の二本しかありません。ほかに正徳六年（一七一六）の板本があり、外題《げだい》（本の表紙に記される書名）は「存覚上人秘伝鈔」、内題（本文の最初など、本の内側に記される書名）は「親鸞聖人御因縁秘伝鈔」となっています。他文献に現れるのも遅く、東本願寺初代講師の恵空《えくう》が『叢林集』巻六（一七一三年刊）に「秘伝抄の跋《ばつ》には」云々として、本書の跋文（本文の後に書き記す文）を引用し、存覚の作と推定したのが最初でした。江戸時代中期までほとんど知られていない書物だったのでしょう。

存如による書写

『秘伝鈔』刊行の五年後に、高田派の五天良空がこの本に拠って『正明伝』を作っているので、『秘伝鈔』を刊行したのも間違いなく良空です。じつに丁寧な仕事ぶりで、ルビや返り点も写本とほとんど違いません。

ただし、板本は重要なところが書き換えられていました。写本には跋文の後に「釈円兼」、すなわち本願寺七世存如（一三九六～一四五七）の識語《しきご》（作者以外の人が写本を作る際に、本の来歴や写した年月などを書き加えたもの）が付いていて、「宝徳二年（一四五〇）三月四日未刻に書写した。この本は文章が一定していないため、一書を写して所望に応じた」、「願主の所望により老眼をこすりながら悪筆を走らせた」などと書いてあります。板本では跋文と識語が一続きにされ、「釈円兼」の文字はなく、「宝徳第二庚午」でなく「文和第三甲午」（一三五四年）です。

板本を見ると、まるで文和三年の作で、本文以後「流伝遐代給」までの全体が作者による跋文のようです。良空はこれを十四世紀半ばの真宗の学匠の作として、「存覚上人の秘伝鈔」と名付けて刊行し、次に、そのもとになっているという存覚作の七巻本（正明伝）なるものを自ら作って刊行したのですが、その次第については後でまたお話ししましょう。

それよりも、ここで確認しておきたいのは、良空も存如識語のある本を見ていたということです。そうでなければこの小細工はできません。『秘伝鈔』の現存写本・板本は揃って存如書写本をもとにしているのです。存如真筆本は未発見ですから、存如書写が装われた可能性もありますが、仮託《かたく》の場合は有名人にしないと意味がありません。存如の名前は蓮如父としてわずかに知られている程度でしょう。親鸞作、存覚作、蓮如作などならともかく、存如に仮託して、しかも存如作でなく存如書写というのではインパクトがありませ

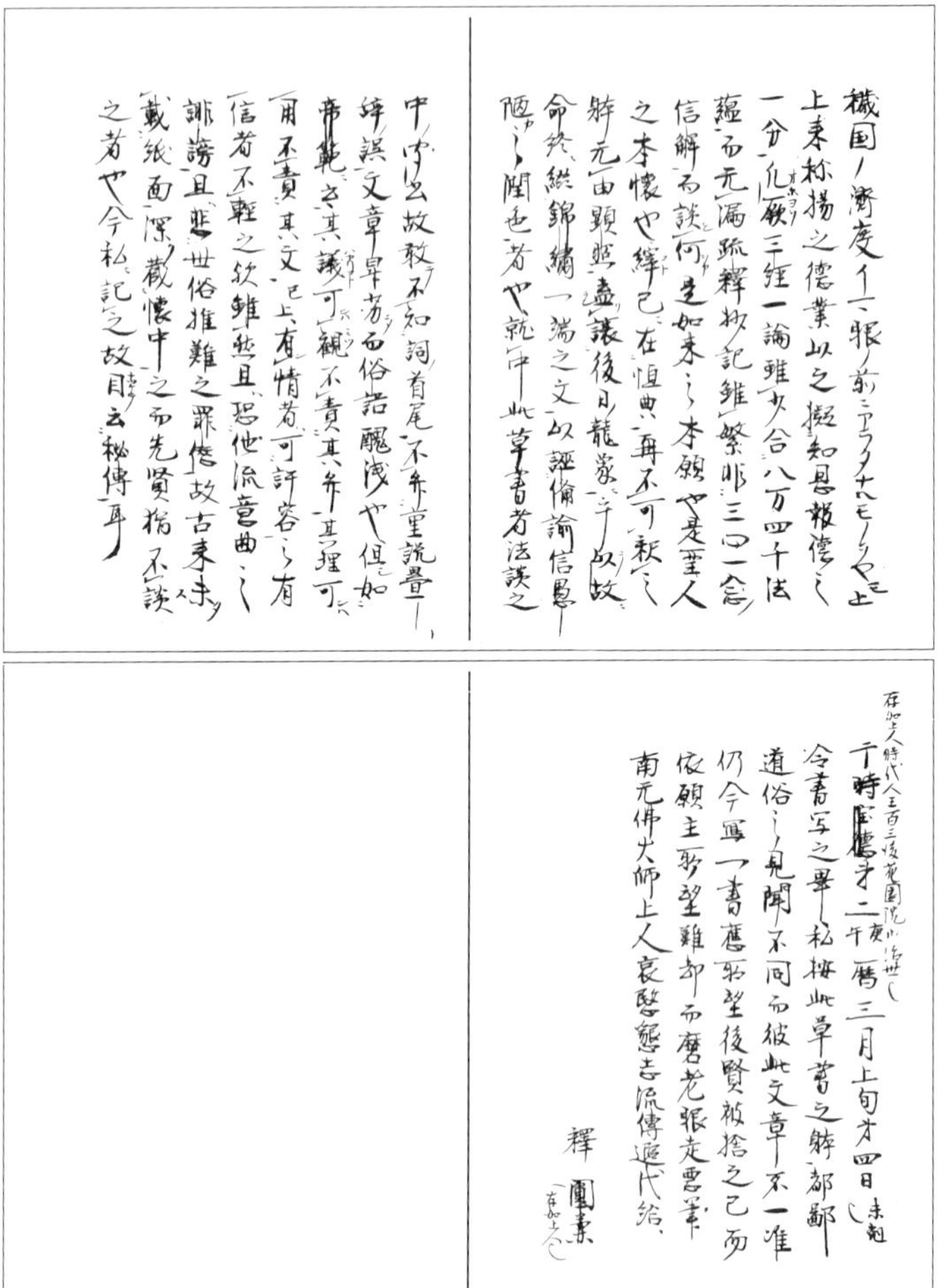

『親鸞聖人御因縁秘伝鈔』写本（大谷大学博物館蔵）
上段「目云秘伝耳」までは作者による跋文、下段「于時」から「流伝遐代絵」までは存如による識語。

已上有情者可許容之有信者不輕之歟雖然且恐他流意曲之誹謗且悲世俗惟難之罪慊故古來未載紙面深藏懷中之而先賢猶不談之者也今私記之故目《ナヅケテ》云秘傳耳
于時文和第三甲午曆三月上旬第四日令書寫之畢私按此草昏之体都鄙道俗之見聞不同而得此文章不一准仍今寫一書應所望後賢取捨之已而依願主所望難却而磨老眼走惡筆南无佛大師聖人哀愍懇志流傳遐代給

或記ニ云ク世ニ流布《ルフ》シテ御因縁トアラハレタルハ存覚上人ノ所記ニシテ序跋アキラカナリソレハ七巻アリ今コノ一巻ハ略書ナリト云云存覚御自筆ノ七巻ノ本ハ高田専修寺ニアリ佛光寺ニモ亙古裏ト テ祖師ノ自記アリト 已上

此御因縁秘傳抄者存覺上人之御作也借索《カリモトメテ》其御正本而此度令開版畢　皆

正德六丙申年三月吉日
書林　醒井通五条上ル町　金屋
小佐治半七郎藏板

『親鸞聖人御因縁秘伝鈔』板本（本證寺林松院文庫蔵）
下段「或記ニ云ク」以下は刊行者による解説。

ん。存如は本当に『秘伝鈔』を書写したのだと思います。『秘伝鈔』は十五世紀半ば以前に作られ、本願寺に写本が存在していたのです。

如信の口伝

序文には「四代相承の由来や一流繁昌の濫觴を明かして、三祖聖人の秘伝と名付けた」と書かれています。法然―親鸞―如信―覚如という本願寺流の相承の三代目で、親鸞の孫に当たる如信の秘伝を記した本、という意味です。

覚如は親鸞没後に誕生しました。親鸞の血を引いているといっても、親鸞の娘（覚信尼）が日野氏と結婚して生まれた男子（覚恵《かくえ》）の息子なので、親鸞の正系とは言えません。「親鸞から直接習ったことも、人づてに習ったことさえもないくせに」「本願寺に参詣しても、正しい教えがわかるわけじゃない」と言われれば、反論しにくいところです。そこで持ち出されたのが「法然、親鸞の教義は如信（親鸞息善鸞の息子。奥州大網願入寺の開基とされています）を経て覚如に伝わった」とする三代伝持説でした。「三代」は当初、法然―親鸞―如信―覚如の四人の間の「―」三本分を指しましたが、次第に「親鸞―如信―覚如の三人」の意味に変化しました。『秘伝鈔』のころには、法然を含める場合には「四代相承」という言い方もしたのでしょう。

如信の生涯はほとんどまったくわからず、存覚が『敬重絵』に「幼時から親鸞に従い、親鸞が他の者たちに説法する際には、常にその座に侍った」と記しているばかりです。でも、親鸞の言葉を覚如に正確に伝えた人、本願寺の正統性を支えるだけの無色透明な如信像は、その前から覚如によって素描されていました。覚如の『口伝鈔』は「親鸞が如信に語ったことを、覚如が如信から聞いた」という、「如信の口伝」の形式です。

『秘伝鈔』も「親鸞の事跡に関する如信の秘伝を、覚如が聞いて書き留めた」という体裁、すなわち覚如仮託と考えられます。そういう書物を存如が書写したとなれば、本願寺の内部で作られたということかもしれません。

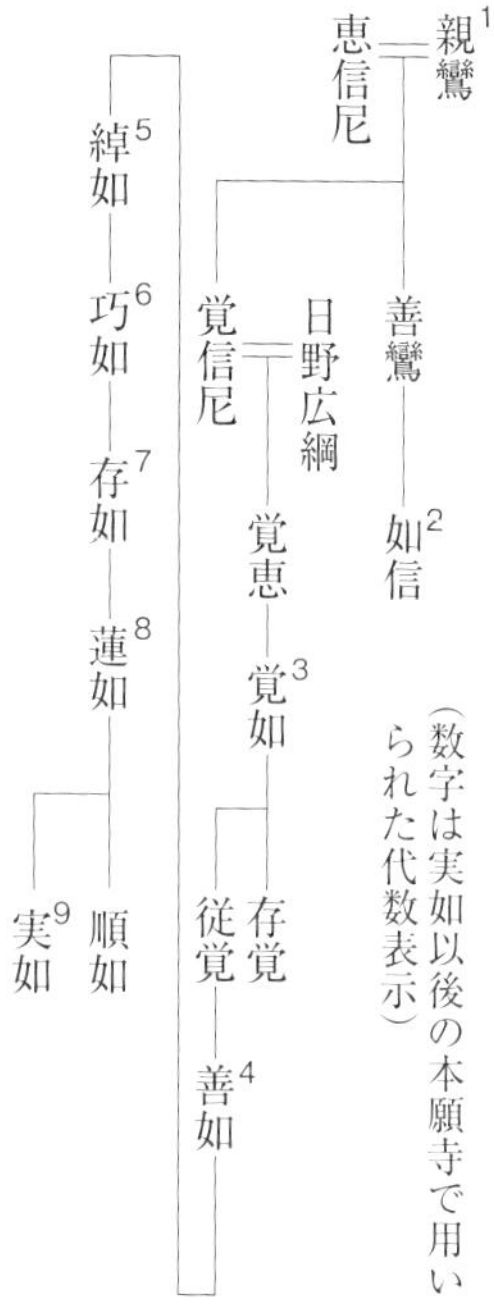

本願寺の歴代住持職

最後に、存如は「この本は文章が一定していない」と記しましたが、収拾不能なほど異本が出回っていたとは思われません。存如が「覚如作」の触れ込みを信じきっておらず、書写して伝えることへの言い訳でしょうか。いずれにしても現段階では作者は不明、成立は南北朝末期から室町初期としておくしかありません。

四　根本聖典は『御伝鈔』――彼岸から此岸へ――

教義書と注釈書の違い

『秘伝鈔』は『御因縁』と同じ物語なのに、漢文体の序文・跋文が付き、本文もずっと難しくなりました。難しい文章を簡単に書き直すならともかく、簡単なものを難しくしてどうするのと思ってしまいますが、『御因縁』と『秘伝鈔』は性格の異なる書物で、作成する目的も対象とする読者も異なっていました。『御因縁』は聖教（教義書）なので、集団の構成員全員がわかるよう、平易に作られていましたが、『秘伝鈔』は集団上層のごく一部の人が理解できればよかったのです。

物語は一般に登場人物の心のなかや行為の理由を説明しないものです。読者は自分の判断で、物語から教義や教訓を引き出さなければなりません。「月やあらぬ」の歌は、天皇の妻となるべき女性と恋をした男の歌なのか、三身即一を悟れば生きながら大日如来になれるという仏教的真実を明かした歌なのか、どちらが正しいのでしょうか。いや、一つのお話が表裏二つの意味を持つこともありますから、表は恋、裏は仏法なのかもしれません。

『伊勢物語七箇《しちか》秘伝』には「春も月も我が身も昔とは違う。世のなかとはそうしたものだ。有ると思えば無く、無いと思えば有る。何事にも心を留めてはならない」とあります。中世には「女を失った男が、仏教的な悟りを求めた歌」という解釈もあったわけです。

もし、『伊勢物語』の本文に「女を失ってみると、ものみなすべてがそれまでとは別物の様相をもって目に映り、男は疎外感を覚えずにいられなかった」とか、「苦しみにうちひしがれた男は仏法に救いを求めた」とか書いてあれば、誰も迷いません。けれども、物語は出来事を記していくだけです。「それこそが物語を読む楽しみじゃないか。一つの読み方しかできない物語なんて面白くも何ともない。『御因縁』にもいろいろな読み方があって当然さ」と言いたいのは山々ですが、『御因縁』は教義書です。ある集団の、ある時点での解釈がいくつもあるというのでは、集団の運営に支障が出ます。

教義書には正しい解釈を教える解説書が必要です。江戸時代以前の解説は、本文の上下や行間の空いたスペースに注を付す形で行われたため、解説は一般に「注釈」と呼ばれました（本文に付されるのが「注」、「注」に付されるのが「釈」です）。

注釈にも二種類ありました。一つは字句的な注釈で、仏書では、もとの文章を大きくいくつかに区切って内容を大づかみしに、それぞれをさらに区切り、最終的には単語にまで区切って各単語に注を付すという、中国渡来の形式で行われました。江戸時代の学僧の

『御伝鈔』注釈では、例えば「本願寺聖人親鸞伝絵」への注として、本願とは何か、寺とは、聖人とは、親鸞とは、伝とは、絵とは……というように細かく細かく付していったため、原稿用紙十数枚分の分量しかない『御伝鈔』に対し、全九冊、全十冊という大部の注釈書が作られました。『秘伝鈔』にも「俗徒（俗者俗家也 徒者門徒也）」（俗徒という語句の俗は俗家、徒は門徒の意）、「円照（博陸の御法名）」といった割注があり、字句的注釈が見られます。

注釈のもう一つの形式は、物語をもう一度別の物語として語り直すもので、『秘伝鈔』も全体としてはこれに相当します。『御因縁』という聖教を、『御伝鈔』『教行信証』『拾遺古徳伝絵』など別の聖教に拠りつつ解釈し、語り直すのです。『敬重絵』などに見られる存覚の親鸞伝も、『御伝鈔』の物語的注釈と言うことができます。

注釈書は少数の指導者が目で読むものでした。そうやって「正しい解釈」を身につけた少数者が、他の大勢に語り聞かせれば、同座した全員が「正しい解釈」に統一されます。『御因縁』に出来事として描かれたことを、真宗教義に置き換えて解説するとなると、教学用語が頻出して読みづらくなりますが、一定の理解に達している人たちが読むのですから、それで不都合ということもなかったのです。

なお、『秘伝鈔』の表現は難しいだけでなく、やや癖があり、「環丹」「疑膠」「谷響」など、古語辞典・漢和辞典・仏教語辞典に載っていない言葉がいくつも出ます。由緒正しい公家・寺家・武家の文化から、少しずれたところで成立したのかもしれません。

ところで、「正しい解釈」は何とおりもあり得るので、どのような注釈書を持つかによってその集団が性格づけられました。普通は師匠の解釈を継承しながら、新しい解釈を示していくため、注釈書を見れば、系統を追いつつ考え方の変遷を見ることができます。宗門大学の図書館にはこうした注釈書がたくさん保管されています。まるで宝の山ですね。

何を採り、何を捨てるか

具体的に『秘伝鈔』の注釈方法を見ていきましょう。

まず、使用している文献を挙げてみると、「本典」（『御伝鈔』を指す）、「御伝」（『拾遺古徳伝絵』を指す）、「教行信証文類」「元祖の御書」「鸞師御作の書」（三者とも『教行信証』を指す）、『明義進行集』（法然孫弟子の信瑞の作った法然言行集）、『選択伝弘決疑鈔』（浄土宗第三祖とされる良忠の作。『選択集』注釈書のスタンダード）と、『仏説無量寿経』『妙法蓮華経』の七種については、自ら書名を明示して参照しています。

江戸時代に本典といえば、真宗の根本聖典である『教行信証』を指しましたが、『秘伝鈔』で本典は『御伝鈔』でした。『秘伝鈔』の作者は漢文も書ければ、『選択伝弘決疑鈔』や『明義進行集』など、法然門の教義書を読んで自作に生かす力もあり、読者層も引用書名を見て「こういう本を使っているのなら『秘伝鈔』は信用できるね」と考える人たちでした。物語型でない生の教義書を十分に理解できる人たちが、『教行信証』より『御伝鈔』を「本典」ととらえていた、ということを銘記しておきましょう。

書名を明示しないまま用いている先行文献には『念仏往生要義抄』と『報恩講私記』、それから存覚の『六要鈔』も参照しているようです。

『御因縁』は『要義抄』を使ったのかどうかわからないくらい、よく咀嚼《そしやく》し、再構成していましたが、『秘伝鈔』は『要義抄』そのものを引用しました。『秘伝鈔』の作者は『御因縁』の典拠を知っていたか、見破ったかしたのです。つまり、『御因縁』が既存の文献から再構成された物語であって、親鸞の事実の記録ではないと承知の上で、物語としての完成度を落としてまでも典拠を丸のまま引用し、『御因縁』という聖教の「正しい解釈」を示そうとしたのが『秘伝鈔』だということです。

親鸞の年齢の処理を見ると、それがよくわかります。『御因縁』では、二十九歳のとき（建久三年）に慈円の恋の歌に端を発した六角堂夢告と法然への帰依があり、建仁元年十月に三十八歳で結婚したとされますが、『秘伝鈔』では六角堂夢告が正治二年春に変えられ、「三十歳に及んで法然門に入った」とされました。建久三年（一一九二）が正治二年（一二〇〇）に変えられた結果、法然門に入った年齢もずらされたのです。

『御伝鈔』では建仁三年春に吉水入室、同年四月五日寅刻に六角夢想、『教行信証』では建仁元年に法然門に入ったとされています。『秘伝鈔』の作者はこの両書を見ているのに、どちらにも合わせようとしていません。親鸞著作や「本典」たる『御伝鈔』は、『秘伝鈔』に年時の改訂を迫るものではありませんでした。

正治二年に後鳥羽院の命で『正治初度百首』が作られました。慈円の「わが恋は」はこのとき詠まれたため、『秘伝鈔』は「正治二年の春だったか、後鳥羽上皇が百首歌を召されたとき」としたのでしょう。その結果、正治二年に詠まれた歌が建久三年に存在したかのような設定は改められたものの、『秘伝鈔』は『御因縁』のキーワードの一を捨てることになりました。『御因縁』は『教行信証』の「建仁元年に二十九歳で雑行を棄て、本願に帰した」を活かすため、あえて「二十九歳で六角堂夢告、建仁元年に結婚」という設定にしたのに、肝心の「二十九歳」が消されてしまったのです。

そうまでして『正治初度百首』を優先するかと驚きますが、『秘伝鈔』の作者が和歌至上主義者だったわけではなさそうです。親鸞の「箸鷹」の歌の第五句は、『御因縁』では「袖の雪かな」ですが、もととなった高階成朝の歌は「袖の白雪」でした。『御因縁』の室町中期の抜き書きに「袖の白雪」とするものがあるので、一部の人は典拠を見つけていたのでしょうが、『秘伝鈔』は相変わらず「袖の雪かな」です。「正治二年」の採用は、年号を重視すべきもの（勅命による和歌の詠進）と、そうでないもの（各種真宗聖典）とが分別されていたことを示すのではないでしょうか。

冷泉家流『伊勢物語』注釈との関わり

和歌の話のついでに、『秘伝鈔』には次のA・Bのような文章があることにも注意しておきましょう。原文で引用します。

A自力の念仏といふは（中略）一切善悪の男子女人、ただ一向に他力を仰ぎて、我身一つは本の身ながら、念仏のこころ専らなれば往生するぞといふことをもちゐず、

B法蔵菩薩成等正覚《じょうとうしょうがく》のいにしへ、於今十劫《おこんじゅうごう》の春也《はるや》昔よりこのかた、乃至一念発起の時に、往生すべき理《ことわり》の定りにける我が身ぞと信知しつる後は、

Bの「法蔵菩薩」は阿弥陀如来の修行時代の名前です。法蔵菩薩はかぎりなく長い間思索にふけって（五劫思惟）、四十八願を立て、願成って阿弥陀如来となりましたが、それから十劫というとてつもなく長い時が流れたといいます。

Ａ・Ｂともに例の「月やあらぬ春や昔の春ならぬ我が身ひとつはもとの身にして」を引き、「肉食妻帯の穢身のままで」ということを「我が身一つは本の身ながら」、「一切衆生の救済が定まった大昔から」ということを「於今十劫の春也昔よりこのかた」と説明しました。『秘伝鈔』やその読者たちの理解は、仏教的な解釈の線上にありました。

仏教的解釈のなかにも、大日如来バージョン、住吉明神バージョン、阿弥陀如来（法蔵菩薩）バージョン等々があって、『秘伝鈔』は「阿弥陀如来が一切衆生を穢身のまま浄土へ導くことは、大昔に確定している。弥陀を信じて往生を遂げよ」という意味に取る人びとのなかで作られました。大日・住吉バージョンでとらえる人たちと共有された和歌秘伝が、真宗聖典の注釈書に何気なく顔を覗《のぞ》かせる、それが中世真宗の実態でした。

ただし、その和歌秘伝は正統的なものではありませんでした。この時期の和歌注釈には、穏健で冷静な二条家系統の注釈と、神仏へのはなはだしい付会のように、奇怪な注釈を含む冷泉家系統の注釈がありました。前者は文化的にも経済的にも力量のある貴顕のもので、後者や、それと深いかかわりを持つ為顕流と呼ばれる『伊勢物語』注釈は、通俗的神道の布教のための書物や、仮名本『曾我物語』などにもよく見られます。

しかし、『秘伝鈔』はむやみに霊的世界とつながろうというのではありません。「親鸞は月輪殿下と同車して五条西洞院の屋敷に入った」の直前に次の一文があります。

聖人も禅定殿下もいよいよ云々し給ひしかば、信空・聖覚等の智徳、もろもろの法師達いさめ、すすめ申されし間、

法然や九条兼実に「云々」されたうえ、信空・聖覚をはじめとする法然門の僧侶たちに勧められ、兼実の邸宅に入ったというのですが、信空・聖覚は『御伝鈔』信行両座段の登場人物でした。親鸞が法然に勧めて、三百余人の法然門弟を信不退・行不退の二座に分けさせたとき、信不退の座を選んだのは聖覚・信空と、遅参して来た熊谷直実、および親鸞・法然だけだったといいます。『秘伝鈔』はここから信空らの名前を拾い、「法然・兼実・親鸞と並んで正しい信仰を得ていた信空・聖覚などに結婚を勧められ、従わざるを得なかった」という話にしたのです。

法然や兼実が「云々」したとは、「結婚を強く促した」と明言するのを避け、ほのめかすにとどめたのでしょう。『御因縁』の「六角堂の観音の示現に任せて落堕しなさい」という法然の言葉も、「夢告に任せ、また、人びとを救うためにも、九条殿下のご下令に従って在家修行の法頭《ほうず》になりなさい」と書き換えられました。法頭とは『日本書紀』に「僧侶による殺人事件をきっかけに、推古天皇が僧尼の統制機関を整え、観勒《かんろく》を僧正に、鞍部徳積《くらつくりのとくしゃく》を僧都に、阿曇連《あづみのむらじ》を法頭に任じた」として出ますので、「在家のまま仏道修行

をする者たちの監督者・指導者になれ」という意味で言っていると考えられます。

『御因縁』の法然は親鸞が救世菩薩の召命を受けた者であることを明かし、落堕という自己犠牲を迫りました。聖なる厳しさの漂うこの場面から、『秘伝鈔』は「落堕」を消去し、結婚を「云々」と朧化した上で、信空・聖覚を持ち出して現実の僧侶集団の活動のなかでの出来事であることを強く打ち出しました。集団の一員にすぎなかった親鸞が、在家仏教を実行する新しい一派を立てるのです。彼岸と此岸の交流を大きく描いていた『御因縁』を、此岸に焦点を絞って語り直したのが『秘伝鈔』でした。

法然門における正統性の主張

法然には多くの弟子があって、法然没後は弟子や孫弟子が浄土四流（西山《せいざん》義・鎮西《ちんぜい》義・長楽寺《ちょうらくじ》義・九品寺《くほんじ》義）と呼ばれる流派を立てて分立し、その後もさらなる分裂を繰り返しました。弟子や後援者には高名な公家や武家が含まれ、在地の武士たちにも熱心な信徒がいたため、各派の間には激しい勢力争いも起こりました。

それだけに法然伝は多数作られましたが、『秘伝鈔』は覚如作『拾遺古徳伝絵』を「御伝」と呼んで用いました。江戸時代に「御伝」と言えば『伝絵』か『御伝鈔』のことですが、『秘伝鈔』では法然伝なのです。法然こそ「四代相承」の起点です。法然は「高祖」、親鸞は「元祖」として並び称され、「法然の門弟中で最も広まった、親鸞の法流の濫觴《らんしょう》」が語られました。

玉日との結婚で終わらず、法然が『選択集』を著して親鸞に書写させるくだりが、全体の三分の一近いボリュームで付加されたのも、「御一流」（親鸞門流）の正統性の主張でしょう。兼実は法然に「在家では往生できないのではないか」という疑念を解いてもらいましたが、それでよしとせず、同様に迷うはずの末世の凡夫のために一流派を立てようと（原文は「このうへは一向専修の流を立つべき条、勿論なり」）、まずは在家信徒の指導者（親鸞）を迎え、次に聖教を備えました。「一向専修の当流こそ、この聖教の根源」とは、「真宗こそ『選択集』の生みの親だ」ということです。

法然系諸集団のなかで、法然の「正しい教え」を受け継いでいるのは親鸞門流だと、『秘伝鈔』は断言したのです。『御伝鈔』では選択付属・信行両座・信心諍論の三段をもって、親鸞こそが法然の法の正しい継承者であると強調していました。三段ともたいそう長く、十五段中の三段とはいえ、分量では全体の四分の一を越えるほどです。『御因縁』に他派との競合を匂わせる表現は見られないのに、『秘伝鈔』がこのように読み取ったのは、『御伝鈔』の影響が大きいでしょう。

『御因縁』は親鸞・真仏・源海の系統にある者以外には意味を持ちません。『御因縁』を奉じた者たちに、法然系の念仏者全体を見渡して、我こそ正統の名乗りを上げようという気持ちは起こりにくかったでしょう。覚如や蓮如は、真宗の各集団の指導者が弟子を奪い合い、醜い争いが起きていると指摘しましたが、それは境を接する集団間での小競り合いにすぎず、一派の本寺として全体を睥睨《へいげい》しようということではなかったと思われます。

けれども『御伝鈔』はそうではなく、親鸞の系統にある者は誰でも親鸞の廟所である本願寺に参詣すべきだし、『御伝鈔』で学ぶべきだという考え方でした。そういう視点に立つ者ならば、並び立つ他派への優越を言おうとする方向へも進めるでしょう。

『御伝鈔』を「本典」として『御因縁』を「正しく解釈する」とは、こういうことなのです。親鸞と玉日の結婚の物語は「女犯肉食の在家仏教のはじまり」の物語でしたが、『秘伝鈔』では『選択集』撰述・相承の物語とセットにして、法然系各派のなかでの親鸞門流の正統性が述べられました。

「月輪円証」は法皇と兼実のダブル・イメージではなく、九条兼実その人として読まれなければなりません。『教行信証』に「『選択集』の撰集を命じた」と記された、あの兼実でないと「指導者と聖教を兼ね備えた念仏者集団」発足の仕掛け人にはなれませんから。

『御因縁』と『御伝鈔』は相異なる教義を説くものながら、ともに聖典として受け容れられたので、この二書以降の重要課題は、出来事しか記されていないこれらをどう解釈するか、どのような教義を引き出すかということになりました。物語によって教義を説いてきた真宗は、その解釈（注釈）にも物語の形を用い、「正しい教義」の共有を目指しました。

この後、『御伝鈔』がその地位を高めていくにつれ、『御因縁』の地位は相対的に下降していきますが、それでも玉日の名は語られ続けました。『御因縁』と『御伝鈔』の相互注釈的な営みがあるかぎり、玉日が退場することもなかったのです。

第三章　物語不在の時代——室町中期——

一　本願寺蓮如——本尊は弥陀、祖師は親鸞——

全国的教団の構築

真宗は十五世紀に画期を迎えました。本願寺に蓮如（一四一五〜九九）が出て、奥州から畿内・西国にいたる大教団を組織したのです。

見てきたとおり、『御因縁』や『御伝鈔』の時期、さらに存覚の諸書や『秘伝鈔』まで降っても、教義が固定されたとは言いがたい状態でした。祖師として仰がれるのも、『御因縁』は親鸞・真仏・源海の三人、『御伝鈔』は親鸞のみ、『御因縁』注釈書で『御伝鈔』を本典と呼ぶ『秘伝鈔』は法然・親鸞という有り様でした。

地域の特殊事情や構成員の都合に合わせて教義を変えてしまえれば、状況の変化に即応できます。洪水・飢饉等で遠隔地へ移転したり、師匠は薬師堂、弟子は蔵王堂の管理者だったりしても対応可能でしたが、その代わり、あまり大きな集団は作れません。いくつもの小集団が緩やかなネットワークを結んで連合体をなすのがせいぜいです。

それに対し、江戸時代の東西両本願寺教団は、唯一絶対の本寺（本願寺）の下に少数の中本寺があり、中本寺がそれぞれ末寺を擁するという、ピラミッド型の組織を構築していました。本山の工房で作られた各種の法物が中本寺を経て末寺へ下付され、本山に設置された学寮へ全国の末寺僧侶が上山して、「正しい教義」を学んで在所に戻りました。すべての門徒がそれぞれの在所で、本山で一括調製された同じ本尊や祖師像に額《ぬか》づき、同じ絵を拝見しながら同じ物語を聴聞して、同じ教義にしたがい、ともに往生を目指したのです。

蓮如期は古い形から新しい形への転回点でした。金龍静氏は蓮如を「唯一の宗祖を設定し、唯一の本尊を確定した人」としています。存覚がインド・中国の高僧像を本尊と呼んだように、蓮如以前の真宗は祖師も本尊もいろいろでした。阿弥陀仏が法然・親鸞・真仏・熊野権現など、さまざまな姿で現世に顕現しているのなら、高僧先徳はみな阿弥陀仏ですから、当然といえば当然です。けれども蓮如は、生きた人間である師匠（善知識）を弥陀の化現として仰いではならない、阿弥陀仏と人間はまったく別だと強く主張しました。

小集団ごとに祖師や本尊が異なる状態から、真宗門徒であれば、いつでも、どこでも、直接の師匠が誰であっても、祖師は親鸞、本尊は弥陀と絞り込んでしまえば、そこから江戸時代風の在り方までは真っ直ぐな一本道です。

『御俗姓御文』

親鸞一人を絶対的存在として崇《あが》めるというなら、覚如がすでにそうでした。改めて転回点などと言わなくても、覚如に回帰すればよいだけの話にも思われます。蓮如がどのように親鸞伝を語っているか、覚如との相違点を中心に見ていきましょう。

蓮如は『御文』という手紙を用いて布教しました。手紙といっても、特定個人宛に私的な用件を記すのではなく、集団のなかで拝読されることを前提とした一種の教義書です。集団の規模が大きくなると、教化対象者が目の前にいるとは限らず、昔ながらの面授という指導法では無理が出ます。蓮如は小集団の指導者でないことにきわめて自覚的で、生涯顔を合わせないかもしれない遠隔地の人たちにも、「どこそこの真宗門徒の皆さん」宛の手紙にして呼び掛けました。聴聞者たちは、拝読する人の声を蓮如の声として聞き、対面して教えを受けた気持ちになっていたようです。

その『御文』のなかでも「御俗姓御文《ごぞくしょう》」と呼ばれるものの冒頭部を見ていきましょう。

祖師聖人の俗姓は藤原氏で、後長岡丞相《しょうじょう》内麿公の末孫、皇太后宮大進有範の子です。本地は弥陀如来の化身とも、曇鸞大師の再誕とも言われています。九歳の春に慈鎮和尚（慈円）の門人となり、出家得度して範宴少納言公と号して、天台宗の学問に秀でられました。二十九歳で源空聖人の禅室に参って高弟となり、真宗一流を汲んで専修専念の義を立て、すみやかに凡夫《ぼんぶ》直入《じきにゅう》の真心をあらわし、在家止住の愚人を教えて、報土（極楽）往生をお勧めになりました。

この後にはこの何倍もの長さで「今月（十一月）二十八日は御正忌報恩講である。ここで真実信心を獲得することが聖人への報恩謝徳である」と説かれました。

これが『御伝鈔』の冒頭部に拠るのは間違いありません。しかし、『御伝鈔』の「鬢髪《びんぱつ》を剃除《ていじょ》し」が「出家得度し」、「ふかく四教円融の義に明らかなり」が「天台宗の碩学《せきがく》（大学者）となりたまひぬ」となっているように、言葉遣いはだいぶ変えられています。

一般の在俗の門徒が「ビンパツヲテイジョシ」と聴いて、髪を剃った、出家したとわかるものでしょうか。まして仏教用語の「四教円融」を、「天台宗では釈尊の教説を蔵・通・別・円の四種に分け、そのすべてが『法華経』のなかで溶け合い、一体となっているとする。親鸞はこの教義に精通していた、つまり天台宗の学問に秀でていたのだ」と理解するなど、ほぼ絶望的でしょう。

『御伝鈔』は華やかではあるけれど難しい文章でした。でも、『御文』は「出家得度」のように日常的な言葉で説かれたので、一度解説してもらえばたいがいの人が意味をつかめます。誰の息子か、誰の弟子かといった具体的な情報だけを残して文飾が排され、長さもずいぶん短くなりました。出家得度、真宗一流、専修専念、凡夫直入、在家止住、報土往生など、四字熟語の多用も大きな特色です。

『御文』も目で見るというより耳で聴くものでした。日常語の間に仏教語を主に四字熟語の形で入れ込み、その文章を繰り返し繰り返し聴聞させたのです。門徒は拝読の声を慈雨のように浴び続けているうちに、いつのまにか非日用の仏教用語が体に染み込み、それなりのイメージもできれば、決まり文句として使えるようにもなる、やがては『御文』の言葉によって自分の信心を表出できるようになる、ということだったのでしょう。

『御俗姓御文』にはとくに染みこませたい言葉がありました。原稿用紙二枚分ほどの長さのなかに、「報恩謝徳」が四回、「報謝」が三回、「報恩講」が二回出るのです。松本正行寺で月命日に門徒が集会したように、本願寺でも親鸞の月忌が催されていましたが、蓮如は年に一度の「御正忌報恩講」に改め、教団最大の年中行事に作り上げました。親鸞への報恩謝徳がこの教団の教義と結集の根本でした。

ところが、『御文』のなかには、親鸞でなく阿弥陀如来に向けられた「報恩謝徳」もあります。『五帖御文』として編纂されたうちの四帖第十二通を見てみましょう。

いかに罪障が深くても、雑行《ぞうぎょう》の心を止め、一心に阿弥陀如来に帰命して、「後生をお助け下さい」と深くたのめば、かならず助けて下さいます。(中略)だから、毎月の寄合も報恩謝徳のためと心得れば、それこそ真実の信心を得た行者と言えるのです。

耳で聴くのはイメージ作りには最適ですし、気持ちが高ぶって聴衆同士の一体感も湧きますが、冷静に分析的な思考を行うのにはあまり向きません。講演を聴いたときは感激し、すっかりわかった気になっていたのに、後で報告書を作ろうとすると頭が混乱してしまい、結局、その先生の本を買って読んで、やっと理解できた。会場で思っていたのとは、ちょっと違ったな。そんな経験のある方も多いのではないでしょうか。

耳で聴く人びとには、弥陀に対する報恩謝徳と、親鸞に対するそれを分別して、別個に考察するより、弥陀・親鸞を同じ報恩謝徳の対象として重ねてしまう方が自然だったでしょう。蓮如自身も親鸞を「如来聖人」と呼んでいます。蓮如のこういう表現は、弥陀と親鸞をコインの裏表のように一対一対応させる仕掛けとも言えるでしょう。

曖昧さの排除

『蓮如上人御一代聞書』によれば、蓮如は「聖教には読み違いも、理解の及ばないところもあるが、『御文』にそれはない」と自賛したそうです。『御因縁』や『御伝鈔』に「読み間違い」が多かったことは、『秘伝鈔』を見れば想像できます。聖教を読む（聴く）には事前に一定の知識が必要でしたし、読んだ（聴いた）後も注釈書で教え直してもらわないと、「正しい解釈」に到達できません。

それに対して『御文』に読み違えが起きにくいのはそのとおりでしょう。片面は本尊阿弥陀仏、もう片面は祖師親鸞という聖なるコインに対して、ひたすら報恩謝徳の念を捧げよというようなものです。「まことの仏」平太郎が活躍した古い真宗と違って、弥陀と人間の間は完全に切断されていますから、この世の人間はみな「罪悪深重」です。「真宗一流」に帰依して「凡夫直入」を信じ、「在家止住」のまま「専修専念」に弥陀（親鸞）をたのんで「報土往生」を目指すほかないというわけです。知識と想像力に支えられていた古い真宗は、曖昧《あいまい》さを極力排した明快さに切り替えられました。

真宗に帰依する前に仏教の勉強をした経験がなく、帰依した後もたいして勉強時間は取れないよという人や、仕事で疲れて想像力を働かせる精神的余裕を持てない人でも、これなら大丈夫です。しかも、この教義は、どの土地の、誰を直接の師匠とする者でも通用し

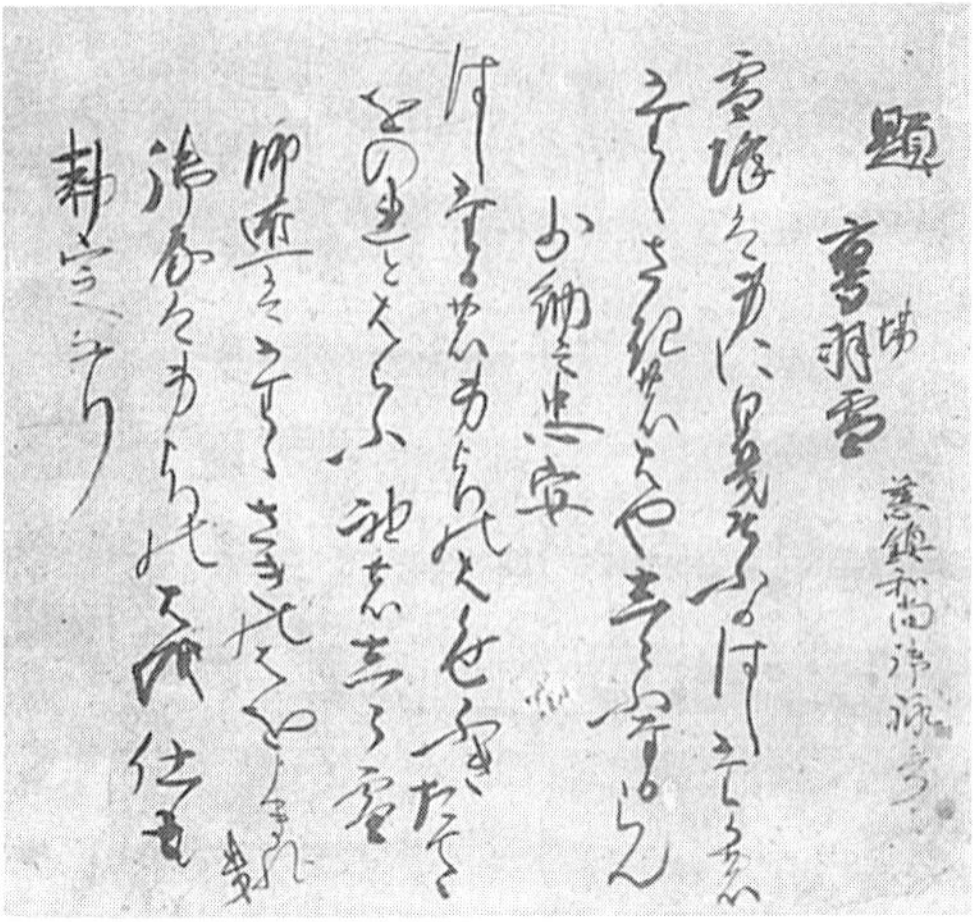

蓮如筆『親鸞聖人御因縁』抜き書き（大谷光道氏蔵）

ました。門徒数の爆発的な増大は当然の帰結でした。

蓮如は「親鸞」に格段な重みを持たせたにもかかわらず、親鸞伝を語ったのは『御俗姓御文』のみ、それも右記のようなものです。しかも、六角夢想段や熊野霊告段など、『御伝鈔』のなかでも親鸞の偉大さを感覚的に体得させる物語的な部分には言及していません。

とはいえ親鸞伝を大切にする伝統は蓮如のなかにも生きていました。蓮如自筆の『御伝鈔』は未発見ながら、蓮如が弟子の宗俊《そうしゅん》に書き与えた写本の転写本が何本も残っていて、蓮如が写した原態を復元できるのですが、じつに正確かつ丁寧な筆写を行っていたことがわかります。また、『御因縁』の抜き書きもしていて、慈円詠・親鸞詠とされる鷹狩の歌二首と「師匠はただささきの羽を詠んだのだから、お前は身寄りの羽を詠めとの勅定が下った」という部分を、平仮名で丁寧に写しています。

聖教一般についても、「聖教をめくって、めくって、めくり尽くせ。読み込めば自然にわかってくる。口伝などに惑わされるな」と蓮如が教えていたのを、十男の実悟が記録しています。

蓮如の教化方針は、聖教を読みこなす力を持つ一部の直弟と、聖教が読めない、あるいは若干は読めても考え通すことのできない圧倒的多数との、二段構えでした。前者には自ら聖教を読んで自ら考えること、後者には『御文』を聴いて決まり文句を体に染みこませ、使いこなせるようになることが、学び方として提示されました。どちらも師匠に解釈を教えてもらう古い学び方ではありません。師匠も人間であるかぎり、弥陀（親鸞）とは別次元の弱く愚かな存在だから、師匠だのみでは往生できないと、蓮如は考えたのでした。

二　専修寺真慧――もうひとつの「全国的教団」――

そのころ、真宗にはもう一人、重要な人物が出ました。高田門徒の真慧《しんね》です。下野国高田の専修寺は、前代までは下野の地方寺院で、親鸞とその弟子の真仏（荒木門徒の真仏と同一人物か否かについては定説がありません）、真仏の弟子の顕智を祖師として仰いでいました。第十世とされる真慧は寺を飛び出し、関東の浄土宗や天台宗の寺院で学問を積み、近江で活動した後に伊勢に無量寿寺（今の津市一身田《いしんでん》専修寺）を建てると、北陸・三河などからも弟子たちが近江や伊勢に上山するようになりました。本願寺よりだいぶ規模は小さいものの、やはり本末関係に基づく全国的教団が成立したのです。

十五世紀は真宗にとって大革新の時代でした。小集団の緩やかな連合体から、強力な本寺をいただく全国的教団へと変わっていったのです。さまざまな門流の大坊が本願寺や専修寺のもとに結集し、それらの大坊のもとにあった集団も教団に参入しました。加賀国で本願寺門徒を中心とした一揆が起こり、「百姓の持ちたる国」が成立したことはよく知られていますが、このとき同国の高田門徒は領主方につきました。加賀一向一揆と呼ばれる戦いは、直接には本願寺門徒と高田門徒の間で戦われたのでした。

しかし、真慧の布教も『御書』という手紙に依り、「本寺」「善知識」「報謝の称名」を繰り返し説いて、専修寺住持を「直説善知識」として「崇敬」するよう強調しました。

親鸞伝に冷淡なところも蓮如と似ています。『御書』では親鸞の言行に触れず、『顕正《けんしょう》流義鈔』でわずかに言及しましたが、すべてを『教行信証』と『伝絵』に拠っていて、高田門徒ならではの特別な物語を含むわけではありません。

真宗では物語が重要な役割を果たしていましたが、考えてみれば悠長な話です。善光寺縁起や太子伝を身につけ、物語を聴いて「法然」や「親鸞」や「真仏」の像をまならうらに結ぶためには、師匠や仲間がいて、定期的に集まれる場所があって、そこに何年も通って学び続けなければなりません。

けれども、世のなかにはそういう余裕を持たない大勢が存在しました。蓮如と真慧はその大勢を見据え、物語を教化から切り捨てたのです。彼らは本願寺・専修寺の革新を成し遂げ、後に中興と呼ばれますが、彼らの活躍した十五世紀は、真宗史上他に例を見ない、物語不在の時代となりました。

第四章　真宗流メディアミックス——室町後期から江戸初期——

一　花開く親鸞伝——注釈書から古浄瑠璃まで——

この章では、『御伝鈔』注釈書、「御絵伝」絵解き本、和讃、浄瑠璃、在地の二十四輩《にじゆうよはい》伝承について見ていきます。

漢文混じりの学術的な注釈書からチントンシャンの浄瑠璃まで、多様な親鸞伝が互いに交渉し合いながら、一時に花開いたのがこの時期でした。蓮如・真慧による門流の解体と、物語に依らぬ教化の採用で、教団は裾野を大きく広げましたが、戦乱の中世が終わりを告げると、再び物語に関心が集まりました。物語にとっての冬の時代を越えたところで、各種親鸞伝が一気に咲き誇ったのです。

この時期には日本全体で古典の復権運動が起きました。応仁の乱で失われてしまった教養を取り戻したいという渇望が時代を覆っていました。地方へ避難していた貴族たちは都に戻り、和歌の世界の再構築に取り組んで、『源氏物語』や『伊勢物語』のような古い物語の研究を大いに進展させましたし、庶民層も彼らなりの物語を持ち始めていました。

とくに『阿弥陀の本地』『熊野の本地』など、本地物《ほんじもの》と呼ばれる物語群の誕生は注目されます。「神仏の申し子として人間界に生まれた主人公が、さまざまな悲歎や苦難を体験した後に、悲歎や苦難から人びとを救うため、神仏の加護を得て神仏に転生する」というパターンを持つ諸作で、たいがいは寺社の縁起として語られたため（「どこそこの○○明神として現れた」として物語が結ばれます）、多くは「○○縁起」「○○物語」と題されました。

浄瑠璃という言葉のもととなった『浄瑠璃物語』は、三河国鳳来寺（峰の薬師。薬師如来の浄土は東方浄瑠璃世界）の申し子である浄瑠璃御前と、奥州へ下る途中の源義経の物語です。一夜の契りを結んだ翌朝、義経は再び旅に発ち、駿河の吹上浜で病に倒れました。八幡大菩薩のお告げでそれを知った浄瑠璃御前は、足から血を流しつつ吹上浜にたどり着き、砂に埋もれた義経を掘り出して、熱心な祈願で生き返らせたといいます。

この物語がいつから語られていたか、わかっていませんが、十五世紀半ばには都でも人気がありました。その後は浄瑠璃正本《しょうほん》（語りの詞章をそのまま刊本にしたもの）となって読まれたり、絵巻物や奈良絵本（室町後期から江戸中期にかけて作られた、彩色絵入りの写本）になったり、文字だけの古活字《こかつじ》本（木活字による刊本）や整板《せいはん》本（板木による刊本。明治以前の日本で刊本といえばまずこれです）になったり、幸若舞《こうわかまい》（室町時代に流行した語り物）と影響関係を持ったり、じつに多様な形を取って展開しました。

メディアミックスという言葉をご存じでしょうか。小説（ライトノベル）なり漫画なり、何か特定の形で表現されていた作品が、テレビ・映画・アニメ・ゲーム・音楽CDなど、何種類もの娯楽メディアを通じて広く展開していく状況を指す言葉だそうです。

それらは主に文字に依らぬメディアです。文字に依るライトノベルも会話文の比率がたいそう高いので、読者はドラマやアニメを見るのと同じ感覚で読んでいるのでしょう。文字を追いながらアニメ版の声優の声を耳に響かせるような読み方です。

ただし、ミックスとはいえ、娯楽メディア内部での話です。機動戦士ガンダムは教科書に登場せず、日本国憲法はガンダムに引用されません。親鸞伝ではそうではなく、漢文の多用される『御伝鈔』注釈書や、真宗聖典そのものまでも一枚噛んでいました。ガンダムの山場で憲法第九条が朗読されれば白けてしまうでしょうが、真宗の浄瑠璃では物語の真っ最中に「本願寺のしよしんげ《（正信偈）》にいわく、三ぞうるしじゆじやうけう《（蔵流支授浄教》、ぼんじやうせん《焚焼仙》ぎやうきらくほう《経帰楽邦）》」と、「正信偈」が始まります（『どんらんき』）。「正信偈」は『教行信証』にある偈文で、蓮如以来、日常の勤行に用いられてきました。真宗流メディアミックスでは、チントンシャンと聖典が違和感なく同居していました。

二　「真宗門徒の常識」の成立——知の受け皿の形成——

『御伝鈔』の共通教養化

浄瑠璃の『親鸞聖人由来』には、こんなわけのわからない文章が含まれます。

忝《かたじけなく》も藤原氏《うじ》、あまつこやねのみこと《（天児屋根尊）》二十一世の平永《（苗裔）》、大所官《（大織冠）》かまこ《（鎌子）》のないだひじん《（内大臣）》のげんそん《（玄孫）》、こんゐ《（近衛）》の大正《（大将）》うだいじん《（右大臣）》、ぞう《（贈）》左大臣、じゅ《（従）》一位うちまろこう《（内麿公）》、後中岡《（後長岡）》のだひじん《（大臣）》とがう《（号）》す。又はかんゐん《（閑院）》のだいじん《（大臣）》とごう《（号）》す。僧《（贈）》正一位大正《（太政）》大臣ふさざきこう《（房前公）》のまご《（孫）》、大納言式部卿又此息《（真楯の）》、六代のこうゐん《（後胤）》、ひちのさいしやう《（弼宰相）》ありくにきやう《（有国卿）》五だい《（代）》のまご《（孫）》、くわうたいごぐう《（皇太后宮）》の大しん《（進）》有のり《（範）》と申《もうす》の御子なり。

強引に口語訳すれば、「親鸞は、天児屋根尊二十一世に当たる大織冠鎌子内大臣の玄孫で、近衛大将右大臣〔没後に左大臣を追贈された〕で従一位の内麿公〔後長岡の大臣と号した。または閑院の大臣とも号した。贈正一位太政大臣房前公の孫で、大納言式部卿の真楯の息である〕の六代の後胤で、弼の宰相有国卿五代の孫、皇太后宮の大進有範と申した人の御子である」ということになります。

原文の傍線部を口語訳では〔　〕に入れました。この部分は「右大臣」や「内麿公」の注ですが、原文では本文と注が区別されないため、わけがわからなくなったのです。ここは『御伝鈔』ではこうなっています。

> 夫聖人の俗姓は藤原氏、天児屋根尊二十一世の苗裔、大織冠鎌子内大臣の玄孫、近衛大将右大臣贈左大臣従一位内麿公号後長岡大臣、或号閑院大臣、贈正一位太政大臣房前公孫、大納言式部卿真楯息六代の後胤、弼宰相有国卿五代の孫、皇太后宮大進有範の子也。

文字の上では本文と注（細字二行書き）の区別がありますが、拝読するときは区別せずに頭からずらずら読みます。拝読された『御伝鈔』を文字に起こすと、ほら、『由来』になりますね。『しんらんき』にも『御伝鈔』が引用されますし、『由来』『しんらんき』ともに、『御伝鈔』に出る物語が『御伝鈔』の順番で展開します。

浄瑠璃の聴衆が『御伝鈔』の裏話を楽しみ、「正信偈」に声を合わせるには、「正信偈」や『御伝鈔』が頭に入っていなければなりません。天正八年（一五八〇）に石山合戦が終結して、全国の真宗寺院で報恩講が勤められるようになり、慶長（一五九六〜一六一五）以前は有力末寺にしか下付されていなかった「御絵伝」も、元和・寛永（一六一五〜一六四四）から次第に拡がっていきました。

十七世紀初頭が『御伝鈔』「御絵伝」一般化の分水嶺になったのには理由があります。織田軍の猛攻の前に、本願寺十一世の顕如は石山開城を受け容れようとしましたが、息子の教如は徹底抗戦を主張し、両派の間に熾烈な争いが起こりました。慶長八年（一六〇三）にはついに教如派が東本願寺を分立させ、その後も両派ともに、他派から改派してくる寺院に本尊・聖教・官職などを与えて、自派の増強に努めました。

浄瑠璃が作られたのは本願寺お膝元の京・大坂でしょうから、他国よりも早く『御伝鈔』や「御絵伝」に触れたことでしょうが、「御絵伝」絵解き本の流布状況から推すと、十七世紀半ばには全国的に『御伝鈔』や「御絵伝」に馴染み始めていたようです。

全国の真宗門徒が『御伝鈔』や「御絵伝」を粗々でも記憶したとなると、ことは真宗信仰の問題にとどまらなくなります。今は全国の小学生が一年生で五十音、二・三年生で九九を習うので、会社の上役に名簿を作れと言われていろは順に並べたり、山積みの在庫を一箱一箱数えたりすることはありません。この時期の真宗門徒の間にも、身分、男女の別、居住地、職業などによることのない共通教養ができあがりつつありました。

「都人の親鸞が越後に流され、常陸で布教し、箱根山を越えて都に戻った」という物語を理解するとは、この国の東半分の像が、エチゴ・ヒタチ・ハコネという名前だけにせよ、頭に入ったということです。そこへ、ヒタチの国のカシマの明神が親鸞に井水や戸帳を施入したとか（『由来』『しんらんき』）、サガミの国のハコネの権現が大蛇となって都まで親鸞を送ったとか（『由来』）いう浄瑠璃を聴けば、東国の神々は都から高貴な僧が化導に来るのを待ちわびていた、東国とはそういうところなのだと感じとれます。

全国の真宗門徒が、自分の在所と花の都以外に、草深い東国という別天地があることを知り、この国の空間的な広がりを認識している、という状態になったのです。『御伝鈔』は知の受け皿となり、新しい知識を定着させていきました。

『高僧和讃』と「正信偈」

次に『高僧和讃』と「正信偈」について考えてみましょう。

『高僧和讃』は親鸞の作で、インドの龍樹・天親《てんじん》、中国の曇鸞・道綽《どうしゃく》・善導、日本の源信・源空、計七人の祖師たち（七高僧《しちこうそう》）を讃嘆したものですが、これをいくら覚えても、七人の具体像を頭のなかに描くことはできません。法然讃を例に採れば、

本師源空世にいでて
弘願《ぐがん》の一乗ひろめつつ
日本一州ことごとく
浄土の機縁あらはれぬ

といった風で、「世に出る」とはいっても、いつ、どこで、誰の子として生まれたか、誰を師として学び、何を契機に念仏の道に入ったか、などは言われませんでした。

「正信偈」は『教行信証』にある百二十句の偈文で、やはり七高僧が讃えられていますが、これまた七人の説いた教義の紹介と、それぞれの著作からの引用で、俗姓や事蹟には触れていません。『高僧和讃』と同じく物語的な面白さは皆無です。

蓮如は文明五年（一四七三）に『浄土和讃』『高僧和讃』『正像末和讃』の三帖和讃と「正信偈」を合わせて『正信偈和讃』として刊行し、僧侶・在家ともに朝夕の勤行に用いるよう指示しました。それから約百年間、祖師たちの名が朝晩諷誦《ふじゅ》され、十六世紀末からは親鸞や七高僧を主人公とする『しんらんき』『天じんぼさつ』『どんらんき』などの浄瑠璃が次々に作られました。

それらは手に汗握る戦闘や、奇跡的な親子夫婦の再会など、現実にはあり得ない「お話」でした。『どんらんき』は天女が松の枝に掛けた羽衣を、その地の領主が手にするところから始まります。『高僧和讃』や「正信偈」から主人公の名を取ったというだけで、内容的には塵ほども重ならないのに、「浄土真宗七高僧の第三番、曇鸞大師と崇められたまふ」という一節があったり、突然「正信偈」や『高僧和讃』が引かれたりします。

重要人物とされる人の名前を覚えると、次にはその人について知りたくなる、それも、その人の説いた教義を詳しく知ろうというのではなく、その人の生涯を語る物語を欲してしまうというのが一般の真宗門徒でした。

本地物と真宗

そのあたりが真宗と本地物の重なってくる所以なのでしょう。本地物の神仏は超越的な絶対者ではありません。運命に弄ばれて人一倍苦しんだ人間が、苦しんだがゆえに神仏に身を変じ、現に苦しんでいる者を救うのです。苦しんだ者にこそ救済能力が備わるのなら、衆生済度を行う者には苦しんだ前史があるはずでした。

神仏は抽象的な「法」でも、異次元に住む絶対者でもなく、切れば血の流れる生身《なまみ》の人間の感覚でとらえられました。生身《しょうじん》仏だけでなく生身《しょうじん》の弁天（『渓嵐拾葉集《けいらんしゅうようしゅう》』）や生身の不動（『普通唱導集』）もありました。真宗でも「真仏因縁」で佐竹殿が「生身の仏と会えたのだから新宮・那智に参詣する必要はない」と言ったり、「源海因縁」で源海が観音から「真仏は本地阿弥陀仏だから、その弟子となってともに衆生済度しなさい」と命じられたり、『正法輪蔵』で聖徳太子が生身の観音と言われたりしています。『御伝鈔』も本地物として読むことができました。貴顕の家に生まれた親鸞は入西鑑察段で「生身の弥陀如来」と明かされ、北国、東国と苦難の道を歩んで、箱根で威厳に満ちた姿を顕し、熊野権現を屈服させて己の弟子を救います。物語の結びは本願寺の開創、親鸞が自らの影像に降臨している聖地の誕生です。

蓮如以前の善知識信仰と本地物は連続する性格のものでした。真宗には元来、親鸞・真仏・源海などの紛れもない「人間」を弥陀の化身と仰ぐ、生身仏信仰があったのです。とはいえ、蓮如・真慧による革新を経た、室町後期から江戸初期の真宗が、単純に先祖返りしたわけではありません。この時期に再び作られ始めた祖師伝は、祖師の実人生を描くのではないという点で昔の祖師伝と共通しますが、「物語中の祖師に教義を体現させる」こと以上に、「苦難する祖師像を見聴きし、苦難の末に聖なるものとして顕現した祖師によって、自分が救済されることを願う」という方に寄っていました。

蓮如・真慧以前とは比較にならないほど大勢の百姓や町人が宗門に集い、折からの本地物の流行のなかで貪欲に物語を求めました。それに応えようとする側には、学僧も、浄瑠璃太夫もいて、門流の教義書としての役割を終えた古い親鸞伝を組み替え、新しい親鸞伝の世界を形成していきました。

この後、出版界が急激に充実を遂げ、文字の力が声や絵を圧倒しきるまで、徐々に状況を変化させながら、真宗流のメディアミックスは華麗な姿を見せてくれることになります。

三　古浄瑠璃――門流的親鸞伝からの脱却――

平仮名書き親鸞伝

浄瑠璃は十七世紀末に画期を迎えました。竹本義太夫・近松門左衛門によって様式が定められ、世話物の『曾根崎心中』では醬油屋の手代徳兵衛や遊女お初など普通の人間の哀歓、時代物の『国姓爺合戦』でも明代の中国に託された江戸時代の人びとの義理人情の相克が描かれて、観客は彼らに感情移入して涙したり笑ったりしました。

けれども、それ以前の古い浄瑠璃は、中世の伝承世界の約束事にしたがって作られる宗教芸能の一でした。浄瑠璃御前の物語は本来は峰の薬師の霊験譚で、義経伝説と結びつき、歌比丘尼や遊行の巫女によって伝承されたと考えられています。主人公は薬師如来の申し子で、死んだ義経を生き返らせる超人的な力を持っているのです。芸能史や国文学では、この古い浄瑠璃を古《こ》浄瑠璃と呼んで、義太夫・近松以後のいわゆる浄瑠璃（新浄瑠璃）と区別しています。

浄瑠璃は今日では歌舞伎とともに日本の伝統芸能の筆頭のように扱われ、権威ある国立劇場や国立文楽劇場で上演されています。しかし、江戸時代には河原や寺社の境内での上演でした。芝居小屋は遊里と並ぶ「悪所」でしたが、もとをたどれば放浪の下級宗教者が語り歩いた神仏の霊験譚や本地語りですから、無理もありません。

さて、『由来』は文禄元年（一五九二）の奥書のある写本一冊が伝わるだけで、実際に上演されたどうかわかりません。『しんらんき』はかなり人気の演目で、元和から寛永の初め（一六一五～）ごろとされる古活字本と、寛文三年（一六六三）の整板本がありますが、もっと前から語られてはいたのでしょう。

慶長末年（一六一四年ごろ）以前の浄瑠璃は人形操りを伴わない「語り物」で、伴奏に三味線を用いることもなかったようです。初期の親鸞物浄瑠璃は、物語を聴いて頭のなかにその像を描く古い真宗の在り方と、形の上では共通していましたが、大きな違いもありました。門流の祖師伝は、その人を祖師と仰ぐ集団にとってのみ意味を持ったので、荒木門徒の祖師伝に、鹿島門徒の祖とされる信海や、横曾根門徒の祖とされる性信は登場しません。しかし、浄瑠璃は誰にでも公開されますから、門流的思考とは逆を向くものです。

『しんらんき』には真仏や信海、『由来』には「高田の開山」の「覚信房」と「報恩寺の開山」の「性信房」が登場します。蓮如による門流的思考の否定を経て、非門流的な親鸞伝が生まれたのです。

もうひとつ大きな相違点は、これまで見てきた親鸞伝がすべて片仮名書きだったのに、これらは平仮名書きだということです。『しんらんき』は「あまのこやね《天児屋根》の御びやうへい《苗裔》、太しよくはん《大織冠》より二十一代にあたつて《当》」のように、ほとんどすべてが平仮名書き、『由来』はもう少し漢字を使ってはいますが、「あまつこやねのみこと《天児屋尊》二十一せ《世》の平永《苗裔》、大所官《大織冠》かまこ《鎌子》のないだひじん《内大臣》のげんそん《玄孫》」という調子です。

仏教に関する書物でも、寺院や僧侶の管轄下にあるものは、唱導（仏教を説いて人を信仰に導くことですが、とくに節や抑揚をつけて教えを説く宗教的芸能を指します）や絵解きの台本でも片仮名書きで、謡本や浄瑠璃本、御伽草子（室町時代から江戸時代にかけて作られた短編の物語）や仮名草子（江戸時代初期に作られた物語や実用書）などは、『阿弥陀の本地』『観音の本地』のようなものでも平仮名書きでした。片仮名本と平仮名本の間には明確な棲み分けがありました。

本の形や大きさも相違します。真宗聖教は古来粘葉《でっちょう》装という、やや厚手の上質の紙を糊で綴じて作られ、江戸時代の一般の書物は薄手の紙を糸で綴じて作られました。『由来』や『しんらんき』は糸による袋綴です。また、僧侶の読む専門的な仏書は縦が二十七センチ前後の大本《おおぼん》ですが、十七世紀半ばの整板本『しんらんき』は十九センチ弱、さらに小本《こほん》（十二センチ前後）もあったように記録されています。宗政五十緒氏は「江戸時代は身分社会なので本にも身分がある」との名言を残されました。むろん大きい方が格上です。

扱う本屋も違いました。江戸時代の本屋は出版社と書店を兼ねていましたが、仏書・儒書・漢文集など学問的な書物（物《もの》の本）を出版する「書林」「本屋」「物の本屋」などと呼ばれるグループと、浄瑠璃本・草双紙《くさぞうし》・好色本などの娯楽読み物を出版する「絵草紙屋」「地本《じほん》問屋」と呼ばれるグループが、截然《せつぜん》と分かれていました。平仮名本の登場は、寺院・僧侶の手を離れた親鸞伝の誕生を示すものです。

『御伝鈔』の物語的注釈

ここから実際に文章を見ていきますが、初期の浄瑠璃本は後の「〇〇太夫正本」と違い、〇〇太夫が舞台で語った詞章をそのまま文字化したものではなく、本屋が御伽草子・寺社縁起などの書物を集め、それによって机上で書き上げたものでした。『御因縁』や『御伝鈔』では、書かれた本文がすなわち聴かれた本文ですが、今見ることのできる『由来』や古活字本『しんらんき』は、当時の語りの模写とは限りません。それを念頭に置いて現存する書物を見ていくしかありません。

　語られ始めた時期も判然としませんが、天正八年（一五八〇）に石山本願寺が開城して十二年後、文禄元年（一五九二）に『由来』が存在したことは確かです。耳で聴いて学ぶ習慣を持つ真宗門徒は、相変わらず学習意欲旺盛で、本山が織田信長の前に膝を屈したからといって、肩を落としてはいなかったようです。

『由来』には段数表示がありませんが、内容的には、親鸞の俗姓と比叡山での出家、慈円の詠歌を契機とする法然への帰依、法然門への弾圧と法然弟子住蓮・安楽の処刑、師弟の別れと越後への道行、山門の猿災による赦免、常陸稲田での布教と山伏の帰伏、鹿島明神の井水・戸帳の施入、七里渡の川越名号、国府津《こうづ》真楽寺居住、箱根権現による饗応、尾張聖徳寺の鏡御影、都での往生と本願寺建立、といったところです。

『しんらんき』は六段から成っていて、初段は親鸞の出自と、慈円の恋の歌の一件のうち、帝から褒美に衣を頂戴するまでです。二段目は六角堂に参籠して女犯偈を得て、法然門に入り、妻帯するまで。三段目は法然・親鸞の流罪と別れの悲歎、住蓮・安楽の処刑、四段目は越後流罪と、常陸での山伏の帰伏、五段目は鹿島明神の帰依、六段目は『御伝鈔』でなく「真仏因縁」に拠る平太郎の熊野詣と、帝による赦免、上京、国府津の名号石、箱根権現の帰依、往生と納骨、本願寺建立、「日本第一の宗旨」となって大団円です。

『由来』『しんらんき』ともに一話（一段）完結型で、あたかも親鸞関係伝説集成です。ある出来事が親鸞の生涯においてどういう意味を持ったかを問題にする、現代の伝記のような親鸞伝はまだできていません。ちょうど古浄瑠璃が新浄瑠璃に生まれ変わったころ、親鸞伝も首尾一貫した物語を志向し始めたのですが、それは後のことにして、ここでは、「親鸞物浄瑠璃では『御伝鈔』に出る物語が『御伝鈔』の順番で展開し、親鸞の死で終わらずに本願寺建立までが語られる」ことに注目しておきましょう。

これらの浄瑠璃は『御伝鈔』の枠組のなかに別の物語を加えて語り直したものなのです。『御伝鈔』の法然関係の諸段（選択付属・信行両座・信心諍論段）と時系列を破る二段は入っていませんが、覚如のころとは違い、この時期には真宗も十分な力量を持っていたので、親鸞門流の正統性を強調する必要性は薄れていました。

ただ、浄瑠璃に出る物語は、どれも『御伝鈔』とかならずどこかしら異なる、似て非なる物語でした。浄瑠璃には『御伝鈔』の異伝集成、物語的注釈という面もあったわけです。公家出身の覚如が作った親鸞の一代記を、存覚が大勢に聴かせられるように作り替えて二世紀余り後に、『御伝鈔』を皆が知っていることを前提とした親鸞伝が寺院の外で語られ始めました。一つか二つのエピソードを語って終わるのでなく、親鸞の誕生から死までを語り通す壮大な物語が、河原に集う一文不通の人びとを熱狂させたのです。

帽子の由来

『しんらんき』初段の、親鸞が内裏で鷹狩の歌を称讃される場面は次のとおりです。

（初段末尾）帝はお召しになっていた白いお召し物を善信房に授けられ、善信は「ありがたい、ありがたい」とその場で襟巻にしてお前を立たれました。御開山聖人が今も襟巻を身につけておいでなのは、そのためです。まことに仏の化身であると、善信房を拝まぬ者はありませんでした。

（以下二段目）その後、善信房は「内裏で歌の名誉がなければ、座主も善信も一大事であった。これぞ仏の化現というものだ」とお思いになり、清浄なところで考えようと六角堂へ参詣して、静かに仏のお姿を思い浮かべ、一晩籠られました。すると、あら不思議、夜明け方に観世音が白い袈裟を召して枕元にお立ちになり、ありがたくも四句の文をお授けになりました。「行者宿報設女犯、我成玉女身被犯、一生之間能荘厳、臨終引導生極楽。これは我が誓願であるから、すべての人びとに語り聴かせなさい」と命じられて、観世音はかき消すように見えなくなりました。善信房はかっぱと起き上がり、丁重に礼拝して黒谷へ急がれ、法然上人と後生の一大事を話し合われました。法然上人が「今宵六角堂の観音の夢想を受けました」と四句の文を書いてお出しになると、善信房の授かったものとまったく異なりません。さては互いに縁が深いと、師弟の契約をなさいました。そのとき善信房は二十九歳と言われています。どちらが師匠、どちらが弟子とも言いがたいほどに、明かし暮らされました。

さて、九条の月輪殿はおりおり法然の説法を聴聞しておいででしたが、その日も供人を大勢引き連れ、黒谷を指してお急ぎになりました。（中略）「お弟子たちの一人を私にください。その方を知識（師匠）として後世を助かりたいのです」と仰せになると、法然上人は善信房に「九条殿へお移りなさい」とお命じになりました。善信房は涙を流して「まったく思い寄らないことです」と辞退なさいましたが、法然上人は、「私意ではなく、六角堂観世音の教えである。いつぞや六角堂より授かった四句の文は、このことなのだ。何の疑いもないではないか、さあ早く早く」とおっしゃるので、善信房は四句の文の心をよくよくお考えになり、「法然上人のお計らい、観世音のみ教えですから、そういたしましょう」と、すぐさま九条殿へ移られました。月輪殿は大喜びで、そのまま玉女の姫君を坊守にそなえられました。さて、それから真宗という法をお建てになり、一向専修の法をお勧めになりました。

親鸞像は首の回りに帽子《もうす》を巻いているので、一目でそれと見分けられます。慈円の歌の一件は、この帽子の由来譚として解釈されました。

もっとも、『御因縁』の段階で、帽子の由来が含意されていた可能性もないではありません。褒美に他の何物でもなく衣を賜ったのは、「親鸞は帝の着物を身につけ、法皇の娘と結婚して、聖なる人として顕現した」ということなのかもしれませんが、じつのところはわかりません。

江戸初期には帽子の由来はこの物語で説明されるものだったらしく、西本願寺十二世准如に仕えた祐俊は『法流故実条々秘録』に、准如が寛永六年（一六二九）五月に「関東である尼公が頸巻を進上し、聖人は感激して常に着用なさった。尼公の名前や年暦は古来知られていない」と語ったと記し、「頸巻についてはさまざまな説があるが、慈鎮の使者として参内した際に拝領したというのは誤りだ。『聖人御因縁』にその説が出るが、この書物は作者も知られず、年暦の合わないところも多くて信用できない」と断じました。

学識ある僧侶にとって、覚如・存覚・蓮如などの名を負わない作者不詳の小冊子は、聖教と認め難いものでした。まして、親鸞自身が二十九歳で法然門に入ったと書いているのに、『御因縁』は三十八歳で年時が合いません。『しんらんき』では事実性の有無は関心外でしたが、学僧たちは事実の記録でない親鸞伝は信用に足らずと考えました。

「わかりやすさ」優先

『しんらんき』は『御因縁』をわかりやすく作り替えることも辞しませんでした。『御因縁』は三段構成で、建仁三年の法然庵室を舞台とする二段（月輪円証が法然に弟子の還俗を望み、法然が親鸞を指名する第一段と、法然・親鸞の偈文が一致し、親鸞が玉日と結婚する第三段）の間に、親鸞が九年前を回想して語る第二段（慈円の恋の歌の一件を機に六角堂で女犯偈を得る）が挟み込まれています。聴き手は頭のなかで場面転換を行い、建仁三年の法然庵室と、その九年前の比叡山・六角堂とを往復しなければなりませんでした。

でも、『しんらんき』では物語が時間の流れに沿って進展します。舞台も比叡山・宮中（第一段）、六角堂・法然庵室（第二段）と綺麗に分かたれました。

また、『御因縁』では、親鸞・法然はともに女犯偈を授かりながら、どちらもそれを言わず、後に還俗の話が出て初めて、法然が偈文の件を口に出しました。『しんらんき』では最初から師弟が同じ偈文を受けたと明かされます。月輪殿から婿の話が出ると、法然は「あの偈文の教えのとおりにせよ」と言い、親鸞も「これが偈文の教えなのですね」と納得するという筋立てで、これまたわかりやすくなっています。

法然の弟子を所望するのが「九条の月輪殿」で、「月輪法皇」でないことも『御因縁』

との相違点です。史実上の月輪円証は九条兼実という公家なので、『しんらんき』の記述は史実に抵触しない形でした。

じつは、浄瑠璃の依拠した『御因縁』がすでに九条兼実を明示する本文に変わっていたのであって、浄瑠璃作者による改変ではありません。『御因縁』の現存写本は、旧来の形を遺す古本系諸本と、改変されて広く読まれた流布本系諸本とに大別できますが、流布本系諸本は月輪円証を「月輪法皇」でなく「月輪殿下」、親鸞の歌の第五句を「袖の雪かな」でなく「袖の白雪」とする特徴があります。蓮如が『御因縁』の抜き書きを「袖の白雪」の形で行っているので、十五世紀後半には流布本系の本文ができていたのは間違いありません。

「お話」の登場人物について、法皇と殿下のどちらが史実と合うか競っても仕方ないようなものですが、江戸時代には「月輪円証といえば九条兼実なのに、法皇とするとは『御因縁』はいい加減な本だ」といった学僧の批判がよく見られます。昔は物語全体の流れ（文脈）のなかで考えるより、個々の語句に拘泥する傾向が強かったため、「月輪円証とは誰のことか」に拘泥する過程で、法皇を殿下に直してしまったのでしょう。

ともあれ、『しんらんき』は当時一般的な本文に拠っただけなのですが、「月輪円証といえば九条兼実なのに、なぜ月輪法皇なのか」と突っかかり、立ち止まって、「非常識な設定だが、そこにこそ意味があるはずだ」と考える必要がないことも確かです。同じ「耳で聴く」ものでも、集会に出席して教えてもらわなければ理解できない聖教と違って、不特定多数がある一時だけ集まって語りを聴き、一度聴けばそれなりに理解も感動もできるというのが浄瑠璃でした。

親鸞と玉日の結婚物語は『御伝鈔』吉水入室段・六角夢想段の裏話として、ほぼ『御因縁』のとおりの内容で不特定多数の人びとに聴かれました。『御伝鈔』の両段が『御因縁』風に「真宗のはじまり」物語として解釈されるというのは、存覚の『敬重絵』や覚如仮託の『秘伝鈔』と通うところがありますが、浄瑠璃本作者がこれらを見られるわけもありません。『御伝鈔』が共通教養化すれば、相互注釈的関係にある『御因縁』もそれに付いてくるので、結果的に『敬重絵』や『秘伝鈔』と似た形になっただけです。

親鸞と九条兼実の娘との結婚は親鸞伝の常識と化し、『御因縁』の写本は少ないのに、玉日の名はたいがいの親鸞伝に見られるという事態が進展していきました。

四　『御伝鈔』注釈書——隠された意味を求めて——

宗俊本『御伝鈔』の成立

次は学僧による『御伝鈔』注釈書です。十六世紀末から十七世紀初頭に学僧の間で盛んに行われたのは、これまで見てきたような物語的注釈ではなく、『御伝鈔』の一字一句を分析して語意と史実を考証する、字句的な注釈でした。

報恩講が広く行われるようになると、本山は自派の僧侶たちに『御伝鈔』の「正しい解釈」を教えなければならなくなりました。物語型の聖教は取り付きやすく、耳で聴くだけでも一定程度は理解できるという長所の裏側に、何通りもの解釈が可能という、教義書としては致命的な難点を抱え込んでいます。誤った解釈に陥らぬよう留意していないと、どこへ流れていってしまうかわかりません。

現代のいわゆる真宗十派、東西両本願寺派・高田派・佛光寺派・木部派・越前の各派などは、江戸時代初期にはその形を整えつつありました。『御伝鈔』の「正しい解釈」は、派によってどの程度異なっていたのでしょうか。

でも、その前に、『御伝鈔』本文が派によってどう異なっていたかを見ておきましょう。

現存する十六世紀末から十七世紀半ばの『御伝鈔』諸本は、入西鑑察段で入西が夢を見るのが仁治三年五月二十日となっています。『伝絵』諸本は例外なく「九月」、『御伝鈔』の写本も古いものは「九月」ですが、時宗金蓮寺《こんれん》三世浄阿智章が延文五年（一三六〇）から応安三年（一三七〇）の間に書写したという古写本だけは「五月」です。そして、蓮如が宗俊という弟子に書き与えた『御伝鈔』の転写本が十数本発見されていて、宗俊本と呼ばれていますが、これも揃って「五月」なのです。

蓮如が宗俊に与えた自筆本は見つかっていませんが、蓮如が浄阿智章の本か、それにごく近い本文を持つ『御伝鈔』を書写して宗俊に与えたところ、それが「蓮如上人の書写本」として権威化され、転写されて広まったのでしょう。

江戸初期までの『御伝鈔』注釈書、すなわち、室町末期から江戸時代初頭の成立と思われる『御伝鈔聞書』、慶安三年（一六五〇）刊『御伝抄私記』、慶安四年（一六五一）刊『善信聖人伝絵鈔』も「五月」です。『聞書』と『私記』は作者不詳で、前者は西本願寺（東西分派前の成立であれば本願寺）、後者は東本願寺の学僧と推定されます。『伝絵鈔』は高田派学僧の慧雲《えうん》の作です。高田派本山専修寺には十三段本の『伝絵』が蔵されているのに、『伝絵鈔』は蓮如による「五月」を含む十五段本への注釈でした。

報恩講は多数派の本願寺派に発し、次第に各派に広まりました。『御伝鈔』に大勢の目が向くようになると、「五月」は誤写らしいということが認識されてきて、十七世紀後半には「五月」が「九月」に、吉水入室段の「建仁第三の暦《れき》」が「建仁第一の暦」に、六角夢想段の「建仁三年辛《かのと》酉《のとり》」が「建仁三年癸《みずのと》亥《のい》」に変わりました。

『教行信証』に建仁辛酉（元年）の吉水入室が明記されているにもかかわらず、覚如は初稿本でも、また、完成形の康永本でも、吉水入室を「建仁第三の暦」、六角夢想を「建仁三年辛酉」としました。その理由についてはいまも定説がありませんが、近世初頭の学問においては吉水入室は建仁元年の出来事とされ、六角夢想は三年癸亥（『聞書』）説と元年辛酉（『私記』）説とに分かれて論戦が交わされていました。

浄瑠璃や絵解きは概して年時に無頓着で、『しんらんき』は「有時《あるとき》」で済ませています。暗算より筆算の方が簡単なように、数字は元来、文字の世界で活躍するものです。人間が文字を用い始めた最初期の資料は、売買や貸借の証文、遺言書、台帳など、数字にかかわるものが多いそうですから、語り物が数字に疎いのも無理からぬところでしょう。

けれども、学僧たちは『教行信証』と『御伝鈔』の不一致が許せません。寛文四年（一六六四）に刊行された知空作『御伝照蒙記』を初見として、『御伝鈔』の「第三・辛酉・五月」が「第一・癸亥・九月」になりました（仏光寺系『御伝鈔』については別にお話しします）。『教行信証』と合うように『御伝鈔』が改訂されたのです。

真宗では本山が法物を一括調製して下付します。東西両派が同じ改訂型宗俊本を用いるからには、東西分派（一六〇二年）以前にこの形になっていたはずなのに、改訂から半世紀以上も「五月」が生き延びたのはなぜか、確実なところはわかりません。改訂前の宗俊本『御伝鈔』を持つ由緒ある大坊は、伝統を重んじて旧来の『御伝鈔』を拝読し、全末寺対応型の新しい『御伝鈔』への切り替えが進まなかったのではないかと推定しておきます。

『御伝鈔聞書』

各派の『御伝鈔』が改訂型宗俊本の本文で揃っていたのなら、解釈はどうだったのでしょうか。玉日の結婚物語に即して見ると、まず『聞書』には、吉水入室段の「禅坊」に関する注と、「真宗」に関する注の間に、この段全体に関る次のような注が付いています。

　二十九歳のころ、ご自身が悟りを得ても、一切衆生が悪道に堕してしまうのでは何にもならないと大いに憐れみ、根本中堂の本尊に千日間通って祈念しましたが、霊験はありませんでした。そこで、六角堂の救世観音へ百日間参詣したところ、九十九日目の夜に夢告があり、吉水で法然聖人が凡夫出離の要法を広めておいでになるから、そこへ行くようにとのことでした。

また、女犯偈への注は次のとおりです。

この偈文によって御一流は妻帯なのです。「親鸞聖人秘伝」という聖教にある妻帯の様子を参照すべきです。

「親鸞聖人秘伝」は『御因縁』のことでしょう。蓮如は『御因縁』を抜き書きしましたし、『御伝照蒙記』によれば、十七世紀半ばの西本願寺には『御因縁』が蔵されていたようです。江戸時代初頭の本願寺では『御因縁』は『御伝鈔』解釈に不可欠な聖教で、師匠が弟子に「御一流妻帯の起源は女犯偈だ」と教えていました。吉水入室が建仁元年、六角夢想が同三年のことというのは『御因縁』とは逆のようですが、「親鸞が法然門に入って御一流を建てて二年後に、救世菩薩の夢想を受け、結婚して御一流妻帯の起源となった」という解釈ですから、考え方自体は一致します。

根本中堂への千日参詣は、存覚の『敬重絵』に「山上から西坂本を経て六角堂へ百日の参詣をした」とあるのによるのでしょう（『聞書』は別のところで「敬重絵によれば」云々と書いています）。『聞書』の講者は山上・山下を経巡る千日回峰行者のような親鸞像を思い描き、「根本中堂への千日参詣」と踏み込んだのでした。

『御伝抄私記』

『御伝抄私記』は慶安三年（一六五〇）に出された板本で、その直前の作と思われます。十七世紀に入ると、出版業がにわかに盛んになったほか、長崎に入る中国船が中国の本を持ち込んで、学問の環境が整いました。字句的な注釈とは、「苗裔とは、苗は始め、裔は終わりである」（『聞書』）、「苗裔とは、苗は『韻会《いんかい》』によれば、厳氏は穀を苗と言うと言い、生えたばかりの草を苗と言うと。裔は『説文《せつもん》』に衣の裾と言う」（『私記』）という調子でなされるものです。『説文』など漢字を部首によって分類した字書、『韻会』など韻によって分類した韻書といった、中国で刊行された書物を学僧たちが使いこなし、真宗聖典に注釈を加える時代が到来したのでした。

『聞書』には経典や、写本で伝わる真宗聖教以外はあまり引用されませんでしたが、『私記』には十七世紀に入って刊行された『元亨《げんこう》釈書』（鎌倉時代に作られた日本仏教通史）、『翻訳名義集《みょうぎ》』（中国南宋代の梵漢辞典）、『釈氏要覧』（中国宋代の仏教語解説辞典）、『日本紀神代抄』（『日本紀』の注釈書）など、各種刊本が頻用されました。

『私記』に玉日は登場しません。作者の関心は『御伝鈔』第二段吉水入室と、第三段六角夢想の先後関係に向いていました。「この二段の順は覚如の誤りとも言われるが、そうではない。覚如の『報恩講私記』に、根本中堂や多くの霊崛に参詣し、六角堂百日参詣の結果、法然の弟子となったとあるではないか」と言うのですが、作者が『報恩講私記』と思い込んでいるのは、じつは存覚の『歎徳文』です。

さらに続けて言うには、「百日参詣して四月五日に夢想を得たからには、六角堂への初参は前年十二月下旬だ。だが、入室と夢想は同じ建仁辛酉年（元年）で、入室は春とされている。一月一日に入室しても、四月五日までには百日にならない。ということは、六角堂百日参詣の間に吉水へ入室し、範宴の名を改めて綽空と号したが、その後も参詣を続け、聖徳太子のお告げによって善信という名を得たのだ。『御伝鈔』も『報恩講私記』も同じ覚如の作なのだから、矛盾したことを書くはずがない」。

存覚は諸書の相違点を突き詰めるより、相違点を含めた全体を大づかみに把捉しようとしましたが、江戸初期の学僧は諸書を比較して正誤を判断したり、整合性を求めたりするようになっていました。聖典と、そうでない浄瑠璃や寺院縁起との間でならば、正誤の断を下しやすいとしても、聖典同士の場合には何とか折り合いを付けようとして、無理な解釈をすることもありました。

それにしても、なぜそうまでして「吉水入室も六角夢想も、六角堂百日参詣中の出来事だ」と言いたいのでしょうか。『私記』は続けて、この夢想は太子のお告げであって親鸞の「私義」ではないと力説しました。阿弥陀仏の発した大願がインド・中国・日本の高僧先徳によって伝えられ、親鸞に至って末世の凡夫の前に明らかにされたのであって、親鸞が自分勝手に考え出したわけではないと言うのです。

『私記』は他にも三ヶ所で「私義ではない」と述べています。聖徳太子に導かれ、真宗開教に向けて歩む親鸞の姿を、『御伝鈔』に見出しました。『聞書』はこの両段を親鸞の在家仏教創始を語る段と解釈し、『私記』は日本仏教の祖、聖徳太子の庇護を受けての一宗建立物語と解釈したのであって、純粋に客観的な親鸞の史実を求めて、建仁元年か三年かという数字に拘泥したのではありません。学僧たちは数字に隠された意味を読み取り、「正しい解釈」を獲得しようとしていたのでした。

五　『御伝照蒙記』――「正しい解釈」と「正しい史実」――

相伝から学寮へ

今日、真宗僧侶になろうと思ったら、龍谷大学・大谷大学などの宗門大学に入学するのが早道です。浄土宗なら佛教大学、日蓮宗なら立正大学と、仏教各派に宗門大学がありま す。これらはもともとは各宗派の学問所でした。仏教各派は古来学問所を持っていましたが、江戸時代になって、それが制度的に整えられたのです。

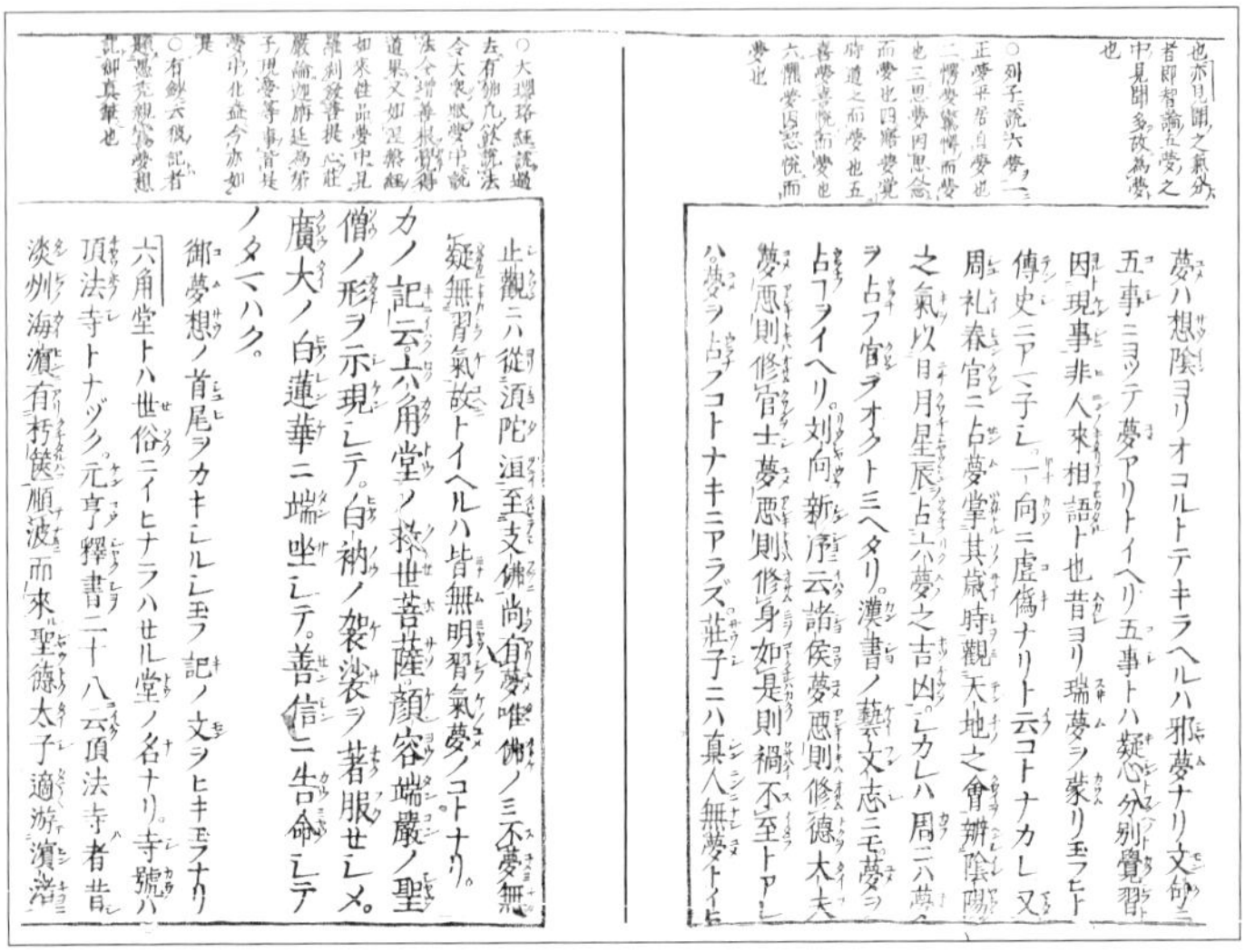
夢ハ想陰ヨリオコルトテキラヘルハ邪夢ナリ文句ニ五事ニヨッテ夢アリトイヘリ五事トハ疑惑分別覺習因現事非人來相語ト也昔ヨリ瑞夢ヲ蒙リ玉フヒト傳史ニアマタ見ユ一向ニ虚偽ナリト云コトナカレ又周礼春官ニ占夢掌其歳時觀天地之會辨陰陽之氣以日月星辰占六夢之吉凶ヲシカレハ周ニハ夢ヲ占フ官ヲオクト見ヘタリ。漢書ノ藝文志ニモ夢ヲ占フヲイヘリ。劉向新序ニ云諸侯夢悪則修德大夫夢悪則修官士夢悪則修身如是則禍不至トアレハ夢ヲ占フコトナキニアラズ荘子ニハ真人無夢トイヒ

止觀ニハ従須陀洹至支佛尚有夢唯佛ノ三不夢無疑無習氣故トイヘルハ皆無明習氣夢ノコトナリ。
カノ記ニ云。六角堂ノ救世菩薩顔容端嚴ノ聖僧ノ形ヲ示現シテ。白衲ノ袈裟ヲ著服セシメ。廣大ノ白蓮華ニ端坐シテ。善信ニ告命シテノタマハク。
御夢想ノ首尾ヲカキシルシ玉フ記ノ文ヲヒキ玉フナリ
六角堂トハ世俗ニイヒナラハセル堂ノ名ナリ。寺號ハ頂法寺トナヅク。元亨釋書二十八ニ云頂法寺者昔淡州海濱有朽株順波而來ル聖徳太子適游ニ濱渚ニ

『御伝照蒙記』（著者蔵）

中世には公家や武家とは別に、寺家が独自の勢力として存在していました。しかし、威勢を誇った比叡山も元亀二年（一五七一）に織田信長に焼かれ、江戸時代には寺院は国家権限を代行する機関として位置付けられました。檀那寺の僧侶が「この者はキリシタンではない」と保証した証文が村役人に提出されて初めて、宗旨人別帳（戸籍）に記載されます。本山は末寺を監督して、その任務を遂行させなければなりません。

本山を頂点とし、信徒を底辺とする組織を構築し、本山の確定した「正しい教義」が、末寺僧侶を経て全国の信徒へ流されなければなりません。幕府は仏教各派に対し、学寮（学問所）を設けて末寺

僧侶を修学させるよう強く働きかけました。

西本願寺は寛永十六年（一六三九）、東本願寺は寛文五年（一六六五）ごろに学寮を設け、そのトップは西派では能化《のうけ》（後には「勧学」）、東派では講師と呼ばれました。西本願寺の学寮はまもなく教義上の争論で破却され、寛文十二年に能化代役となった知空らによって、元禄八年（一六九五）に学林と名を替えて復興されました。

『御伝照蒙記』の作者はこの知空です。「御伝」は『御伝鈔』、「照蒙記」は蒙を照らす記、知識や洞察力を欠く蒙なる者たちに、『御伝鈔』の「正しい解釈」を教える本でした。九冊組で、和漢の諸書が博捜され、第三板には頭注も付いて、その情報量たるや前代未聞です。

門流の時代に生きた覚如は『口伝鈔』を著しました。衆の一員であることが往生の要件であったころは、秘伝・口伝を知ることこそが学問でしたが、蓮如は門流を否定して「口伝に惑わされるな」と説きました。十七世紀半ばには、刊本を買う資力と、読みこなす学力さえあれば、誰でも西派能化の著書を読んで新説が学べるようになったのです。

「正しい史実」の探究

東西両派の対立は『御伝鈔』解釈にも影響を与えました。『照蒙記』は内容も表現も穏健ですが、例外的に『御伝抄私記』には手厳しく、利用する際には書名を明示せずに引用しながら、誤りを指摘するときは名指しで糾弾しました。知空は吉水入室を建仁元年、六角夢想を三年と解釈したので、両段を元年とする『私記』を名指しで「大いなる誤り」と決めつけたほか、「ある古記が元年とするのには笑ってしまう」とも書いています。

この両段の年時について、知空は『敬重絵』を引用し、「霊夢は建仁元年と三年に二回あった。建仁元年春の霊夢によって法然門に入り、綽空と名付けられた。建仁三年の霊夢で女犯偈を得たとき、聖徳太子から善信と呼ばれたので、善信と改名したのだ」と解釈しました。知空は数字に隠された意味を読み取ることより、親鸞の史実を明らかにする方に重点を置いています。聖典たる『御伝鈔』への尊崇が、『御伝鈔』に描かれた出来事を事実と見なすことにつながり、現代人の目には強引とも映る解釈を招いたのです。この後も学僧たちは、六角堂の霊夢は一回か二回かの議論を繰り返しました。

九条兼実の娘との結婚については、結婚それ自体は事実と見て疑っていません。結婚に至る物語は、「応永三十一年（一四二四）三月に書写された御因縁と題する薄草紙は、著者不詳で実録とは言い難い」と断った上で、「その書の趣旨を略して紹介する」として、『御因縁』を江戸時代の真宗僧侶の読解力に合うよう書き直して掲出しました。語句を補い、古語を書き換えて、読者に理解させようという努力の跡が歴然としています。

物語全体の構成も組み直しています。建仁三年の法然の庵室を舞台とする『御因縁』第一段と第三段を合わせて女犯偈の注に引用し、親鸞の回想場面である第二段（慈円の和歌をめぐる一件）を吉水入室の異説として引用しました。

この構成は前に見たことがありますね。浄瑠璃の『しんらんき』では、時間の流れに沿って第二段を最初に語り、次いで第一段・第三段を語っていましたが、『照蒙記』は「異説」を後回しにする都合上、第一段・第三段が先、第二段が後になりました。でも、三段構成を二段構成に組み直した点では同じです。不特定多数の在家の門徒が楽しむ浄瑠璃と、西派能化が書き下ろした九冊本の『御伝鈔』注釈書とが、どちらもわかりやすさを志向して、結果的に同じ形になったのです。

一人で本を読んで学ぶ人は、わからなくても質問できません。必要なことが過不足なく、整理して書いてあるのでなければ、孤独な勉強は頓挫してしまいます。門流的親鸞伝からの脱却とは「誰でもわかる」ということでした。『照蒙記』は詳しさとわかりやすさをもって東派・高田派・仏光寺派の僧侶にも広く受け容れられ、幕末まで刷られ続けました。

それから、親鸞の生涯のみならず、真宗史・本願寺史が詳説されたことも看過できません。「もし、この本によって昔と今を掌握し、祖師の恩を思い知って報謝の念を深め、知識（本願寺住持を指す）の徳を重んじて血脈の淵源を喜び、法儀相続、信行増長すれば、これに過ぎる喜びはない」と序文にあります。知空は教団教学をリードする者として、親鸞や本願寺の歴史を教えて報恩謝徳の念を深化させれば、全門徒を往生に導くよすがになると考え、「『御伝鈔』の正しい解釈」のみならず「親鸞・本願寺の正しい史実」までも確定しようとしたのでした。

六　親鸞物浄瑠璃上演禁止——本願寺のダブルスタンダード——

奇瑞不思議への対応

まったく異なる外貌の割に、通うところも持っていた浄瑠璃と注釈書は、親鸞の奇瑞不思議への態度においては、はっきりと背を向け合っていました。

『照蒙記』には「親鸞は越後で門徒から焼栗を献上されたが、いくつかが地面にこぼれた。我が法が盛んになるなら根や芽を出すがよいと呪言を唱えると、根芽が生じた」という、有名な三度栗の伝説が紹介されますが、最後は「真宗は怪異に目を向けない宗風である。人びとは褒め称えたが、我が師（親鸞）一人は何の感慨もなかった」ということで締め括られます。他の『御伝鈔』注釈書にも強弱の差はあれ似た傾向がありました。

白髪の老翁が毎座説法に参詣して剃髪を望み、親鸞は剃刀を当てて信海という法名を与えた。老翁は鹿島の神林に入って消えたので、人びとが社壇の扉を開けると、例の法名がそこにあった。さては鹿島大明神だったかと、人びとは感涙に咽び、鹿島社の神官は息子を親鸞の弟子とした。これが順信房で、鹿島社の別当である。神官は別当寺として無量寿寺を建てて社領を分与し、近年まで無量寿寺が社壇の鍵を預かっていたが、今は社務の手にあるという。

これは『照蒙記』箱根霊告段の注です。この後は「松尾明神が空也に帰依したり、蔵王権現が日蔵に伴ったりしたのも、神が知識・高僧の徳を慕ってのことである。鹿島明神の帰依もさほどの怪異ではない」などという記事が続きます。僧侶たちが『照蒙記』を読んで「真宗は怪異に目を向けない」と得心すれば、彼らに教導される全国の門徒が奇瑞不思議に振り回されなくなると、知空は考えたのでしょう。

一方、『由来』や『しんらんき』では、鹿島明神(『由来』では蛇体)が親鸞に井水と戸帳を寄進する、不思議な物語が語られました。親鸞が苦しむ神を済度し、神が清らかな水と神前に掛ける戸帳を与えて、親鸞を聖別した物語と取れなくもありません。初期の親鸞門流の一で、鹿島神宮と関わりの深い鹿島門徒の祖師伝が、鎌倉・南北朝時代から東国で語られ続け、何らかの経緯で、都に住む浄瑠璃作者の耳に入った可能性はなきにしもあらずですが、室町時代に古来の物語の型に乗せて新作された可能性も大きく、現段階ではどちらとも断定できません。古浄瑠璃はもともと古い伝承世界の約束事にしたがって作成されるものですし、浄瑠璃や歌舞伎が在地に逆輸入され、架空の人物の遺物やら墓やらが作られるのも、よくあることだからです。

出版禁止とその実質的解除

寛文十一年（一六七一）といえば『照蒙記』第二板が刊行された年ですが、この年、東本願寺は親鸞物浄瑠璃を上演した浄瑠璃太夫から「今後上演すれば、操りの道具を差し出して追放処分を受ける」という誓紙を取りました。翌年には、鶴屋喜右衛門・八文字屋八左衛門という二人の絵草紙屋が『御伝鈔』を絵入りの仮名草子として板行していたといって、その板木と、「親鸞記」という名の浄瑠璃正本の板木《はんぎ》とを、強引に買い取りました。このころ浄瑠璃は人形操りを伴うようになっており、太夫の語りを文字に起こした「○○太夫正本」も刊行されていたのです。

早く正保五年（一六四八）年に、東本願寺は「しんらんき」を上演した太夫に同内容の誓紙を入れさせていました。「平太郎」と改題して演じたところを再度禁じると、次は法然伝風に「念仏讃談記大原問答」と改め、注意を与えると数日後には「聖光上人《しょうこう》」と改題したので、またまた禁止という、いたちごっこの状態でした。

絵草紙屋は絵草紙屋で、二人の太夫の正本を『しんらんき　平太郎』『ほうねんおはり(ママ)もんどう　しんらんき』と題して刊行しました。東本願寺が板木を没収しようとすると、ともに大手である絵草紙屋たちは強く反発し、「西本願寺は何も言わないのに東本願寺だけが禁止したり、片仮名で書かれた親鸞伝が多数出版されているのに、平仮名書きの本が禁じられたりするのは納得できない」、「太平記を浄瑠璃に仕立てて、後醍醐天皇を吉野に捨て、橋の上から突き落としても、禁中から罰せられることはない」などと言い張ったので、東本願寺はやむなく金を支払って板木を買い取りました。

このとき、東本願寺は町奉行に対し、「西本願寺とは年来義絶のため内談し難く、当方のみでお願いする次第である」と書いていますが、東西両派が何かと対立した時期なのに、西本願寺が東本願寺の動きを阻んだり、浄瑠璃太夫や絵草紙屋に頼られたりした形跡はありません。西本願寺も消極的賛成だったのでしょうか。

東本願寺はまた「『御伝鈔』は本山が末寺に拝読を許可する書物で、好き勝手に読めるものではない。土民《どみん》・下﨟《げろう》までが簡単に読める平仮名本を出版されては寺法が立ち行かない。また「御絵伝」も本山で仕立てて末寺に下付するので、相応の礼金が必要である。本願寺には寺領がなく、末寺・門徒の助成で成り立っているのだから、寺領を有する他宗と違うことを勘案し、出版を禁じていただきたい」とも述べています。

『御伝鈔』や「御絵伝」の下付によって、本願寺の経済や、本山を頂点、末寺・門徒を底辺とするヒエラルキーが支えられているのだから、平仮名本を出版されては困るというのです。でも、絵草紙屋の言うとおり、片仮名本の『御伝鈔』は『御伝鈔』注釈書の形で続々と出版されていました。それに、報恩講で袋綴の絵入り本を拝読するわけにはいかないので、平仮名絵入り『御伝鈔』が出回ったからといって、末寺が『御伝鈔』や「御絵伝」の下付を願い出なくなるはずもありません。

その証拠に、平仮名絵入り『御伝鈔』はいつのまにか実質的に禁止が解けたらしく、板木が処分されたはずの平仮名絵入り『御伝鈔』の江戸後期の板本が現存します。

天明二年（一七八二）に西本願寺は『御伝鈔』を自ら出版しようとして、各種『御伝鈔』の板株《はんかぶ》（版権）を握っていた本屋の丁子屋九郎右衛門《ちょうじやくろうえもん》に問い合わせました。当時は重板・類板禁止といって、類似本の発行に強い制限があり、ある本屋が刊行している本を別の本屋が別の意匠で出そうとしても、先の本屋の了解を得られぬかぎり不可能だったからです。丁子屋は、「『御伝鈔』の板株は、列帖装《れっちょうそう》（糸で昔のノートのように綴じた本）も袋綴も平仮名絵入り本も、すべて私どもが持っております。私どもが承知いたしておる以上、支障を申す者はございません」と返答しました。このころ丁子屋は東本願寺の寺内に所在したので、東本願寺の禁じることはしないでしょう。平仮名絵入り『御伝鈔』は、遅くとも天明二年までには正々堂々と刊行できるようになっていたのです。

上演禁止の継続

けれども、浄瑠璃はそうではありませんでした。延宝七年（一六七九）初演の「他力本願記」が親鸞・玉日の名を出さずに「法蓮房信空」「玉よの姫」とするとか、寛延元年（一七四八）の「華和讃新羅源氏《はなわさんしんらげんじ》」が親鸞でなく「新羅丸《しんらまる》」とするとかいうように、親鸞物浄瑠璃はその後も親鸞物でないように偽装され続けました。

ずっと降って明治九年（一八七六）、佐賀県のある寺院から真宗四派（東西両本願寺派・高田派・木辺派）管長に「地方で盛んになっている親鸞記という狂言を禁止した方がよいのではないか」という伺い書が提出され、管長は即刻各末寺に「教義上の妨害が少なくない」として上演禁止を命じました。他にも親鸞や歴代門主の影像の流布、宝物の開帳、二十四輩を模した見世物興行が、やはり教義上の妨害として、禁止もしくは本山取締下での限定的な許可とされています。翌年には東本願寺が絵解きを「訛伝謬説《かでんびゅうせつ》から宗義を紊乱《びんらん》しかねない」という理由で禁止しました。

本願寺が『御伝鈔』や「御絵伝」を自らの管理下にある聖典と認識した以上、本願寺の下した「正しい解釈」以外の解釈や、「正しい史実」以外の事実の存在は、認められなくなります。本山の関知していない、「なまり」や「あやまり」を含む危険性のあるものは排除されなければなりません。

江戸初期の東本願寺と、明治の真宗四派本山が、同じ理由で平仮名絵入り『御伝鈔』や浄瑠璃を禁じたとは限りません。でも、片仮名本と平仮名本の違いを思い出してください。平仮名絵入り本や浄瑠璃は、本山の掌握下におさまりきらない性格を持っていました。本山が「正しい解釈」「正しい史実」の確定に乗り出したとき、伝奇伝説集成のように『御伝鈔』と似て非なる物語を列挙する浄瑠璃本の禁止は、当然のなりゆきでした。平仮名絵入り本でも『御伝鈔』そのものは、じきに禁止が解除されたのに、解釈や事実認定に関るものはなかなか許されなかったのです。

とはいえ、「鎌倉時代の親鸞が平安時代の人を勧化して、寺院を開創させた」という縁起を持つ寺院でも、本山から縁起を語らないよう命じられたという話は聞きません。見るからに江戸時代風の「親鸞筆六字名号」や「親鸞作阿弥陀木像」を蔵する寺院はいくらでもありますし、その由緒が本山に提出されてもいます。そういう宝物を京都で大々的に開帳しようということになって初めて、本願寺から禁止が達せられるのです。

浄瑠璃興行・出版といったメディアには鋭敏に反応するけれども、個々の寺院が大騒動にならない程度に物語を語ったり、宝物を見せたりする分にはよしとしよう。江戸時代の本願寺はそんな方針を持っていたようです。明治に入ると、やはり真宗四派として、本山に宝物を提出して鑑定を受けよ、鑑定書のない宝物は自坊でも見せてはいけないなどと、神経質なことを言うようになりますが、江戸時代のうちはダブルスタンダードと言ってよいほど、個々の寺院の持つ親鸞伝には寛容でした。

七　二十四輩伝承——ヒエラルキー構築と親鸞伝説——

遺跡復興という名の新寺造立

親鸞に関する伝説は、じつはこの時期の教団運営に欠かせないものでもありました。江戸時代の寺院は国家の戸籍係としての権威を持たなければなりません。元和元年（一六一五）以来、繰り返し新寺建立禁止令が出され、寛永九年（一六三二）には各宗本寺に末寺の書上が命じられて、末寺の完全な掌握が図られました。国家の認めた教団のうちのいずれかに属し、由緒正しい古跡寺院として承認されなければ、正規の寺院になれなくなったのですが、真宗には有力な百姓が屋敷内に構えた庵室や、一般の百姓たちが共同で管理する道場が数多くありましたし、新開地には新しい寺院が必要でした。

　真宗は関東に発しましたが、南北朝時代には中心が西へ移り、江戸時代には古い法物が真言宗や禅宗の寺院に細々と伝来している有様でした。これに、『御伝鈔』「御絵伝」による「東国を化導する親鸞」像の一般常識化が重なったのです。

　東国には親鸞直弟が大勢いたはずだ、その「古跡」がたくさんあるはずだ、動乱のなかで失われたそれらを「復興」すべきだ、ということで、親鸞旧跡復興に名を借りた新寺造立が続々と行われ、「親鸞直弟二十四輩」が利用されました。二十四輩の起源は不明ですが、一般には、覚如が奥州大網で親鸞孫如信の三十三回忌を営んだ際に、参詣した親鸞直弟のなかから正しい真宗信仰を持つ二十四人を選んだのが起源とされ、何種類もの「二十四輩牒」が伝わっています。次の厚木市飯山弘徳寺蔵「親鸞聖人御弟子達次第之事」は、江戸報恩寺の顕西（〜一六三二）の手になるものです。

大谷
親鸞上人御弟子達次第之事　関東在之

性信御房　下総国豊田庄横曾祢　報恩寺

真仏御房　下野国大内庄高田　専修寺不参

順信御房　常陸国鹿島富田鳥巣　無量寺
乗念御房　常州南庄志田退転
信楽御房　下総国大方新堤　弘徳寺退転
成然御房　下総国上幸島一谷　妙安寺
西念御房　武蔵国野田不参
性証御房　下総国戌飼退転
善性御房　下総国豊田庄高柳　東弘寺
是信御房　奥州和賀郡一がしら（頭）退転
無為信御房　奥州退転
善念御房　常州久慈東退転
信願御房　下野国あはのしかざき（粟野鹿崎）退転
定信御房跡　善明　那賀西粟　阿弥陀寺
道円御房跡　唯円　常州内田　あうぐん（奥郡）　枕石寺
入信御房　常州那賀西穴沢　寿命寺
念信御房　常州びさどう（毘舎幢）
入信御房　常州久慈西不参

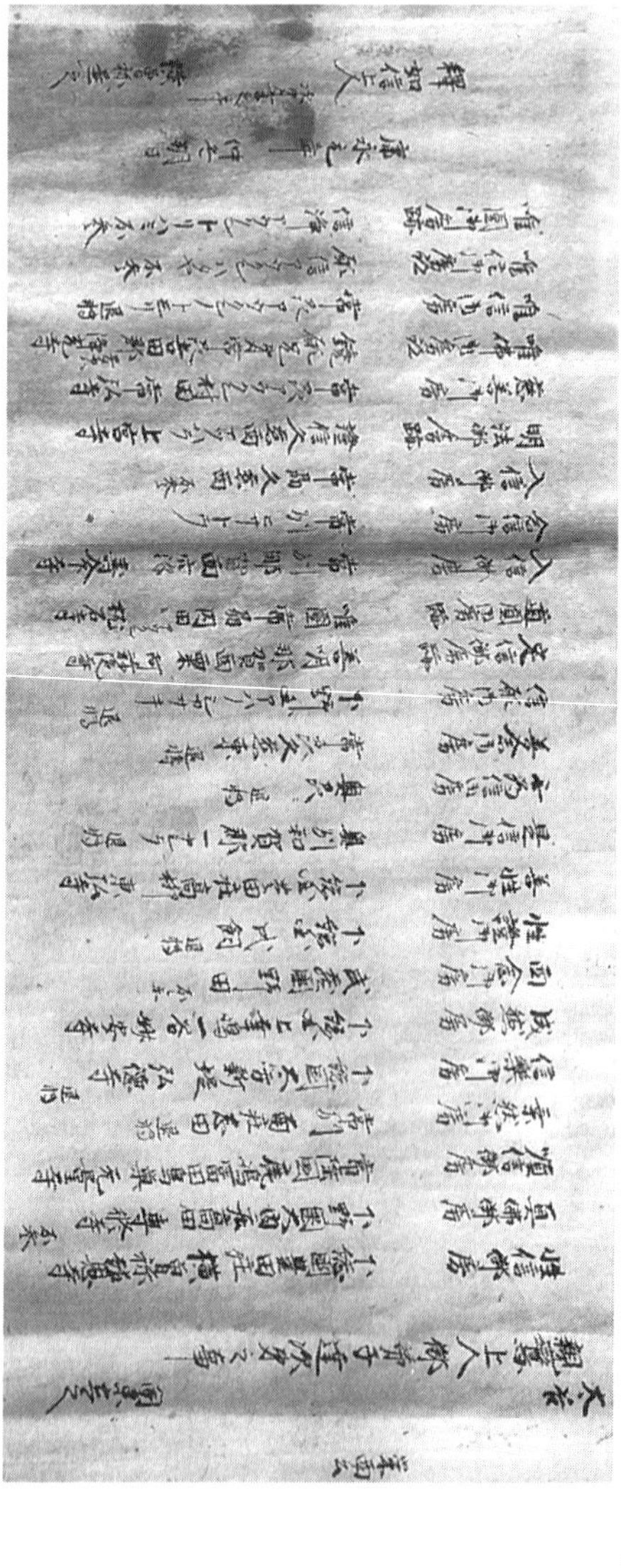

親鸞聖人御弟子達次第之事（弘徳寺蔵）

明法御房跡　証信　久慈西まつばら　上宮寺
慈善御房　常州あうぐん（奥郡）村田　常弘寺
唯仏御房跡　鏡願兄弟　常州吉田郡えだがは（枝川）　浄光寺
唯信御房　常州あうぐんとのもり（奥郡外森）退転
唯信御房跡　願信　あうぐんはたや（奥郡幡谷）不参
唯円御房跡　信浄　あうぐんとりばみ（奥郡鳥椎）不参

康永元年仲冬朔日

釈如信上人次第書之事横曾祢置之

この「二十四輩牒」は、如信が康永元年（一三四二）に作って横曾根報恩寺に安置したという形式で書かれました（報恩寺は常陸横曾根に開かれ、数度の移転の後、一六〇二年に江戸に寺基を定めました）。報恩寺開祖の性信を筆頭に二十四人が認められたものの、二百数十年の間に八人の遺跡は退転してしまったということのようです。

他の十六人の遺跡は続いてはいても、五ヶ寺は「不参」とされました。顕西は東西分派期の人なので、報恩寺の属する東派の立場からの「不参」でしょう。報恩寺は二十四輩筆頭寺院として他の遺跡寺院を監督し、東本願寺に忠節を尽くさせると言いたいのです。

『御伝抄私記』では「聖人は性信に請われ、越後から常陸へ向かった。御絵伝の越後国居多浜《こたはま》や箱根の場面で描かれた三人は、聖人と蓮位・性信であろう。性信は報恩寺の先祖で、二十余輩（二十四輩）の第一である」とされました。十七世紀半ばの報恩寺は、東本願寺のトップ集団のなかで「性信の働きで親鸞の東国化導が実現した」と述べていたのでしょう。この「性信の請願による常陸移転」説は『照蒙記』に紹介され、それがさらに『高田親鸞聖人正統伝』などに引用されて、たいそう有名になりました。

報恩寺は明応七年（一四九八）に蓮如から寿像（生前に作った影像）を授与されています。教団内で地歩を築いていた東国の大坊も、東西分派を経て近世的教団体制が打ち立てられるころには、新たな自己主張が必要となったのです。東西両派ともに、院家《いんげ》・内陣・余間・二十四輩・飛檐《ひえん》・平僧といった寺格を定め、世襲が基本ながら礼金による昇進も可能としました。西国の寺院が二十四輩格を求めたり、弘徳寺本では「退転」の目立つ「二十四輩牒」も、延宝六年（一六七八）の奥書を持つ本では全直弟に遺跡寺院名が記され、数ヶ寺の遺跡寺院が列挙される直弟が出たりもしました。

「旧跡」の急増は、「東国に今も親鸞の遺跡・遺物が存在し、親鸞直弟の末裔たちが守り続けている」という認識が、多くの場合幻想にすぎないことを示しています。しかし、退転した旧跡の「復興」が目に見えてくれれば、認識はますます強固になりました。

玉日伝説の誕生と成長

直弟寺院には多かれ少なかれ、親鸞の霊験を示す宝物が蔵されているものです。近世教団の中枢は学寮で、ここに出仕する学僧たちが奇瑞不思議を語るまいとしているのに、本山が新寺造立や教団内身分の確定に二十四輩伝承を利用するとは矛盾していますが、教団としてはどちらも大切で、どちらも切り捨てられませんでした。

教如による東本願寺分立の後、西本願寺では十二世准如が教団体制を整備しました。了尊はその准如に重く用いられ、十三世良如の侍講も勤めて、寛永十五年（一六三八）に亡くなるまでに、『西光寺古記』と呼ばれる一連の文書群を記しました。

そのなかの「二十四輩等小系譜」では第一に高田専修寺の真仏を挙げ、その「実子真証」に「結城称名寺と言う。頼朝は我が子を宿した工藤祐経《すけつね》の息女を小山に賜い、生まれて後に結城七郎朝光《ともみつ》と名乗らせた」などとしました。源頼朝の落胤で、『曾我物語』の敵役である工藤祐経の孫にも当たる人物が、親鸞直弟真仏に帰依して下総国結城称名寺を開いたというのですが、傍証する史料はなく、例によって「お話」でしょう。

結城称名寺も親鸞伝に積極的に関わっていました。『照蒙記』によれば、称名寺の住持（知空は細字で「法名失念」と書き込んでいます）は知空に、「結城に女身堂といって女体の木像があり、近郷の病人が撫でたり舐めたりして病気を治す。我が称名寺は結城朝光の領地にあり、開基は真仏の実子、信証である。つまり、朝光は信証の兄なのである。聖人の上洛後、信証は恵信尼をお守りし、恵信尼没後はその像を造って崇めていたのが、時を経て忘れ去られたのだろうと、領主に訴えて境内に堂を建て、准如上人へ申し上げて木像を補修し、江戸で開帳した後に結城に安置した」と語りました。

知空はこの記事の後に「かたはらいたい感じがするが、住持の話のまま書き記しておく」と付加しました。有力末寺の語るところをよく聞いて、うなずいておくのも、巨大教団の教学を司る者の仕事の一でした。

称名寺の女体像は宝永八年（一七一一）ごろには親鸞が鑿《のみ》を振るった玉日像と解釈し直されました。戦国時代から恵信尼と玉日を同一人物とする説があり、それが出版されて広く流布したためでしょう。江戸後期の『二十四輩順拝図会《ずえ》』のころには、命日とされた九月二十五日に女身堂で年忌法要が営まれていました。

時代が降るにつれて結城称名寺の玉日伝説は成長していきますが、その出発点となったのは、西本願寺でいえば准如期、近世教団が体制を整えようとする時期でした。

八　康楽寺の絵解き本——文字と声を架橋するシステム——

東国からの親鸞伝発信

『御伝鈔』解説書の形態をとりながら、各地の親鸞伝説や宝物由来譚に力点を置く諸本がありました。信濃国康楽寺やその関係寺院が作った「御絵伝」の絵解き本です。「御絵伝」を見るだけでは物語の内容は理解できないので、「御絵伝」成立当初から絵解きが行われていたのでしょうが、その様相は現代とは異なるのかもしれません。現代では開け放した本堂に、その寺院の檀家とは限らない人びとが大勢集まります。でも、初期の門流の段階で、不特定多数の人びとに見せていたでしょうか。衆から追放されれば堕地獄だと言いつつ、教義書としての祖師伝を誰彼構わず見せ、解説するとは思われません。

門流的親鸞伝からの脱却は、絵解きの場の公開につながったことでしょう。また、「師から祖師伝を受け継ぎ、弟子へ伝える」というのでないとすると、絵解きをしたければ何らかの手段で親鸞伝を入手するか、新たに作るかしなければならなくなります。絵解き本作成のプロ、信濃国塩崎康楽《こうらく》寺が登場する所以です。

『伝絵』には、覚如が詞書を作り、絵は康楽寺浄賀という絵師に描かせたと記されています。この康楽寺は京都にあった天台宗寺院で、中世のうちに廃絶してしまったので、江戸時代には塩崎康楽寺が自ら浄賀の寺と称して絵解き本を世に送り出しました（本書で康楽寺と言うときは長野の康楽寺であって、京都ではありません）。

現在確認されている康楽寺系の最古の絵解き本は、貞享年中（一六八四〜八八）の作とされる『康楽寺白鳥伝』ですが、その二十年前に刊行された『照蒙記』に、「康楽寺物語」という名の薄草紙があるとして、その一部と、康楽寺の縁起とが紹介されました。『白鳥伝』と『照蒙記』に見える縁起は次のとおりです。

海野通広は勧学院（藤原氏の学問所）の文章博士《もんじょうのはかせ》でしたが、出家して西乗坊信救と名乗り、奈良の興福寺の住侶となりました。治承四年に高倉宮が平家追討の兵を挙げ、興福寺に応援を求めたとき、信救は招請に応じる返書を作って清盛を罵倒し、清盛に追われる身となりました。自ら漆を浴び、病身を装って北国へ逃げ、木曾義仲の右筆として太夫坊覚明と名乗って、義仲自害後は信濃に隠遁しました。後に法然門に入って西仏の名を賜わりましたが、親鸞聖人に心服し、越後・東国に随従しました。二十五年間、師の行状を日夜書き記し、九十五歳で往生する際に息子の浄賀に日記を託しました。浄賀は聖人と、聖人末子いや女、孫の如信、曾孫覚如の三代に仕え、覚如上人は浄賀に西仏の日記を持たせて東国を巡見し、「御絵伝」を描かせました。

この寺院の強みは何といってもその寺号ですが、東国に所在することも味方となりました。京都にある本願寺は親鸞滅後の廟堂である、親鸞生前の姿を本当に知っているのは北国・東国の弟子たちだ、というわけです。

『白鳥伝』では、北国へ流された親鸞は、まず越中桜井三日市で辻源左衛門尉に十字名号を書き与え、越後の分田賀須島《ぶんだかすじま》では焼栗を、鳥屋野では竹杖を根づかせ、柿崎で川越名号を書きます。まるで、各地に宝物と物語を撒布して歩いているようです。

絵解き本は『御伝鈔』の段ごとにまず本文を掲げ、次にその注釈、最後に「絵どころ」（絵相を指し示して解説すべき部分）を解説しました。親鸞物浄瑠璃が『御伝鈔』の物語的注釈だったように、「御絵伝」絵解き本も、寺院縁起や宝物縁起を中心に『御伝鈔』を補足したり裏話を明かしたりして「正しい解釈」へと導きました。

注釈書に拠る「語り」

「康楽寺物語によれば、玉日姫の乳母が覚明に嫁いで浄賀を産んだという」という記述が『照蒙記』にあります。現存する康楽寺系諸本に玉日の乳母は出てこないので、ごく早い時期にのみ説かれた説のようですが、それも当然、時代が合いません。義仲の右筆であれば親鸞よりだいぶ年長ですから、玉日の乳母を妻とするにはよいとしても、その二人の間に生まれた浄賀が、親鸞没後三十三年にして『伝絵』の絵を描いたとは不自然すぎます。
絵解き本は書物でありながら、語り、聴くものとしての性格を持っており、数字の扱いはいたってラフでした。康楽寺は親鸞・玉日の結婚物語に自坊の祖を位置づけようとしたのでしょうが、時代が降るとさすがにそうも言えなくなったと見えます。

それでどうしたかというと、何と『白鳥伝』は『照蒙記』に拠って、親鸞と玉日の物語を記したのです。一字違わぬ敷き写しです。『白鳥伝』が『照蒙記』に拠っているところは何ヶ所もありますが、どこも忠実に写され、こんな一節さえありました。

「天台の教門は難しくて末代に合わない。易行の大道に赴かせたい」とばかりお思いになり、あるときは根本中堂に籠もり、比叡山のあちこちの霊崛に参詣なさいました。また、都の六角堂へ百日参詣をして、鴨川・白河の邪見の砂を踏みしめられ、行っては帰り、帰っては行き、百日の間、何とぞ有縁の要法を示し、真の知識に会わせてくださいませと、誠心誠意祈られますと、九十九日が満ずる夜の夢に、存覚の『敬重絵』に拠ること一目瞭然ですが、『敬重絵』はこのときまだ刊行されておらず、康楽寺が本願寺宝庫の秘本を見られるわけもありません。秘本を見られる立場にある知空が『照蒙記』に引用し、康楽寺は『照蒙記』から、恐らくはそのような稀覯本からの引用とも知らぬまま孫引きしたのです。

存覚の描いた苦難の親鸞像が、三百年後の門徒たちの前に現れました。『御因縁』以来見え隠れしてきた、我が身を犠牲にして衆生の苦を背負う「真の聖人」の姿が、存覚や知空や康楽寺の力を借りて、絵解きの席に姿を見せたのです。

真宗随一の学匠や、西本願寺能化の著作が、文字を声に変換する絵解きという装置によって、全国の真宗門徒に開かれました。室町末期から江戸初期の真宗と、現代のメディアミックスが最も異なる点は、文字による文化と、音声・絵画・映像による文化との間をつなぐ、架橋装置の有無ではないでしょうか。

康楽寺は信濃門跡と呼ばれた大寺院です。漢文を読みこなす力と経済力を併せ持つ僧侶が知空の本を購入し、それを用いて絵解き本を作れば、文字を知らない聴き手たちも、当代切っての学僧の最新の研究成果にリアルタイムで触れることができました。

学僧の美文

『照蒙記』が庶民相手の絵解きに採り入れられたのは、知空の文章が語りに向いていたためでもありました。箱根霊告段の一部を原文のまま書いてみましょう。

長山《ちょうざん》はるかに連《つづい》て禽獣ひそみ、節巌《せつがん》くねりわだかまって人跡かすかなり。谷ふかく岸危《あやうく》しては足を峙《そばだて》て歩《あゆみ》、峰たかく巌稠《いわおきびしく》しては眼《まなこ》を載《のせ》てゆく。尾をこえ尾に向《むこう》てこころをくだき、谷をいで谷に入《いり》て思《おもい》をついやす。

『白鳥伝』はこれをそのまま用いました。江戸時代の絵解き本は文語体で朗々と読み上げる部分と、語り口調で聴き手に直接語りかける部分とを交互に並べていきますが、この部分は前者に当たります。今でも節談《ふしだん》説教を聴くと、二つの文体が交互に現れます。『照蒙記』は目で見る書物なのに、この部分は朗々と読み上げるべき文体で書かれました。鳥獣の声が不気味に響き渡る深夜の箱根山を、親鸞一行は黙々と歩んでいきます。まるで夢幻界を描くかのようです。「親鸞の正しい史実」の確定に努力を惜しまぬことと、対句仕立ての美文で親鸞を讃えることは、知空にとって矛盾ではなかったのです。

能化《のうけ》とは「教化する人」の意で、所化《しょけ》（教化される人）の対意語です。東本願寺では学寮トップを講師と呼びました。いかに学識があろうと、人を惹きつける講義や説法を行って所化たちを「正しい信仰」へ導けないようでは失格でした。
『照蒙記』にせよ、『敬重絵』にせよ、教化のための著作です。これらには朗々と読み上げるに相応しい七五調の美文が含まれていました。学僧は自らが「語る」者として、絵解きの聴衆をも酔わせる美文を著作中にちりばめていたのでした。

九　『良観和讃』――「似て非なる物語」群――

『御伝鈔』の和讃化

真宗門徒にとって一番の祖師は親鸞なのに、「高僧和讃」は親鸞の作ですから、親鸞讃は存在しません。そこで、親鸞・法然・聖徳太子の三人を讃嘆する新しい和讃ができました。良観作とする写本があるので『良観和讃』と呼ばれています。

帰命頂礼弥陀尊　　百千万の片国《へんごく》を
利せんとおぼしめすゆへに　　かりに人機を受け玉ふ
そのらん(?)身をたづぬるに　　天児根(天児屋根尊)のみことの

二十一世の御ながれ　　鎌子の大臣春久
こんゑ（近衛）の大将右大臣　　またて（真楯）の六代後胤の
弼のさいしゃう（宰相）有国　　皇太后宮の御子なり

親鸞讃の冒頭を掲げました。『御伝鈔』は「天児屋根尊二十一世の苗裔である鎌子内大臣の玄孫に、近衛大将右大臣の内麿があり、内麿は大納言真楯の息子である。内麿の六代後胤に弼宰相有国があり、それから五代目の子孫に皇太后宮大進有範がいて、親鸞はその子である」ということになっています。七五調の和讃にするのに省略が必要なのはもっともながら、系譜を勝手に端折り、近衛大将右大臣を真楯にしてしまったり、親鸞を皇太后宮の子にしたりするのは、無茶というものです。皇太后宮は皇太后（天皇の生母）関係の事務を司る役所で、大進はその三等官です。「皇太后宮の大進有範の子」を端折って「皇太后宮の子」にしてしまうと、役所が子供を産んだようですが、江戸時代の人は別段まずいとは思わなかったようで、現存諸本のこの部分の本文に大差はありません。

『良観和讃』は、「弼宰相有国、皇大后宮の御子なり」を、頭のなかで自然に「弼宰相有国（の五代目の子孫である）皇太后宮（大進有範）の御子なり」と補うことのできる人を対象に作られたのでしょう。これ以外にも『御伝鈔』を知らなければ意味のとれないところが頻出します。和讃は真宗門徒が自ら諷誦するもので、他の人と声を合わせるには練習が不可欠です。「高僧和讃」も三ヶ所に引用されており、寺院における日々の学習活動の上に成り立った親鸞伝と言えるでしょう。

母は吉光女

北の御方吉光女　に《（新）》いのまくら《（枕）》にかたぶ《（傾）》きて
ふ《（伏）》したまひぬとみ《（見）》へ玉ふ　西より光明きた《（来）》りい《（入）》る
御身にふ《（触）》るる気色して　弘法うち《（内）》にきざ《（萌）》しつつ
利生はほか《（外）》にもよほ《（催）》され　月みち《（満）》ければ出生す
御母これをあわれみて　と《（取）》りあ《（上）》げ　み《（見）》れば男子なり
ありのり《（有範）》大によろこびて　十八公若とぞい《（言）》っし
四歳の二月十五日　西のなか《（半）》ばとおぼ《（覚）》へしに
西にむ《（向）》かひて礼拝し　つち《（土）》をつかねて仏とす

『良観和讃』の素材は『御伝鈔』や「高僧和讃」のような聖典類だけではありませんでした。親鸞の母は吉光女、親鸞の幼名は十八公若だと言いますが、十八公は『蒙求《もうぎゅう》』（中国唐代の故事集）の「丁固生松《ていこせいしょう》」、丁固が夢で自分の腹に松の木が生えたのを見て、やがて三公の位に即くと夢解きし、そのとおりになったというお話で、平安時代の『和漢朗詠集』や、後には連歌や謡曲にも引かれています。当時は『蒙求』や『朗詠集』は児童・初学者用教科書として使われました。『秘伝鈔』には冷泉家流の和歌注釈が用いられていましたが、真宗は正統的な学問よりも、学問の周縁部と縁が深いようです。

　親鸞はいかにも弥陀の化身らしく、西方浄土から射した光明が母に触れて生まれたとされました。「二月十五日酉刻に西を向いて礼拝した」とは、『聖徳太子伝暦』に「太子は二歳の二月十五日寅刻に東を向いて南無仏と唱えて礼拝した」とあるのに拠るのでしょう。「母は吉光女」「幼名は十八公若」「四歳のとき土をこねて仏像を造った」の三点については、他の諸書と並べて見ていく必要があります。『親鸞聖人由来』に母の名は出ず、親鸞の幼名は「松若」です。松の字を分解すると「十八公」になります。『御伝鈔』注釈書の『絵伝撮要』（一六九二年に没した高田派の普門著）では、母は「吉光女」で幼名は「十八公丸」、元禄八年（一六九五）成立の康楽寺系絵解き本『御《ご》伝絵《でんえ》説詞略抄《せつしりゃくしょう》』は「吉光女」「松若」です。

　『撮要』『詞略抄』はほぼ同文で、「四歳の春から何かにつけて西方を礼拝し、土をこねて仏像を造ったり、石を積んで塔を建てたりしました」としています。中国仏教の百科全書『経律異相《きょうりついそう》』に、「五百人の幼童が戯れに砂で塔を造って兜率天《とそつ》に生まれた」という物語と、「五百匹の猿が人間の仕業を真似て土石で仏塔を建て、忉利天《とうり》に生まれた」という物語とがセットで入っており、日本でもこれを承けて「土で仏像を造る」と「石で塔を建てる」を対句にしてきました。『詞略抄』と『撮要』は定石どおりなのですが、『良観和讃』は「土で仏像を造る」だけで一首が整えられています。

『良観和讃』『撮要』『詞略抄』、そして『由来』『しんらんき』の引用・被引用関係を見ると、まず浄瑠璃の『由来』と『しんらんき』は、六角堂夢告でも鹿島明神の真宗帰依でも、どれも互いに似て非なる物語で、幼時の親鸞についても、片や「幼名は松若」と言い、片や幼名には触れないという有り様です。前者が後者に拠るとも、後者が前者に拠るとも、両者に共通祖本があったとも思われず、かといって、それぞれが独自に『御因縁』を浄瑠璃化したのでもなさそうです。

次に、『撮要』と『詞略抄』、『由来』『しんらんき』と『詞略抄』も直接的な引用関係を持ちません。『詞略抄』は自ら「『良観和讃』を見た」と言っていますが、「石で塔を建てる」があるからには、何か別の「似て非なるもの」も見た可能性があり、『撮要』もそれを見たのかもしれません。

『良観和讃』には「六角照護寺の門弟で薊生田《あそだ》の住人の良観房が応永十四年（一四〇

七）四月二十七日に作った」という奥書を持つ写本が何本かあります。福井の桂島照護寺は良観が開いたと言い、移転を繰り返すうちに六角にも在ったと伝えています。近隣に葅生田という地名もあるので、この奥書が照護寺の由緒を踏まえているのは確かですが、十五世紀初頭の成立というのはどうでしょうか。『正信偈和讃』の諷誦や『御伝鈔』拝読が一般化する慶長以後にならないと、門徒の唱和は難しいでしょう。

文献上初出は寛文五年（一六六五）刊『御伝探証記』という『御伝鈔』注釈書ですが、その前年の『照蒙記』に「康楽寺物語という薄草紙に、親鸞の母は八幡太郎義家《よしいえ》の嫡子で、対馬守義親《よしちか》の息女と記されている。ある書には母の名は吉光であるとする」とある記事の後半も、『良観和讃』のことと思われます。

『撮要』と『白鳥伝』は親鸞の母を「八幡太郎の嫡子対馬守義親の息女で、名を吉光女」とします。両書とも『照蒙記』を大いに利用していますから、この部分も『照蒙記』に拠りながら、「康楽寺物語」の「母は八幡太郎の嫡子対馬守義親の息女」と、「ある書」の「母は吉光」をくっつけてしまい、「母は八幡太郎の嫡子対馬守義親の息女で、名を吉光女」とした可能性はあるでしょう。でも、同じころに作られた『撮要』と『白鳥伝』が、たまたま同じ形に『照蒙記』を組み替えたのではなく、「母は八幡太郎の嫡子対馬守義親の息女で、名を吉光女」とする、『良観和讃』『照蒙記』のどちらとも似て非なる何かを見たのかもしれません。

いやはや、わけがわからなくなってきました。室町後期から江戸初期にかけて、親鸞の母やら幼少期の親鸞やらが語られるようになりましたが、それぞれの物語はよく似ていて、明らかに同じ話なのに、ぴったり重なり合うことのない「似て非なる物語」でした。

十　室町後期から江戸初期の「親鸞と玉日の結婚物語」

「親鸞─覚信尼─覚如」の相承

親鸞と玉日の物語も諸書に見られますが、やはり「似て非なる物語」ばかりです。『良観和讃』に玉日は登場しません。

あるよ《（夜）》のとら《（寅）》の一天《（点）》に　六角堂に参礼す
観音御戸をお《（押）》しひら《（開）》き　鸞師にむさう《（夢想）》をなし玉《（給）》ふ
行者宿報設女犯　我成玉女身被犯
一生之間能荘厳　臨終引導生極楽
行者宿報かぎりあり　女人を犯すことあらば

みづからなんぢ（汝）かつま（妻）となり　後生に浄土に引入せん

この後は「記録を開き案ずれば　真宗繁昌の奇瑞なり　念仏弘興の表示なり」と続くので、『御伝鈔』六角夢想段を和讃化したものと判断されますが、「お前が女人を犯すのなら、私がお前の妻となろう」とは、『御伝鈔』の女犯偈解釈ではなく、『御因縁』風の理解に基づく女犯偈の和訳です。「玉女」「荘厳」のような特殊な用語を排し、わかりやすい日用の言葉で、性生活を行う在家の者のための仏教であると、堂々と述べたのです。

『由来』の場合は単純ではありません。文章は『御因縁』に忠実ですが、構成は大幅に変えられ、月輪円証も玉日も登場しません。「法然とともに念仏を日本国へ広めよ」という観音の夢告で法然門に入ったとされるので、「真宗のはじまり」物語ではありますが、「女犯肉食の在家仏教のはじまり」とは説かれませんでした。

別のところでも『由来』は女性と関わりたがらない癖を見せています。中世の語り物には「ことに哀れをとどめしは○○（人名）にてとどめたり（「とくに哀れだったのは○○でした」の意）」という決まり文句があり、これが『由来』にもよく出るのですが、親鸞の死の場面では「取りわけ哀れをとどめしは、覚信房にてとどめたり」とされています。さらに「なぜかというと、一宗の大事をことごとく相伝して、特別に情けに預りなさった方ですから」、「覚信房は『もはや嘆いてもどうにもなりません』と仰せになり、みな外へ出て、延仁寺で火葬に付しました」などと続きます。一宗の大事を相伝し、葬送の主人役を演ずる「覚信房」は、親鸞の娘の覚信尼と見るのが妥当でしょう。

そう判断する根拠には事欠きません。本願寺は法然―親鸞―如信―覚如の三代伝持説で覚如の正統性を説きましたが、これには「親鸞の息子の善鸞の子である如信は、奥州大網に住んだが、じつは幼少期から親鸞膝下に在り、親鸞のすべてを知っていたのだ。覚如は親鸞の娘、覚信の孫だから、系譜上では親鸞直系とは言えないけれども、如信に教えを受けたので、真宗の相承という点では正統だ」という、長く複雑な説明が必要でした。それではとても呑み込みにくかったのでしょう、本願寺の学僧も「親鸞の法は覚信尼から覚如へ伝えられたが、表向きは如信を二代目とした」と考えていました（一一一頁系図参照）。

『御伝鈔聞書』は本願寺で行われた『御伝鈔』の講義録ですが、「親鸞には七人の子があり、七番目の弥女に代を譲った」と言い、弥女を「法名覚信」と呼んでいます。『聞書』よりやや後れる西本願寺准如も弥女と覚信尼を同一人物と考え、親鸞が自身の寿像を弥女に譲るときに「みのかわり」云々という文書を記したと解釈しました。真宗寺院にとって親鸞影像は最も重要な法物です。「親鸞が己の影像を覚信尼に与えた」とは、親鸞から覚信尼への相承を意味するはずです。

この文書は現代では「いや女譲状」と呼ばれ、親鸞の下人「いや女（弥女）」の売買に関する文書と考えられています（「みのかわり」は身代金の意）が、『照蒙記』でも「親鸞は寛元元年十二月二十一日、覚信尼に安城御影の譲状を書き遣わされた」とされました。本願寺の公式見解は「親鸞の後継は如信」ですから、こうした解釈は秘伝になるしかありません。准如に仕えた祐俊は『法流故実条々秘録』に准如の解釈を記し、「秘伝だから口にしてはならない」と付加していますが、知空はこれを書いて出版してしまったのです。

東本願寺初代講師の恵空も、『叢林集』に「覚信は付属の直弟だが尼公なので相承とせず、如信上人を二代目とした」、『御伝絵視聴記』に「ご送葬の万端は覚信尼公の計らいだったはずだ」と記しています。庶民相手の康楽寺系絵解き本も「親鸞聖人が亡くなったとき、如信は十三歳で、真宗の安心に至っていなかったので、宗門の正意安心については覚信尼公に付授し、家の継持を如信が相承しました」（『親鸞聖人行状記』）とするなど、親鸞の後継者を覚信尼とする見方が僧俗にわたって広汎に流布しました。

浄瑠璃制作への学僧の関与

ところが『由来』は「覚信房」を男性の親鸞門弟として扱いました。「御弟子覚信房・性信房は枕元に立ち寄り、涙を流して」、「覚信房・性信房は舎利を取り、胸に当て顔に当てて、声も惜しまず泣きました」というように、二ヶ所で覚信・性信のセットにしたうえ、葬送の場面で「覚信房とは高田の開山です。性信房とは報恩寺の開山です」と明かしています。

「二十四輩牒」には第一番を性信とするものと真仏とするものの二種があり、東西分派のころには二種が併存していました。「報恩寺の性信と高田の真仏が親鸞の死や葬送の中心となりました」という物語ならば、あっても不思議ありません。

けれども『由来』は「高田の真仏」でなく「高田の覚信」です。親鸞の書状を集めた『末灯鈔《まつとうしょう》』に覚信宛ての手紙が収録され、覚如『口伝鈔』にも「聖人のお弟子に高田の覚信房という人がありました」と記されていますから、学僧のなかには「高田の覚信房」の存在を知る者もあったでしょう。

ただ、高田の覚信は、各派各種の多くの親鸞伝にその名を見ることのない、きわめてマイナーな人物でした。しかも、高田門徒が祖師と仰いできたのは親鸞・真仏・顕智・専空であって、覚信は現代にいたるまで高田の開山として遇されたことがありません。

そうなると、『由来』以前に覚信尼による看取りや葬送を語る先行作があり、『由来』が高田の覚信と読み替えた公算が高くなります。「高田の覚信」の存在は知っていても、覚信が「高田の開山」でないことまでは知らない人物が、『由来』の成立に関わっていたのではないでしょうか。

登場人物を全員男性にしてしまえば、浄瑠璃としての魅力は半減します。『由来』が上演されたかどうかは不明ですが、書物の形は浄瑠璃関係のそれですから、「親鸞・玉日という一対の男女として語るのは厭だが、それでも浄瑠璃という形式を用いたい」という学僧があったということでしょう。

室町時代後期から江戸時代初期にかけて、さまざまなジャンルのさまざまな親鸞伝が一気に開花しました。「聴く」と「見る」と「読む」、絵草紙屋と物の本屋、本山と末寺と在家といった各種の対立項が、対立を含みつつも協業を遂げているというのが、この時期の真宗の教化のありかたでした。

親鸞伝の海

もっとも、この時期の親鸞伝が複雑に絡み合っているのは、そのためだけではないでしょう。目で見て敷き写すことのできない、語られ聴かれる物語は、頭のなかに記憶されているさまざまな資料をモザイク状に組み合わせて作られるしかありません。その「頭のなか」たるや、さまざまな親鸞伝を呑み込む深い海のようになっていたのではないでしょうか。

じつを言うと、「海」という言葉は筆者の創案ではありません。軍記物語研究者の渡瀬淳子さんという方から、こんなお手紙をいただいたことがあります。

仮名本『曾我物語』は、仮名本だけを予備知識ゼロで読むと、意味の取りにくい箇所がいっぱいあります。そこで、当時の読者は「曾我物語」というお話のストーリーは既に頭に入っていたのではないか、と考えました。登場人物がどういう人で、それが主人公とどういう関係なのか、また物語のあらすじなど、曾我を享受するのに必要な知識は皆、だいたい頭に入っていた、と。すると、「曾我物の世界」というのが何となく見えてきました。演劇やその他語り物などのテクストを含む、大きな曾我文化圏とでも呼ぶべき世界です。それは海のようなもので、現在「曾我物」として享受されているテクスト群は、海のなかに突きだした島のように、顕現の一つの形態にすぎないのではないか。この海には注釈や巷間の説話やいろいろな雑多な要素が溶かし込まれている。それぞれのテクストは連想によって曾我の海から自らの語りたい言説を引き出す。それはほぼ無限のバリエーションと広がりをもった行為である……。

これを読んだとき、この方は親鸞伝のことを言っているのかと勘違いしてしまいました。

曾我物も語り物の『曾我物語』のほかに、謡曲『元服曾我』、幸若舞『十番切《じゅうばんぎり》』、古浄瑠璃『夜討曾我《ようちそが》』、歌舞伎『傾城嵐曾我《けいせいあらしそが》』など、今では文学より芸能に分類される諸作から御伽草子や浮世絵などにまで拡がっています。

『御伝鈔』が真宗門徒の共通教養となれば、『御伝鈔』と表裏一体の『御因縁』も共通教養となります。この二作がまず水溜まりを形成し（相互注釈的関係）、そこから生まれたさまざまな親鸞伝がここに還流したり、それ以外の親鸞伝（鹿島明神の真宗帰依や川越名号など）が流れ込んだりして、巨大な「海」が湛えられます。聖教やその注釈書、和讃、浄瑠璃、絵解き本、各地の寺院縁起・宝物縁起等々がうねるこの「海」から、次々に新しい親鸞伝が生み出された結果、「明らかに同じ話なのに、直接的な引用関係を想定できない」という現象が起きたのではないでしょうか。

今、私たちは、さまざまな時代のさまざまな親鸞伝を別個の「作品」として扱います。

御因縁＋御伝鈔→秘伝鈔

などと、古い親鸞伝の影響下に新しい親鸞伝が生まれる様を矢印で表したりもします。でも、まだ数が勘定できない幼児は、過去のことは何でも「昨日」として分別しません。

文字や数字の操作に習熟するとは、たんにメモが取れるとか、お釣りの計算ができるとかいうことではなく、複雑に絡み合った現実を、ある視点に立って切り分けたり、単純化したり、系統立てて整理したりする術を身につけるということです。音声や絵画や映像は、全体像を一瞬にしてつかみ取るには向きますが、分節には不向きです。文字よりも音声や絵画に親近感を持つ在家の門徒は、諸作を峻別せず同列に尊び、かつ楽しみ、ジャンルの別を気にするよりもメディアミックスに向かったのでしょう。

戦乱の世が終わり、学僧たちは新しい研究に邁進しました。彼らは分析的な思考に馴染んでいましたが、日常の布教活動のなかで在家の門徒たちの在り方を肌で感じていたためでしょう、音声や絵画との関係を自らのなかに保ち続けていました。教化する側とされる側が、別個の思考回路を持ちながらも一部の土俵を共有し、前者の言葉を後者の言葉に翻訳する、絵解きや浄瑠璃という装置も機能していました。

十五世紀に一揆の核となった真宗寺院は、江戸時代には他宗もろとも、国家権力の一端を担う立場となりました。大衆仏教であるだけに、本山から地方末寺までが揃って支配者側に身を置けば、社会的な影響力は小さくなかったでしょう。しかし、同時に、僧俗の無言の協業が、全国の門徒の間に一定の共通教養と、新しい知を受け容れる基盤を形成していたことを銘記しておきたいと思います。

第五章　「東国の親鸞」の発見――江戸中期――

一　戦国末期の高田伝――三人の祖師たち――

都の貴人、親鸞

常陸の結城称名寺や稲田西念寺に玉日の墓があるのに、触れてこなかった。だが、親鸞は北国へ流され、東国で布教したのだ。東国を見ずして本当のところがわかるものか。そんな風にお思いの方があるのではないでしょうか。本章では東国の親鸞を見ることにしましょう。

えっ、本章では、って、もう江戸中期だぜ。京都の本願寺は親鸞滅後の廟堂にすぎない。「東国の親鸞」が「京都の親鸞」の後にくるなど本末転倒。本願寺教団が大成長して東国教団を圧倒すれば、本来語られていた「東国の親鸞」が見えづらくなるのが道理というもの。歴史や文学を志す者は、まず見えづらいものに目を据える努力をすべきではないか。

そのとおりです。文字に記され、大切に保存されるのは、常に強者・勝者の言葉です。史料が強者・勝者の側に立つものでしかないのなら、強者・勝者に有利な「歴史」しか導き出せません。本願寺が強大化すれば、親鸞に関する記述も京都中心になることでしょう。でも、親鸞伝の場合はそう単純ではないのです。そもそも東国時代の親鸞の行状が語られるようになったのは、けっして古いことではありません。十六世紀半ばまで、親鸞伝の主人公は「都の貴人」でした。『伝絵』は北国・東国時代に十五段中わずかに三段、分量でいえば全体の一割強しか割いていません。

覚如は都人で、本願寺の本寺化を目指しました。東国軽視は覚如の作為かもしれません。でも、関東で作られた『御因縁』においても、親鸞は都の貴人でした。第一話の主人公は若き日の親鸞ですから、都での話になって当たり前としても、第二話でも「親鸞という念仏の大師が都から下り」、平太郎に念仏のすばらしさを教えます。親鸞は公家の息子で、法皇の娘を妻とし、暗黒の東国に都から新しい仏教をもたらす人でした。

「安城御影」に鹿杖や狸の敷物の由来譚が伴っていたのなら、それもやはり「都で栄華を極められたはずの貴人が、杖を突き獣皮を敷く、苦しい化導の旅に出た」という貴種流離譚のパターンに乗るものだったでしょう。江戸時代の寺院縁起のように、親鸞に帰依した鎌倉武士や、親鸞によって建てられた東国寺院が主役になる物語ではなくて、在原業平の東下りや光源氏の須磨・明石のように、都の貴人が地方を流離して苦労を重ね、再び都に戻って栄えるという、地方を語るときも目が都を向いている物語です。

『御因縁』は第三話でやっと武蔵・相模が舞台となりますが、源海は頼朝建立の寺院を復興した功徳で念仏の道に入ったとされました。真宗の物語なのだから「親鸞旧跡を復興した功徳」の方がよさそうですが、そうなっていません。第一、親鸞のシの字も出さずに「常陸の真仏の本地は阿弥陀仏だから、その弟子になれ」と言うだけです。

親鸞・真仏はともに生身《しょうじん》の弥陀として、本質的な上下差を持たなかったのでしょう。むしろ「真宗だから親鸞」の方が新しい考え方なのです。門徒の過半が「真宗だから親鸞」と思っていたなら、蓮如が善知識信仰と闘う必要もありませんでした。

下野高田から伊勢一身田へ

その後、東国で作られた親鸞伝は、江戸時代半ば近くなるまで見当たりませんが、東国の伝承によるという祖師伝で、「真宗だから親鸞」でない古い形のものはあります。永禄五年（一五六二）にまとめたものに基づくという『高田の上人代々の聞書』と、それを天正十七年（一五八九）に改稿したという『代々上人聞書』です。

現在の真宗高田派は下野高田の専修寺を「御本寺」、伊勢一身田《いしんでん》の同名の寺を「御本山」と呼んでいます。下野の地方寺院だった専修寺を全国規模の教団の「御本寺」とした真慧は、専修寺の中興と呼ばれますが、前半生はよくわかりません。専修寺八世定順の子とも弟とも言われ、若いころ専修寺を忍び出て、加波《かば》山麓の迎雲寺という浄土宗寺院で学び、さらに関東の各地を転々として学問に励んだそうです。その後、越前・三河・伊勢などを勧化し、近江国坂本の妙林院に入りました。

越前や三河は旧来の真宗門徒で、いくつかの大寺院が各自の末寺・門徒を率いて真慧のもとに結集し、伊勢では真慧の開拓した新しい門徒が直接真慧の指揮下に入っていました。各国から参集した門徒が妙林院に順次詰めていた記録が残っています。

真慧は朝廷に接近し、公家と親密な交渉を持ちました。北陸で本願寺門徒を中心とした一揆が蜂起し、守護の富樫政親《まさちか》を自害に追い込んだとき、一揆勢と実際に刃を交えたのは高田派の門徒たちでした。政親の妻だった女性は真慧に迎えられて応真を産みました。

さて、文明四年（一四七二）の『顕正流義鈔』に、真慧はこんなことを書きました。

親鸞上人が宗家（善導）・元祖（法然）、お二人のお心を受得し、関東で化導なさってからというもの、念仏の教えは西境に及び、南北の村里に行き渡りました。

親鸞は「流祖上人」とも表現されています。中国の善導が「宗家」、日本の法然が「元祖」、親鸞が「流祖」です。親鸞の東国布教も念仏の教えを広く伝えた最初というだけで、東西南北の四方のなかの東というにすぎません。親鸞中心に書いてはありますが、「真宗だから親鸞を特別に重んじる」「高田専修寺は東国にあるから、親鸞の生涯のなかでも東国布教を特別に重視する」というのではありませんでした。

鎌倉・南北朝期の荒木門徒は親鸞・真仏・源海の三者を仰ぎ、本願寺は三代伝持を説きましたが、室町中期の真慧は善導・法然・親鸞の三者を仰ぎました。真慧はまた、親鸞が八十三歳のとき、定禅法橋《じょうぜんほっきょう》に描かせた自影に自ら銘を付して「高田開山真仏上人、顕智上人に並べて与え」たとも記しています。真慧にとって高田開山は真仏でした。

真慧が永正九年（一五一二）に没すると、真慧実子の応真と、公家の常磐井《ときわい》家から入った真智との間に後継者争いが起きました。真慧が一身田に新しく建てた無量寿寺は、後には下野と同じ専修寺の名で呼ばれるようになりました。天文十七年（一五四八）に応真後継の堯恵《ぎょうえ》がここに入寺して一応の決着を見たものの、真智が三河で活動し、越前に専修寺（現法雲寺）を建てるなど、争いは十七世紀後半まで尾を引きました。

伊勢と越前の専修寺が、下野の専修寺の正統をめぐって争ったというと、何だかわかりにくいのですが、越前・三河の門徒と伊勢の門徒はもともと性格が違うのです。後継者争いは両派の主導権争いでもありましたから、簡単には決着がつきませんでした。

『高田の上人代々の聞書』と『代々上人聞書』

堯恵の一身田入寺から七ヶ月後と五年後の二回、真慧の弟子で教団の中核にあった恵珍が専修寺歴代の事蹟を弟子の恵教に語り聞かせ、それをまとめて『高田の上人代々の聞書』『代々上人聞書』が成ったとされています。両書ともに親鸞伝はごく短く、出自、没年齢と年月日と場所、葬地といった、『伝絵』にあることしか書いてありません。室町後期の一身田に高田派独自の親鸞伝は存在しなかったのでしょう。もし万一、存在していたとしても、高僧たちはそれに注意を払いませんでした。

真仏・顕智については物語が記されています。真仏は柏原（桓武）天皇末裔である下野国司大内殿の四人の子息の一で、椎尾弥三郎といい、悪党どもの棟梁でした。二十四人で徒党を組み、親鸞を襲って金品を奪おうとしたところ、五体すくんで動かず、二十四人はその場で髻《もとどり》を切って親鸞の弟子になりました。顕智は「化生《けしょう》の人」で生国もわからず、越後国を通ったとき「伊東とろど原八里」の方を眺めて涙ぐんだので、越後の人かとうわさされました。内心に刀を欲すると、日光権現が太刀を持ってきたそうです。

次の専空から記事は一転して具体的になり、この代から高田の寺内は専修寺が、その外は地頭が成敗することになったそうです。領主の力の及ばない、自立した権力になること、いわゆる不入権の確立です。『高田の上人代々の聞書』には「専空が下野国高田に専修寺を建立した」、『代々上人聞書』には「専空を高田殿とも言う。親鸞は都人、真仏は真壁、顕智はふり人（「天より降り人」の意でしょう）なので、専空を高田殿と言う」とあり、専空以後は真慧まで血統相続して、代々大内姓を名乗ったといいます。一身田では実質的な高田開祖を専空と考えていました。

これらの物語の成立時期は不明ですが、真仏の真宗帰依の物語が室町後期を遡るとは思われません。真仏伝は親鸞直弟二十四輩の由来譚になっていますが、「親鸞の教義を正しく継承する二十四人の直弟たち」という観念が受け容れられるには、親鸞を唯一絶対の師としてひたすらに信奉するあり方が当然視されていなければなりません。蓮如以前の東国で「正しい二十四人」と「正しくないそれ以外」が截然と分けられたとは考えられませんし、「二十四輩牒」も東西分派期にはまだ「退転」が目立ちます。恵珍が語ったという時点を大きく遡らないと想像される所以です。

また、この物語は荒唐無稽で、『御因縁』や『御伝鈔』と通じる感じもするのですが、それら古い祖師伝の荒唐無稽さ、すなわち、常人でなく教義の化身であるがゆえの人間離れした行動とは、たちが違います。

盗賊袴《はかまだれ》垂は肝が太く力も強く、頭の賢い男でした。ある初冬の真夜中に、上等な着物を着て笛を吹きつつ大路を行く男を見つけ、喜んで襲いかかろうとしましたが、なぜか踏み切れません。しばらく後をつけ、ついに走り寄ると、振り返って誰何する気配は鬼か神のようです。袴垂は思わず地面に膝を突き、「追い剝ぎの袴垂と申します」と名乗りました。その人はついて来るよう命じて、笛を吹きながら歩き出し、袴垂は鬼神に魂を取られたように従いました。やがて大きな屋敷に着くとその人は門を入り、暖かい綿入れを携えて来てそれを与えると、「これからもほしい物があるときは来なさい」と言って邸内へ去りました。後から思い返すと、そこは摂津前司藤原保《やす》昌《まさ》の屋敷でした。

平安時代末期の『今昔物語集』から引用しましたが、他の中世の説話集にも収録されていますし、江戸時代には歌舞伎や浮世絵にもなりました。真仏伝は『御因縁』『御伝鈔』と同様に、古来の物語の型に乗せて語られていますが、親鸞誕生より半世紀も前の物語と何ひとつ変わっていません。高田伝の真仏は悪人ではありますが、悪人往生という教義のモデルとしては機能していないのです。

複数祖師への尊崇

高田伝の真仏が教えたのは教義でなく、専修寺が親鸞直弟寺院群の棟梁だということです。『高田の上人代々の聞書』には、「顕智が自費で敷地を購入し、寺（本願寺）を建てて親鸞の娘に預けて、自分は関東本寺（専修寺）へ下った」とか、「本願寺はひどく貧乏だったが、蓮如の代から繁昌するようになった。高田派寺院も蓮如に取られた」とかいう記事があります。真仏や顕智の事蹟を語ることは、下野高田の名跡を継ぐ伊勢一身田の寺が、高田派はもちろん、真宗全体の「御本寺」だと述べることでもありました。

一身田で編まれた二書は、鎌倉時代から東国で語り伝えられてきたことを室町後期に文字に起こしたのでなく、室町後期の一身田で考えられた、あるべき真宗教団像でしょう。当時の高田派首脳陣は「大内氏出身の専空が専修寺の寺基を整え、専空の血を引く者たちが住持を勤めてきたが、専修寺開創譚としては専空の前に親鸞・真仏・顕智の物語を置く必要がある」と考えました。親鸞を唯一の祖師と定めた本願寺派が多数派となっていたとはいえ、複数祖師を仰ぐ流れが一夜にして断ち切られたわけではありません。

そして、真慧や恵珍がそうであった以上、下野高田に別の祖師伝があったとしても、やはり複数の祖師をいただき、親鸞はそのなかの一人として造形されていたでしょう。

「東国の親鸞」を語る古い史料が見出せないのは、東国の人びとが親鸞を「都から仏法による救いをもたらした貴人」として受けとめたためではないでしょうか。その法を東国に根付かせた人としては、荒木門徒ならば真仏や源海、高田門徒ならば真仏・顕智・専空といった、他の祖師たちが存在していたので、彼らを讃嘆すればそれでよかったのです。親鸞が東国で布教したという事実の存在と、東国で化導する親鸞を語ることとは別の話です。何人もの祖師に導かれ、仲間たちとともに弥陀の救いに与ろうとした人びとは、親鸞一人が何もかも背負う形の親鸞伝など思いつきもしなかったのでしょう。

それでも、本願寺派が圧倒的多数を占めるなかでは、真仏伝が二十四輩伝承を前提として記されたように、高田派の祖師伝にも本願寺風の祖師観の影響が現れました。江戸時代には真宗各派が年に一度の報恩講や、日常の勤行における「正信偈」と『三帖和讃』の依用を採り入れ、高田派も寛文六年（一六六六）までに、本願寺系の「御絵伝」に高田本『伝絵』の絵相を加えてアレンジした「御絵伝」を新作して本山（一身田専修寺）の報恩講を催行し、末寺にも模本を下付したのです。高田派教学の牽引車とされる恵雲が慶安四年（一六五一）に刊行した『善信聖人伝絵鈔』でも、宗俊本『御伝鈔』の本文を高田本『伝絵』の文字遣いで書き直した「アレンジ」が用いられました。

複数祖師を仰ぎ続けるか、親鸞一人を祖師とするのか。教義の変更に関る大事のはずですが、恵雲に深刻な葛藤があったようには見えません。ことさらな疑問も持たずに「真宗だから親鸞」へと流れていったのが、この時期の高田派でした。

二　仏光寺本『伝絵』の登場——聖典に異本があった——

源海の作った『伝絵』

一時帰洛説という言葉をご存じでしょうか。親鸞は赦免後、越後から真っ直ぐ東国へ赴いたのでなく、赦免後まず都に戻って、改めて東国へ向かったとする特殊な『伝絵』が、江戸初期になって突然姿を現しました。

覚如は二十六歳で『伝絵』を作り、生涯手を入れ続けたため、十三段本、十四段本、十五段本という三つの異本がありますが、仏光寺の『善信聖人親鸞伝絵』はそれらとは異質です。一時帰洛以外にも、伊勢神宮や鹿島神宮に参詣したとか、北条泰時のもとで一切経校合《きょうごう》に携わったとか、葬送時に真仏門弟の顕智・専信が拾骨に加わったとかいう特殊な記事があり、一見して作者を異にする感じがします。

実際に仏光寺では『伝絵』の作者を仏光寺祖の源海としてきました。寛政四年（一七九二）『仏光寺法脈相承略系譜』によれば、親鸞は仏光寺を創建して真仏に任せましたが、後に真仏を下野高田専修寺の二世（初世は同じく親鸞）とし、貞永元年（一二三二）、同じく直弟の源海を仏光寺三世に命じました。源海は武蔵国荒木の人ですが、近江国荒木という説もあり、九歳で上京したとき親鸞は比叡山で学ぶ二十五歳の僧侶でした。源海は親鸞に付き従い、建仁元年に親鸞が法然門下となった際にも随従して、ともに剃髪し、親鸞の弟子となりました。幼時から親鸞に仕え、その行状を熟知していたので、建治二年（一二七六）、八十八歳のときに『伝絵』を作ったといいます。

仏光寺本『伝絵』（一切経校合段、佛光寺蔵）

この「源海」は『御因縁』の源海と同一人物でしょうが、仏光寺は荒木系ではあっても『御因縁』を作った集団とは別なので、「源海因縁」は入っていません。

今では仏光寺は源海自身でなく、源海の法系にある了源の建立とされ、佛光寺派本山発行の『佛光寺辞典』にもそう記されています。『存覚一期記』によれば、了源は大仏朝直（「源海因縁」の悟真寺造建者）の曾孫である大仏維貞の家人《けにん》（家臣）、比留維広の中間《ちゅうげん》（奉公人）でした。了源が覚如を訪ねたとき、覚如は存覚に教導を任せ、存覚は数十帖の聖教を、新たに作ったり書写したりして与えたそうです。覚如は了源が山科に建てた寺を興正《こうしょう》寺と名付けましたが、後に存覚が仏光寺と改めたと考えられています。

しかし、江戸時代の仏光寺は親鸞―真仏―源海―了海―誓海―了源という荒木門徒の法脈を仏光寺の世代と数え、了源を「中興上人」としていました。誰を開基・中興とするか、世代をどう数えるかは時代によって異なりますが、江戸時代には本願寺が親鸞―如信―覚如……中興蓮如、専修寺が親鸞―真仏―顕智……中興真慧、仏光寺が親鸞―真仏―源海……中興了源と考えていました。寺院史のとらえ方にも「型」があったわけです。

現代の美術史家や真宗史家の間では、仏光寺本の成立時期は室町初期説から江戸中期説まであって幅広く、結論が出ていません。確実なのは、仏光寺本は江戸時代に入るまで、その存在さえ知られなかったということです。

後水尾院への献上

延宝六年（一六七八）に玄貞《げんてい》作『仏光寺絵詞伝著聞鈔《えことばでんちょもんしょう》』が刊行されました。江戸時代の聖教の注釈書は、まず聖教本文の一部を写して、その部分の文字や語句に注釈を付し、また本文をひとまとまり写して、その部分に注釈を付し……という調子で作られます。仏光寺本注釈書の刊行とは、仏光寺本の本文が公開されるということでした。

今では仏光寺本もフルカラーの写真版で出されていますから、『著聞鈔』をこれと突き合わせると、じつに忠実な筆写です。本山の命なしに一僧侶が原本を実見し、全文を精密に写すことはできません。玄貞は『父母《ぶも》恩重《おんじゅう》経直解《きょうじきげ》』『仏説善悪因果経鼓吹《くすい》』など、仏典注釈書を多数書いている人なので、本山が玄貞に命じて注釈書を作らせたのでしょう。

そういうわけで、『著聞鈔』によれば、というのは「仏光寺本山によれば」ということですが、仏光寺本が世に出たいきさつは次のように語られました。

仏光寺はもと興正寺といいました。建暦二年九月、流罪を解かれて都に戻った聖人は、山科に興正寺を建てて第二代真仏上人に付属し、十月に坂東に下られました。

聖人滅後六十余年、盗賊が興正寺の本尊を盗みました。このご本尊は、聖人が六角堂に百日参籠されたとき、毎夜ほのかな光が天井から聖人を射したので、探されて慈覚大師ご製作の阿弥陀像を見出されたという、霊瑞あらたかな仏像です。盗賊が持って逃げようとしても重くて持ち上がりません。隋の沙河《さか》県寺の四面仏は大勢で引いても持ち上がらず、沙河県寺の僧は一人で軽く引けたと言いますから、そういうものなのでしょう。盗賊は像を藪に捨てて逃げました。

後醍醐天皇のご寝所に毎夜南東から光が射して玉体を照らし、探させると阿弥陀像から光明が射していました。興正寺がこれを聞いて参内しますと、天皇は感動なさって、「仏光寺」の勅号と「仏光寺は一向一流の本寺、真宗の棟梁である」という綸旨を授与され、宝物をご覧になりました。そして、聖人のご生涯を記した草案の絵詞伝に目を留められ、正しくないところがあるとして、勅筆を下して平仮名で詞書を記され、土佐家に絵を描かせて仏光寺に下さいました。

太上法皇（後水尾《ごみのお》院）はこの話をお聞きになり、寛文七年（一六六七）六月二十二日に梅小路定矩《さだのり》卿に命じて絵詞伝とご自判の名号を禁裏に召し上げられ、新院（後西《ごさい》院）や皆々様とともにご覧になりました。仏光寺住持随庸《ずいよう》上人は字にも絵にも巧みなので、自らこの絵詞伝を書写して献上せよとの院宣が下り、写本を作って献上すると文庫にお納めになり、褒美に法皇ご真筆の九字名号を賜りました。

『著聞鈔』には「源海が親鸞の伝記を作った」とも書かれています。本尊盗難事件を機に、源海作の『伝絵』が後醍醐天皇の目に触れ、天皇が自ら書き直して仏光寺に与えましたが（現在の仏光寺本）、三百年以上後に後水尾院がそれを聞き知り、仏光寺に命じて御所へ持ってこさせた、それで仏光寺本の存在が世間に知れたというわけです。

仏光寺本は賑々しく院の御所へと運ばれ、副本を作って献上ということになれば、それもまたうわさを呼んだことでしょう。知空は延宝五年（一六七七）の『御伝照蒙記』頭注で、「『伝絵』には一時帰洛と伊勢参詣を言う異本があるが、誤りなので依用してはならない」と記しました。この段階ではまだ「異本があるといううわさは聞いているが、そのものを見てはいない」ということだったようです。

戦国の世が終わり、焦土が復興されていくなかで、大名・公家から町人までが文化の花を渇望しました。後水尾院はその核となり、戦乱で荒廃した「和歌の世界」を皇室中心に再構築した人物です。それほどのビッグ・ネームに『伝絵』の異本が献上され、お墨付きを得たというのです。各派の学僧が反応しないはずもありません。

解釈しない注釈書

献上から十一年後、『著聞鈔』が刊行されて異本の内容が明らかになり、大反響を呼び起こしました。でも、反響の分析の前に『著聞鈔』そのものを見ておきましょう。

まず、親鸞の「一時帰洛」は一ヶ月間のこととされました。その短い間に興正寺（仏光寺）を建立して真仏に預け、自分は東国に下ったとなると、一時帰洛の主たる目的は仏光寺建立ということでしょう。

六角堂で親鸞を光明で射た阿弥陀如来像は、後醍醐天皇にも光明を放ち、天皇は興正寺を仏の光の寺、仏光寺と改めさせたと言います。このイメージは『良観和讃』における吉光女懐妊場面と重なりますが、仏光寺本の特徴は、親鸞と天皇が「聖なるもの」として並立されることです。親鸞は皇室の宗廟伊勢神宮や、東国守護を司る鹿島社に参詣したとされますし、親鸞没後に生まれた後醍醐天皇（一二八八〜一三三九）が源海の『伝絵』の誤りを訂正したというのも、親鸞・天皇を神聖化していると考えられます。

天皇の修正とは一時帰洛・伊勢参詣など、通常の『伝絵』と異なる五点なのでしょう。『著聞鈔』に従えば、東西両本願寺や専修寺の『伝絵』は源海の誤りを温存した不完全なもので、仏光寺本だけが天皇の修正を経た正しい『伝絵』ということになります。

ただ、玄貞は仏光寺本成立の由来を詳記する一方で、なぜか本文には踏み込んだ解釈を示しませんでした。口伝がなければ自力で解釈してもよいはずですが、それもしていません。一時帰洛の理由は述べず、一切経校合は「世間では鎌倉でのことと語り伝えているが、三井寺とする資料もあり、その方がよいようにも思われるが、後世の人が解明してほしい」とし、顕智・専信についても「ともに真仏の高弟で、顕智は下野高田専修寺の開山、専信は常陸の人だが氏姓不詳」とするだけでした。玄貞の注は異本の「異」なる部分に対する説明になっていませんが、知っていて隠しているのでもなさそうです。『著聞鈔』は仏光寺の関与のもとに書かれながら、仏光寺の教団言説として特定の解釈をふりかざすような書物ではありませんでした。結果的にはこのことが派の内外から自由な解釈を引き出し、広く仏光寺本の存在意義を知らしめることになりました。

三　出版の力――仏光寺本『伝絵』の波紋――

恵空の拒絶反応

宝永二年（一七〇五）、ついに仏光寺本『伝絵』の詞書を抜き出した『善信聖人親鸞伝絵』（仏光寺本の『御伝鈔』に当たるもの）が丁子屋九郎右衛門から刊行されました。ご記憶でしょうか、天明二年（一七八二）段階で各種『御伝鈔』の板株を独占していた大手の仏書屋で、法藏館の本家に当たります。京都では元禄七年（一六九四）に本屋仲間が結成され、同十一年には幕府が重板《じゅうはん》（海賊版）・類板（類似本）を禁止していたので、すでに刊行されているのと同種の本は、その本の板株を持つ本屋から出すしかありませんでした。元禄九年の書籍《しょじゃく》目録に丁子屋九郎右衛門刊の『御伝鈔』が載っていますから、もし仏光寺が自前で板木を持つなり、他の本屋から出すなりしたければ、丁子屋に大金を支払って板株を購入しなければなりません。仏光寺が丁子屋を選ぶのは当然でした。

真宗各派共通、唯一絶対のはずの『御伝鈔』に異本があり、その本文が真宗聖教を次々に刊行している著名な本屋から刊行されるという事態になったのですが、仏光寺からすれば、丁子屋でちょうどよかったという面もあったかもしれません。東本願寺教学の頂点にある著名な学僧が大いに反論し、さらに高田派の学僧から再反論が出て、その話題性たるや、他の親鸞伝を圧し去るほどになったからです。

東本願寺の学寮を背負う恵空《えくう》は、仏光寺本『御伝鈔』の刊行後すぐに『御伝絵視聴記』を著しました。出版はやや後れて正徳四年（一七一四）のことになりますが、出したのはこれまた丁子屋九郎右衛門でした。

序文によれば、述作の動機は「異本を構え、別の題号を付して、自派に有利なことを言う者があり、愚幼が騙《だま》されかねない。事実がどうであったかを明らかにしなければならない」ということです。学僧の間では「お話から教義を読み取る」のでなく、「親鸞の事実を明らかにする」方向へ、親鸞伝の読み方が変わってきていましたが、東本願寺学寮の祖と尊敬され続けた恵空による高らかな宣言は、その後の展開を暗示していました。

さて、「異本」は仏光寺本でしょう。「別の題号」は、一般の『伝絵』が「本願寺聖人親鸞伝絵」と題されるのに、高田本・仏光寺本は「善信聖人親鸞伝絵」でした。実際には覚如が改訂の過程で題号に「本願寺」を差し込んだのであって、「本願寺」のない方が古い形なのですが、当時はまだそれがわかっていなかったのでしょう。恵空が読んでいた高田派の注釈書は、内容から推して恵雲の『善信聖人伝絵鈔』です。この書に本願寺への対抗心は見られませんが、恵空はその題号だけで許せなかったと見えます。

また、仏光寺本では「真仏法師の門弟顕智・専信の両人」が拾骨したとされました。専修寺祖の真仏と仏光寺祖の真仏が同一人物か、別人か、現代の真宗史では定説を見ていませんが、仏光寺本では専修寺祖の顕智と、越前三門徒（現在の山元派・誠照《じょうしょう》寺派・三門徒派など）祖の専信が仏光寺祖の真仏の弟子だというのです。この後、高田派が「高田真仏の弟子が仏光寺の源海だ」と主張しましたが、本願寺の目には仏光寺と高田は同じ穴のむじなと映ったことでしょう。

恵空は「諸師の伝記には広略・新旧の異説が付き物だが、今師（親鸞）には別伝が存在せず、古来ただ一本である」と強調しました。たしかに太子伝や法然伝には異本・異説がありますす。「異本がないのは聖人が偉大な証拠だ」とでも言いたげな、やや激した文章です。

一方で恵空は「ある本では幼名を十八公丸、康楽寺の家記では松丸、『鎌倉志』では鶴満丸、『大系図』では忠安」などと、現今では異説としか思えないものを列挙しました。

恵空によれば『伝絵』は「略伝」なので、省略された事項を他書で補うのは構わないということなのでしょう。「聖なる『伝絵』本文に手を付けるのは許さない」という姿勢は、前代には見られなかったものです。異本が提出されて初めて正統が意識されたのです。

異本登場のインパクトは強烈でした。何といっても板本です。拝読用の『御伝鈔』は、その派に属する寺院の住持が本山から下付される以外に入手できませんが、本屋で売られる書物であれば、僧俗を問わず買って読むことが可能でした。自派・他派の『御伝鈔』を読み比べ、どれが「正しい」か検討する時代が到来したのでした。

東国に眠る「秘伝」

恵空の激しい反応は、すぐさま副反応を呼び起こしました。高田派の普門（一六三六～九二）はそれまでやはりまったく知られていなかった「顕智伝」「下野伝」という二書の存在を紹介し、そこからの摘記と銘打って『絵伝撮要』を著しました。

「顕智伝」は専修寺三祖顕智、「下野伝」は鹿島神宮の神官の子で順信という「二十四輩の随一」の作とされていますが、これら下野高田の秘伝なるものは存在しなかったのでしょう。吉光女が親鸞を懐妊する場面で「西方より金色の光明が射して身体の周りを三回巡り、口中に飛び入る夢を見た」とは、『良観和讃』で見たところです。また、一時帰洛・伊勢参詣・鹿島参詣といった仏光寺本と同内容の出来事が、仏光寺本よりずっと詳しく説明され、例えば「伊勢神宮に参詣しようとすると大雨が降り、宿の老翁が、神慮にかなう高僧が参詣すれば雨が降るとの言い伝えがあると語った。その夜、天照大神が巫に、我が珍客を斎垣《いがき》のなかに入れよと告げた」といった具合です。

ほかにも「十三個の口伝」や「七個の相承」、すなわち「白衲《びゃくのう》伝・白蓮《びゃくれん》伝・宿報の言の伝・玉女の伝・五更の伝・三尊不離の伝・東方説法の伝」といった「秘蔵のこと」があるとされますが、これらも名前だけの口伝・秘伝と思われます。

普門は伊勢の彰見寺という高田派寺院に生まれましたが、若き日に二十年間も浄土宗の増上寺などに遊学し（潮誉権上人という浄土宗の上人号を得ています）、帰郷後も寺を養子に譲って読書と著作に専念しました。一身田の専修寺に『伝絵』以外の特別な親鸞伝が存在しなかったであろうことは、お話ししたとおりですが、もしあったとしても、普門はそれを見る立場にはありませんでした。

恵珍や恵雲と違って教団首脳部に身を置いていなかった普門は、それこそ口伝えの教育を受けておらず、複数の祖師を並立させる前代の高田教学に疎かったのでしょう。当時すでに真宗の常識と化していた、親鸞一人を全真宗の祖師として尊崇するあり方を疑うことなく、紙の上に「あるべき親鸞像」を作ってしまったのです。

師資相承の口伝・秘伝にも、学寮という制度的教育にも依らない、一介の僧侶の自学自習といえば……そうです、『撮要』に多用されたのは板本、とくに『照蒙記』でした。西本願寺はその経済力を活かし、戦乱で困窮した公家の協力を得て書物を収集していました。普門は博識な知空による成果を中心に、刊行されたばかりの仏光寺本まで折り込んで、「東国で四百年間眠り続け、今まさに再発見された真実の親鸞」を作りあげたのでした。

普門は元禄五年（一六九二）に世を去り、『撮要』は宝永三年（一七〇六）、都の医者で宴坐庵如乜《にょひ》という人の序文を付して刊行されました。「時移り、関東では多くの書物が失われたが、普門が入手した下野の縁起書は聖人直弟の順信による実録で、伝本はきわめて少ないけれども素晴らしい書物であった。普門はこの書と、一部は顗智の語伝などにも拠って『撮要』を著した」というのが序文の内容です。『撮要』は親鸞の行状よりも真宗教義の解説の方によほど丁数を割き、「下野伝に曰く」「顗智伝に曰く」とされたのも数ヶ所しかありませんが、序文だけを見ると、あたかもこの二書に拠って親鸞の史実を明かした書物であるかのようです。

でも、これが如乜の偽らざる感想だったのでしょう。東国に残された「実伝」によって真宗の「太祖」の実像に迫るという新手法に、如乜は衝撃を受けたのです。目から鱗と言いますが、思えば真宗門徒は京都産の偏光グラスを目に貼り付けて親鸞を見てきたようなもの、じつは東国をこそ見るべきであったと思い知ったのではないでしょうか。
その裏で真仏や顕智は仰ぐべき祖師の地位を下り、親鸞の事実を正確に書き記す、単なる記録者に身を落としていたのですが、そういう面からの異論が出た様子はありません。

四　『高田親鸞聖人正統伝』の刊行――「実伝」の誕生――

『親鸞聖人御因縁秘伝鈔』の刊行

十八世紀に入るころには社会は安定し、学寮の教学研究が進展しました。この時期に二十四輩旧跡寺院巡拝が急速に普及したことについて、柏原祐泉氏は「東西両本願寺の教団体制が固定化・硬直化していくなかで、親鸞のカリスマ化が神秘的な物語を伴いながら行われ、門徒のエクスタシーを充足させた」と指摘しています。「本願寺聖人親鸞」でない「親鸞」が志向されたのは、そういうところもあったのでしょう。

正徳元年（一七一一）に親鸞四百五十回忌が行われ、専修寺は参詣者配布用の『高田山峰の枝《し》折《おり》』というパンフレットを作成し（実際の板行は翌年）、専修寺の歴史を『撮要』準拠でまとめあげました。室町後期の高田派教学は静かに姿を消し、重鎮・古老の知らない新「事実」満載の印刷物が本山の公式見解として世に示されました。

『峰の枝折』には宝物展観の展示物一覧として、親鸞自筆の聖教・名号や高田本『伝絵』、本願寺の敷地の寄進状や売券などがずらりと並んでいます。この文書群は今では大谷廟堂創立時代文書と呼ばれ、真宗史の基礎史料となっています。本願寺創立の次第は、本願寺でなく専修寺に蔵される文書に依って初めて明らかにできるのです。本願寺の知らない親鸞の「事実」が専修寺に伝わり、四百五十年ぶりに公開されるというのも、いかにもありそうな話ではありました。

板本は誰が買おうが、どう読もうが勝手なものです。同座して教え合うのとも、有縁の人に頼み込んで書写させてもらうのとも違います。ブッキッシュな親鸞像は驚くべき速さで成長し、一人歩きを始めました。育ての親に当たる五天良空は近世出版文化の申し子のような人で、多作でもありますが、親鸞伝関係に絞って見ていくと、最初の仕事は正徳六年（一七一六）の『秘伝鈔』刊行です。

書名は『存覚上人秘伝鈔』で、巻末の刊行者の弁に「ある記に『世に流布する御因縁という書物は存覚上人の作で、序文・跋文が備わっている。それは七巻あり、今この一巻は略書である』と書かれている。存覚自筆の七巻本は高田専修寺にある」とか、「この秘伝鈔は存覚上人の御作である。その御正本をこのたび刊行する」とか記されているものの、刊行者の名はありません。この後、享保年間になると、幕府から作者名や本屋名を明示したうえでの出版が命じられますが、この時期はまだそれらがなくても出版できました。

恵空の著書の利用

でも、刊行者は間違いなく良空です。次にこの時期の高田派の親鸞伝作成活動を追っていきますので、その全貌を見れば、誰しもそう納得するでしょう。

良空は本願寺七世存如の識語を存覚奥書に作り替え、年号を存如から存覚のころに直して、「存覚作の広略二本の親鸞伝が専修寺に秘蔵されている。これは略本の方だ」として刊行しました。本願寺派に対して高田派の優位を主張するとき、存如のままにしておけないのは当然としても、なぜ存覚なのでしょうか。存覚が真宗第一の学匠として尊ばれていたのが第一でしょうが、もうひとつ、良空は「存覚が覚如から義絶された」という事実を知っていたせいもあると思われます。

この事実を記した『存覚一期記』が刊行されるのは、『秘伝鈔』刊行の二年後の享保三年（一七一八）になりますが、恵空は正徳四年（一七一四）に刊行した『叢林集』巻七に、『存覚一期記』から、覚如が存覚を勘当したとか、本願寺に足を踏み入れさせるなと命じたとかいう部分を抜き書きしました。良空は『叢林集』を精読していたので、存覚には本願寺として微妙な面があったことを知っていたはずです。

正徳三年（一七一三）刊行の『叢林集』巻六にはこんな文章もありました。

「秘伝抄」の跋文に、「他流の念仏者が曲解して誹謗したり、世俗の者がこの書を難じて中傷の罪に当たったりすることのないよう、古来紙面に記さず、口にも出されなかったが、今、ここに心覚えとして記して『秘伝』と名付ける」とある。この記はまさしく存覚公の著作で、序文・跋文が備わっている。世に流布する『御因縁』はこの略書であろう。専修寺に存覚の記した七巻伝があり、仏光寺には「反古の裏」という、祖師（親鸞）の自筆記録があると仄聞している。是非見たいものだ。

良空がこれを読んだとき、『秘伝鈔』『正統伝』『正明伝』と続く「下野高田の親鸞伝」の発見・刊行劇の幕が上がったのです。良空が『存覚上人秘伝鈔』刊行者の弁として「ある記に」云々と述べた「ある記」とは、良空が罵って止まない『叢林集』でした。恵空が『伝絵』の異本出現に衝撃を受け、ことさらに居丈高な姿勢を取ったのに対し、良空は恵空の『視聴記』『叢林集』を「天下万人の大笑」「愚昧の筆塵」などと痛罵しましたが、じつは良空はそれらを十二分に利用して書いていたのでした。

恵空の方は『秘伝鈔』が覚如仮託であることに気づきませんでした。序文の「四代相承の三祖の秘伝を記した」とは、「如信の秘伝を覚如が書き記した」という意味ですが、一般には三代伝持という言葉が用いられ、恵空自身もそう呼んでいたので、四代相承の意味がぴんとこないまま存覚作と思い込んだのでしょう。

恵空は作者存覚による跋文と考えたもの（他流の～名付ける）を『叢林集』に引用し、「専修寺にあるという存覚筆の七巻伝、仏光寺にあるという親鸞筆の反古の裏を是非とも実見したい」と付加しました。「専修寺・仏光寺が捏造した宝物を、俺が見破ってやろう」ということではないでしょう。もしそう考えたのなら、恵空はもっと激しい書き方をしたはずです。学者としての単純な願望を記しただけだったのではないでしょうか。

ただ、現在の佛光寺に「親鸞筆の反古の裏」は存在しません。当時の専修寺に「存覚筆の七巻伝」が実在したかどうか、恵空の「仄聞」したところが誤りだった可能性もあるでしょうが、良空はこれに飛びつき、『秘伝鈔』を「専修寺に蔵される存覚筆の七巻本の略本」として「存覚上人の秘伝鈔」と名付けて刊行したのです。

この企ては成功しました。半世紀ほど後に、その聖教が本当に親鸞や存覚の作か、後世の偽造ではないかと、学僧たちがいちいち分別する風潮が生まれましたが、『秘伝鈔』は存覚真撰として好意的に受けとめられました。伝本が少ないせいか、聖教目録類に登載されることもなかったのに、刊行後は存覚作として載るようになり、「存覚作『秘伝鈔』の略本として作者不詳『御因縁』が作られた」という恵空説も学僧の間に拡がって、一九六〇年代に入るまでそう考えられていました。

首尾一貫した親鸞伝

次の著作『高田親鸞聖人正統伝』は成功などという言葉では済みません。享保二年（一七一七）の刊行と同時に爆発的に読まれ、賛否両論の大騒動を巻き起こしました。

良空の自序によれば、高田宝庫には親鸞の「実伝」が何種も秘蔵されていました。親鸞誕生から六十歳までを真仏が、六十歳から往生までを顕智が記録した「高田本伝」、存覚が専空から聞き書きした「四巻伝」、二十四輩の一、鹿島順信の「下野伝」などです。良空は親鸞の年齢によって「〇〇歳」「〇〇歳」として枠を作り、その枠のなかに、これらの秘本からの正確な「引文」（引用文）を「已上本伝」「已上四巻伝」のように出拠を明示しつつ列挙して、その後に良空自身による注（解説）を付加したと言います。

親鸞の史実を描くことを目的とした、編年体の親鸞関係史料集の誕生です。何種もの高田の秘書をそのまま刊行するのではなく、諸書を切り刻み、年代順に並べ直したと言うのは、それらの諸書が実在しなかったからにほかなりませんが、この形式が『正統伝』の価値を高めました。いかにも学問的な風情が醸し出されると同時に、親鸞の一生が年代順に、

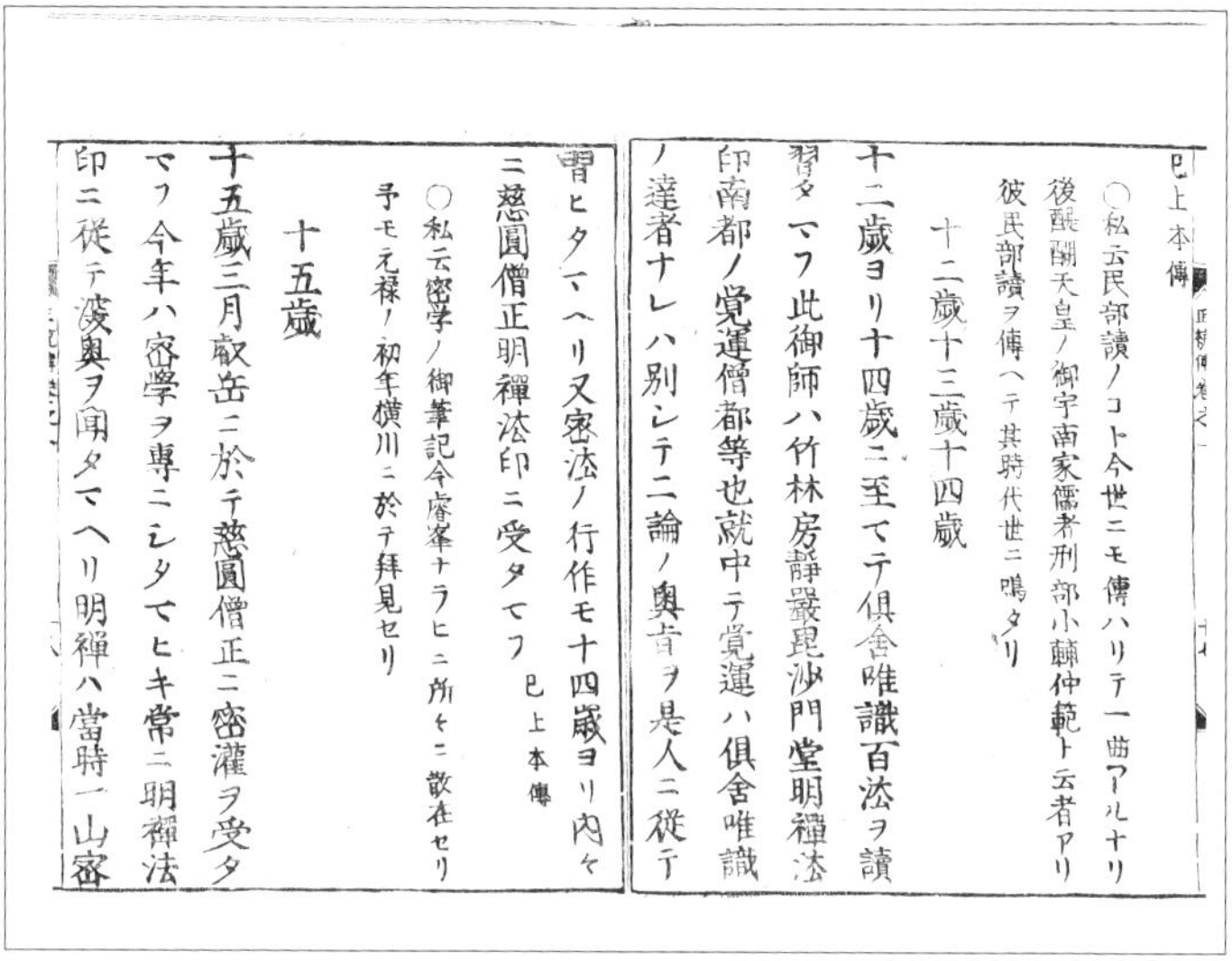
已上本傳
○私云民部讀ノコト今世ニモ傳ハリテ一曲アルナリ
後醍醐天皇ノ御宇南家儒者刑部小輔仲範ト云者アリ
彼民部讀ヲ傳ヘテ其時代世ニ鳴タリ
十二歳十三歳十四歳
十二歳ヨリ十四歳ニ至マテ倶舎唯識百法ヲ讀
習タマフ此御師ハ竹林房靜嚴毘沙門堂明禪法
印南都ノ覺運僧都等也就中テ覺運ハ倶舎唯識
ノ達者ナレハ別シテ二論ノ奥旨ヲ是人ニ從テ
習ヒタマヘリ又密法ノ行作モ十四歳ヨリ内々
ニ慈圓僧正明禪法印ニ受タマフ
已上本傳
○私云密学ノ御筆記今睿峯ナラヒニ所々ニ散在セリ
予モ元禄ノ初年横川ニ於テ拜見セリ
十五歳
十五歳三月叡岳ニ於テ慈圓僧正ニ密灌ヲ受タ
マフ今年ハ密學ヲ專ニシタマヒキ常ニ明禪法
印ニ從テ淺奥ヲ聞タマヘリ明禪ハ當時一山密

『高田親鸞聖人正統伝』（著者蔵）

統一的にとらえられるようになったからです。

たとえば「入胎」条では、吉光女が懐妊したとき夢に如意輪観音が現れ、五葉松の枝を与えて名（十八公麻呂）とするよう命じたといい、親鸞の法流が後に五派（専修寺・仏光寺・本願寺・錦織寺・越前諸派）に分れる予言と解釈されます。「十九歳」では親鸞はこの夢を思い起こし、河内国磯長にある聖徳太子の墓所に参籠し、太子から「汝命根応十余歳《にょみょうこんおうじゅうよさい》　命終速入清《みょうじゅうそくにゅうしょう》浄土《じょうど》」（お前はあと十年で浄土に行く）との夢告を受けます。十年の尽きようとする「二十八歳」では、慈円の和歌の一件を機に遁世の準備を進め、正《しょう》全《ぜん》房侍従（養父範綱が九歳の親鸞に付けて比叡山へ供奉《ぐぶ》させた僧）一人を伴って、真の知識（師匠）を求めて比叡山無動寺大乗院に籠もりますが、「汝命根応十余歳」の偈文を唱えて悲泣するところを正全に聞かれてしまいます。親鸞はここで如意輪の夢告を受け、「二十九歳」で毎夜比叡山から赤山《せきざん》を越えて六角堂に百日参詣を始め、途中の四条橋で法然高弟の聖覚と行き会って、吉水の法然を訪ねよと教えられ、ついに遁世したとされます。

『御因縁』や『御伝鈔』では、なぜ突然六角堂が出てくるのか、なぜ太子なのか、法然なのかは、説明されませんでした。師匠が「正しい解釈」を語り聞かせますから、書かなくてよかったのですが、一人で読むことが前提の『正統伝』には、必要なことが全部書いてありました。また、如意輪の告命を受けて生まれた親鸞が、如意輪を本尊とする磯長叡福寺や六角堂に参籠するのは当たり前ですし、比叡山から六角堂へ通う途中の四条橋で、洛中から吉水へ向かう聖覚と偶然に出会うというのも、行程として自然でした。

正全は親鸞が口外しなかった磯長夢告の記文や、親鸞の悲泣するさまをその目で見て、後世に伝えます。こういう「証人」も活躍してさまざまな出来事が因果関係で結ばれ、説明可能な親鸞像が描き出されました。三人の祖師たちのエピソード集成だった『御因縁』、各段が強い独立性を保つうえ、かならずしも時間の流れのとおりには展開しない『伝絵』、親鸞関係伝説集成のような古浄瑠璃。そういう従来の親鸞伝とは根本的に異なる、首尾一

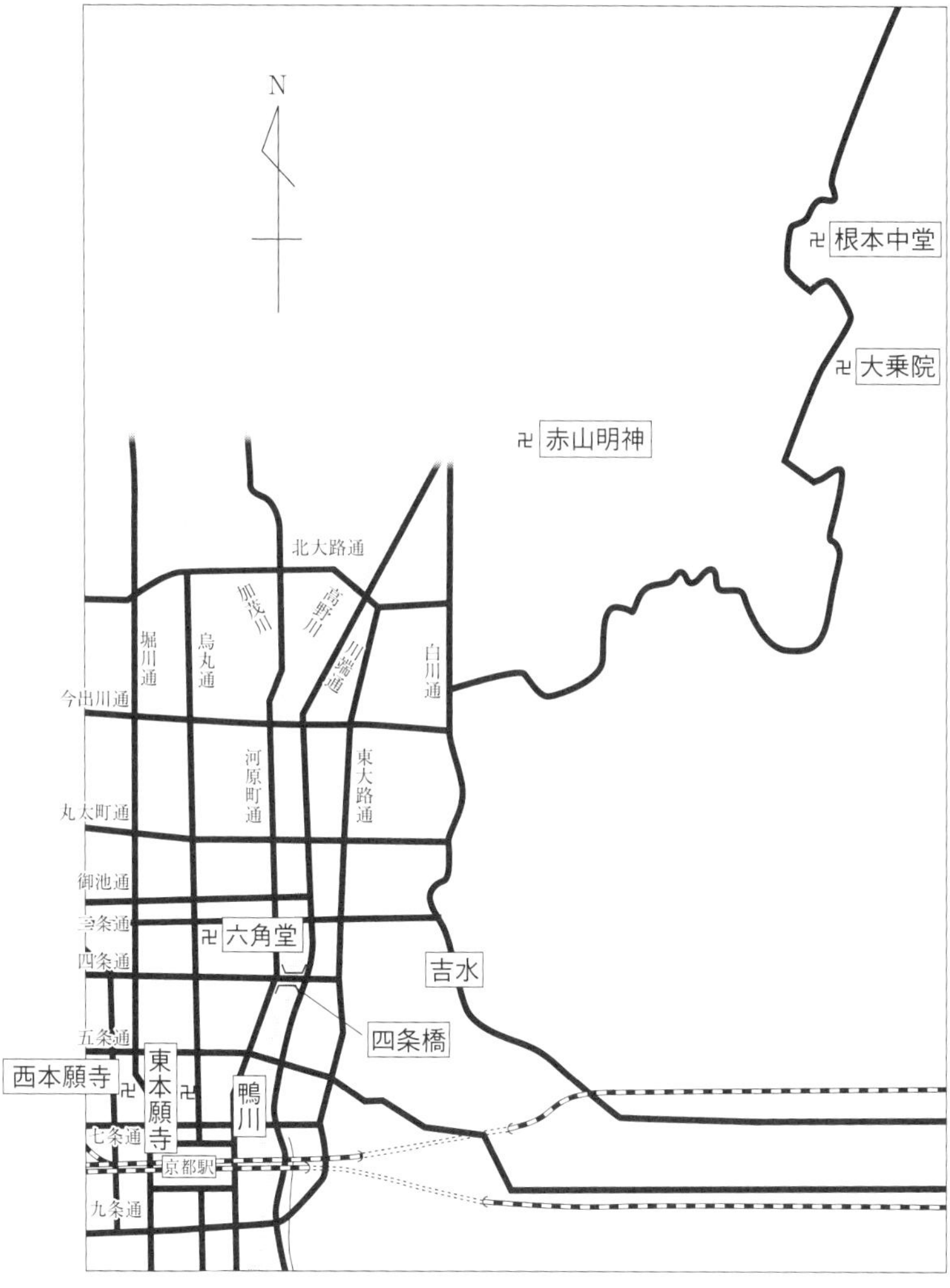

六角堂百日参詣譚関係地図

貫した親鸞伝が初めて作られたのでした。

五　『正統伝』における親鸞と玉日——既刊本から「秘伝」を作る——

5W1Hによる記述

「二十九歳」一条の親鸞と玉日の結婚物語では、月輪円証は法皇でなく九条兼実で、玉日はその第七の姫で当時十八歳、如意輪観音の化身とされました。親鸞はこの「賢婦」と結婚し、月輪殿下の別邸である五条西洞院の御所に住みましたが、法然門下に入って以来の住居である岡崎の庵室に居ることもありました。流謫《るたく》の際には、玉日は長男で六歳の範意とともに都に残り、承元三年九月十八日に二十六歳で亡くなりました。臨終の知識は慈円僧正でした。範意は八歳の三月十五日、慈円より親鸞の形見として呼び寄せられ、印信と改名して天台を学びましたが、後には隠遁しました。

「三十一歳」では、玉日姫は四月十八日の夜に六角堂に参籠し、如意輪の夢告を受けました。観音は二つの輝く珠を玉日に授け、「一つは阿弥梨《あみり》、一つは婆婁吉《ばるき》、これが汝ら夫婦の身心である」と告げ、玉日は日ごろの疑網が解けたといいます。良空の注によれば、この霊夢には「古来の伝授」があるそうですが、内容は明かされていません（婆婁吉は梵語で観音の意ですから、親鸞夫妻は阿弥陀・観音の化身ということでしょう)。

「三十五歳」で越後に配流されました。このとき九条兼実は「玉日の御介錯朝倉伊賀守貞尚」を北国へ付き添わせたそうです。

「三十六歳、三十七歳、三十八歳」のときは越後の国分寺付近に住んでいましたが、法然や玉日・範意を思い、「二つ連れ行く友千鳥、わかれて後はいかならん」、「君か方見つつをおらん生駒山、雲な隠しそ雨はふるとも」と、涙の乾く間もありませんでした。

「四十歳」では、親鸞は赦免され、八月二十一日に帝にお礼を申しあげました。印信が慈円の命で岡崎の庵室を掃除して出迎え、九条兼実はすでに亡くなっていましたが、九条家も西洞院の旧跡を整え、玉日の菩提にもなるからとしきりに招きましたので、親鸞はまず岡崎、次いで西洞院へ入り、九月までは善法院・岡崎・西洞院の三ヶ所に居住しました。善法院は親鸞実弟で天台宗の学侶であった尋有僧都の里坊です。

それから東国へ下り、再び上京したのは「六十三歳」八月四日で、岡崎御坊に入りましたが、この時も九条家に招かれ、九月二十余日に西洞院に移ったといいます。

いかがでしょうか。いつ、どこで、誰が……という、いわゆる5W1Hが明示されていて、とてもわかりやすいでしょう。しかも、「何年何月何日、どこそこの誰某(小栗承信・伊達善念など)」という形式を決めたら、守りきるのが良空の方針でした。「武蔵国荒木の源海房」だから「荒木源海」、「下野国高田の真仏房」だから「高田真仏」などと、出身地付きで呼ばれてきた人もありますが、多くは「承信」「善念」のように法名しか伝わりません。それでも良空は「小栗承信」「伊達善念」式の表記を徹底し（いきおい捏造を招きはしたにせよ）、けっして枉《ま》げませんでした。一定の方針を持つ明晰な記述という点で、『正統伝』は全親鸞伝のなかで突出しています。

「顕智本伝」の実態

そこまで理念先行でなくても、必要なことが整理して書いてあって、一人で読んで学べるよう配慮されている書物を前にも見ました。西本願寺の知空による『照蒙記』です。良空は『照蒙記』に拠って親鸞の結婚を記したのでした。鎌倉時代の『御因縁』は江戸時代の僧侶にはわかりづらいところがあり、知空はこれを読みやすく書き換えながら自著に採り入れていました。物語の構成からして、回想場面を挟み込んだ三段構成を、時間の流れに沿って展開するように改めてあり、良空が拠るには恰好の素材でした。

良空は『照蒙記』の小字の頭注まで精査し、いくつも取り込んでいるほどですが、引き方の一例を挙げてみましょう。『御因縁』で「（慈円が歌を詠むと帝は）この御歌を叡覧ありて」とある部分は、文の途中で主語が変わり、理解しづらいと思ったのでしょう、知空は「（慈円は歌を）詠じて（帝の）高覧にそなへたまひしかば」と、一貫して慈円を主語とする文に書き換え、良空はこれに拠って「（慈円は）かくのごとく詠じて天覧にそなへたまひしかば」としています。

知空は『御因縁』を紹介するに当たり、「応永三十一年（一四二四）三月に書写された御因縁と題する薄草紙の趣旨を紹介する」と記しています。現在、これに相当する写本は見つかっていませんが、蓮如による『御因縁』の抜き書きと、知空による梗概は、同系統の写本に基づいていますので、両者が同じものを見ていた、すなわち「応永三十一年写本」が本願寺に存在していた可能性は、かなり高いと思われます。良空の方は『照蒙記』引用部分の最後に「已上本伝」と記しました。知空の見た写本は「下野高田の宝庫に秘蔵されてきた、真仏と顕智による親鸞の実伝」にされてしまいました。

また『照蒙記』には蓮如十男実悟の『日野一流系図』が引かれ、「範意は遁世して印信と名を改めた。母は九条兼実公の娘である」とか、知空自身の解釈として「流罪時に殿下の娘と印信とを京都に残され、その間に玉日の宮は早世されたので、恵信尼と結婚して六人の男女をもうけられたのだろう」とかいうことが書かれています。良空はこれらによって「範意は八歳の三月十五日に慈円の弟子となり、印信と改めた」、「玉日は承元三年九月十八日に二十六歳で亡くなった」などとしましたが、これらの記事も「已上本伝」です。

もっとも、『正統伝』全体では、主たる典拠は『照蒙記』よりも、同じ高田派の『絵伝撮要』でした。普門による注も一緒に引かれているので、『撮要』と『正統伝』がたまたま同じ書物を引いたのでなく、『正統伝』が『撮要』を引いたとわかります。

ここで不思議に思われる方もあるでしょう。まず、『照蒙記』は各種親鸞伝のなかでもとくによく読まれた本なのに、それを使って「已上本伝」と書くとは、ばれないと思っていたのでしょうか。次に、『御因縁』は伝本が少なく、良空は持っていなかったようですが（『正統伝』に『御因縁』の影響は皆無です）、『正統伝』の前年に『秘伝鈔』を刊行しているのに、なぜ『秘伝鈔』でなく『照蒙記』を使ったのでしょうか。

第一点については「ばれなかった」という結果を記すしかありません。本伝や下野伝の実在を疑った学僧はたくさんいて、「正統伝はすべて良空のでっちあげだ。正統伝どころか邪統伝だ」と言う『非正統伝』という本が書かれたほどですが、よく似た二書の一字一句を厳密に比較し、どちらが先行するかを理詰めで考えていく、近代の文献学のような方法はまだありませんでした。これ以前の親鸞伝は、「語り」の世界を背景にした「似て非なるもの」ばかりで、文字で固定されたテクストの間でしか通用しない、一字一句を突き合わせる方法など、意味をなしませんでしたし、これ以後も、語り、聴くものとしての性格は、次第に度を減じながらも揺曳《ようえい》し続け、機械的な分析を拒み続けました。

六　『親鸞聖人正明伝』の刊行――『正統伝』典拠の提出――

『正統伝後集』の刊行

第二点については、「『秘伝鈔』より『照蒙記』の方が断然わかりやすいから」というだけだったのかもしれませんが、後になってこの選択が大いに活きました。

良空は享保五年（一七二〇）に『正統伝後集《ごしゅう》　伝灯実録』上下二巻、同六年に『正統伝後集　鉄関踏破』上巻、同七年に『鉄関踏破』下巻と『御伝絵解《えげ》・御一代記踏破』を書き上げ、七年五月に一度に刊行しました。「伝灯実録」は第二世真仏以下の専修寺歴代の事蹟、「鉄関踏破」は「京城沙迦門（京都の僧侶）林聴」という恵空（東本願寺講師で叢林集・視聴記の著者）を暗示する人物が良空に封書を送りつけてきたとして、それへの回答の形で作られています。「林聴は『正統伝』の三十六ヶ所に鉄関（堅固で破壊しがたい関門）を据え、この書を破したつもりになっている。それならその関を踏み破るまでだ」ということで、まず「鉄関」を書面どおりに写し、それに良空の「踏破」を付した体裁です。

けれども「林聴」ではちっとも名を隠したことになりません。それに、恵空が『正統伝』を破すとすれば、自己満足のためではなく、東本願寺の教学を担う者として『正統伝』の偽りを周知するために行うはずです。反論を公刊するならともかく、良空宛の私信で破しても意味がありません。

もうひとつ、「鉄関」には「はなはだもって疑しし」という表現があります。「ふぐは食いたし命は惜しし」と言いますが、終止形は本当は「惜し」で、「惜しし」は文法的には誤りです。ただ、いかにも固く古めかしい感じがするので、そういう効果を狙って用いられることがあり、良空はこの「しし」を一種の癖のように多用しました。『正統伝』『正統伝後集』、また『正明伝』にも何ヶ所も使われています。あまり一般的ではないのに良空はよく使う「しし」が「鉄関」にも見られるわけです。「鉄関」と「踏破」の遣り取りは良空の自作自演でしょう。

最後に、『御伝絵解』と『御一代記』は「御絵伝」絵解き本です。序文によれば、ある人がこれらを持ち込み、偽りが十七ヶ所もあるから踏破してほしいと言うので、笑い飛ばしたものの、ついに説得されて踏破に及んだそうですが、この「本を持ち込んだ人から強く執筆・出版を勧められ、断り切れなかった」とは、良空が本を出すときの常套句でした。

専空が語り、存覚が記す

享保六年五月、良空は『正明伝』を刊行しました。この初板本は現在行方不明ですが、生桑完明《いくわかんみよう》氏が記録した奥書は次のようになっています。

この「聖人因縁伝」は存覚所縁の秘書で、昔から下野高田の宝庫に蔵されてきた。私は自著である『正統伝後集』を出したばかりで、これを刊行するのは畏れ多いと思ったが、あるとき一客が写本を持ち込み、刊行してほしいと言った。高田秘蔵のこの書をどうやって入手したのかと驚いていると、客は「このごろ他流が盛んに親鸞伝を出しているが、偽談妄説ばかりだ。これが高田に在ることは自派にも他派にも知られている。あなたが厭だと言うなら私ひとりで刊行する」と言った。

生桑氏の記録では、この板本は「親鸞聖人御因縁」と題されています。『秘伝鈔』の原題と同じ「御因縁」という題で初稿を刊行したものの、満足できる内容ではなかったのでしょう。良空は下野高田専修寺開創伝説など、高田派を称揚する物語を加えて書き直し、『親鸞聖人正明伝』と改題して享保十八年(一七三三)に刊行しました。

『正明伝』では良空は単なる刊行者で、作者は存覚とされました。「文和元年十月二十八日にこれを書く。存覚老衲(老僧)六十三歳」の奥書が付され、刊行者良空の弁として、「この正明伝は存覚師が著し、下野高田専修寺に贈ったもので、高田宝庫に蔵されて以来三百余年、ほとんど誰にも読まれずにきた。私はこの書物が埋もれたまま世に行われないのを嘆かわしく思い、護法の念によって刊行することにした」とあります。

磯長夢告の場面には、「応長（一三一一〜一二）と正中（一三二四〜二六）のころ、高田の専空上人が上京されたとき、都の善法院と岡崎の旧坊で二回面謁して、祖師一生の事蹟をつぶさに聞くことができた。今ここに載せたのは、聖人滅後に人から人へと語り伝えられた説ではなく、聖人面授の人の言葉である。ただし、この夢告についての口訣《くけつ》は他聞を禁ずるきまりがあるとして教えてもらえなかった。専空和尚に親しくお話を伺いながら、この口授《くじゅ》を漏らしたのは、私の生涯の恨みである」という、『正明伝』成立の経緯に関る文言が記されました。

じつはこの文章は『正統伝』にすでに同文で載せてありました。「十九歳」条の良空の私注部分に、「この磯長夢告には上古伝来の口訣があるが、高田一家以外にはまったく知られていない。存覚上人が六十余歳のとき、祖師の伝四巻を編集なさった。その第一巻の終わりの方に、この夢想のことを載せて書かれるには」として、「ある年、高田の専空上人に面謁し（中略）私の生涯の恨みであると、長々と書かれている」まで、『正明伝』と同じ文章が、まさに長々と書かれています。

これらを素直に読めば、「存覚の『正明伝』に拠って良空が『正統伝』を書いたのだが、刊行順は逆になった」ということになります。良空はそう読ませたかったに違いありませんが、良空の手の内をご存知の皆さんは、その手には乗らないというところでしょう。

『照蒙記』の影響

『照蒙記』をベースに『正統伝』の親鸞と玉日の結婚物語を書いた良空は、『正明伝』ではベースを『秘伝鈔』に定めました。ところが、『正統伝』をも参照しながら書いたために、『正明伝』にも『照蒙記』風のところができてしまいました。

二四〇頁の例でいえば、『照蒙記』が『御因縁』の帝を主語とする文章を、慈円を主語とする文章に書き換え、『正統伝』はこれに拠って「(慈円は)かくのごとく詠じて天覧にそなへたまひしかば」としてありました。『秘伝鈔』は『御因縁』と同様に帝を主語とした「きみこのうたを叡覧ありて」ですが、『正明伝』は「かく詠じて天覧に備たまふに」となっていて、『照蒙記』『正統伝』と同型です。

慈円が与えられた歌の題もそうです。『御因縁』は「鷹羽の雪」、『照蒙記』は「鷹羽雪」、『正統伝』『正明伝』も「鷹羽雪」ですが、『秘伝鈔』は「雪中鷹狩」です。

こういうのもあります。

照蒙記…「聖の念仏と我らが念仏と替目や候はん」と仰せありければ、

秘伝鈔…殿下仰せられけるは、「（略）聖たちの称名と在家の人の念仏と、功徳の浅深いかばかりぞや」。源空聖人こたへたまはく、

正統伝…殿下仰せられて曰く、「聖の念仏と我らが念仏と替目や候らはん」と。上人いはく、

正明伝…殿下仰せられて曰く、「聖の念仏と我が在家の念仏と、功徳につきて替目や候ふやらむ」と。上人答へてのたまはく、

良空は『照蒙記』をベースに『正統伝』を書きながら、「殿下仰られていはく、……と」の形式だけは『秘伝鈔』の形を採用してありました。『正明伝』では、この形式と「功徳」は『秘伝鈔』風、「替目や候はん」については『照蒙記』『正統伝』風です。『照蒙記』と『秘伝鈔』から『正統伝』、『正統伝』と『秘伝鈔』から『正明伝』が作られたとすれば、この現象は難なく解釈できますが、『正明伝』と『秘伝鈔』から『正統伝』を作ることはできません。

細かい作業でうんざりですね。でも、こんな例がたくさんあるのです。江戸時代の人はこういう作業をしなかったので、『正明伝』を存覚作と思い込んだ学僧も多かったのです

が、良空が暗に示している「存覚の四巻伝（『正明伝』）に拠って『正統伝』を書いた」は事実ではありません。

廟堂より直弟寺院

良空が専空に講者の役を割り振ったのは、『叢林集』に『存覚一期記』からの引用として、存覚と専空の関わりが書かれていたためもありそうです。「覚如と大谷廟堂の管理権を争って敗れた唯善は、親鸞影像を奪取して鎌倉に安置した。後に返却話が出て、覚如・存覚と高田の専空が尾州まで出かけたが、結局返却されなかった」という話です。

『叢林集』には他にも、『高田山峰の枝折』に拠ったものか、「専修寺は親鸞―真仏―顕智―専空と相承し、専空は康永二十七年二月十八日に没した」とか、「覚如が親鸞廟堂を関東の門弟から預かった際の阿弥陀寺専空御房宛の預状が高田にある」とか、「専修寺は正和元年以前は阿弥陀寺と言った」とかいう記述があります。良空は『正統伝後集　伝灯実録』で専修寺史を説くにも『峰の枝折』を参照しましたが、そうは言わずに「『叢林集』にこう書いてある」と「典拠」を記しました。

専修寺は第二世真仏から第四世専空まで揃って親鸞直弟だ。だが、本願寺は、覚如の『伝絵』は顕智・如信、存覚の『正明伝』『秘伝鈔』は専空の語りを記したにすぎない。結句、高田伝がなければ本願寺伝も存在しない。良空はそう言うのです。「専修寺・仏光寺が親鸞を開山と呼ぶのは当然だが、本願寺は祖師とは呼んでも開山と呼ぶべきではない」とまで言っています。現代の目で見れば、本願寺も専修寺も仏光寺も親鸞建立とは言えませんが、この時期に「専修寺・仏光寺は親鸞直弟に由来する寺院だが、本願寺は親鸞廟堂だ。直弟寺院にこそ正しい親鸞像が伝わっているのだ」というのは、画期的な主張でした。

『正統伝』に引文される諸書は、良空以外は誰も見ていません。『正明伝』が出版されなければ信頼度は今ひとつだったでしょうが、東派の先啓という学僧は「存覚の四巻伝」(正明伝)を存覚真作と認め、「顕智本伝」「下野記」なども「完本は見ていないが、大過ないようだ」としました。『正統伝』の「典拠」をすべて認めるとは、『正統伝』を認めることにほかなりません。なかには『正明伝』を良空作と決め付けた『非正統伝』のようなものもありますが、そうした全否定はむしろ珍しく、『正明伝』の現存によって、「『正統伝』には高田派への偏執があるにしても、全体としては親鸞の史実が描かれている」と受けとめられるようになりました。

七　「東国教団」の発見――真宗史における歴史認識問題の発生――

修験者のような親鸞像

『正明伝』は諄々と語り聞かせるような文体で記されています。『正統伝』で何年何月何日とされたところが「何年の春」程度に抑えられたり、人名への執着が薄められたり、赤山明神や筑波山を舞台にした物語風の事蹟が付加されたりもしました。

良空はいかにも古い「語り」らしい形に『正統伝』を作り直し、成功を収めましたが、新しい時代の読者に迎えられる仕掛けも施していました。比叡山千日廻峰行の行場として知られる天台修験の拠点、赤山明神で玉を授かったり、比叡山根本中堂・山王七社に毎日毎夜参詣したり、筑波山の岩屋の餓鬼どもに水を与えたりする（筑波山岩屋巡りを念頭に置いたものでしょう）、修験者のような親鸞像を造型したのです。存覚の描いた親鸞にも修験者の風情が漂ってはいましたが、明確にある一定の雰囲気を持つ主人公が生まれたのは、親鸞伝ではこれが初めてです。

これらの物語群のなかで、比叡山の霊仏霊社を巡る話以外は、『正明伝』以前の親鸞伝や巡拝記などに見出せません。鎌倉時代から関東で語り伝えられながら記録されなかったものを『正明伝』が初めて記録した可能性と、良空が自分で物語を作って『正明伝』に記した可能性、どちらが大きいかといえば、これまで見てきた良空の執筆手法から推して、後者と見る方が無難でしょう。

それを言えば「誰某の旧跡」自体が怪しいものでした。二十四輩旧跡寺院が増加したり、誰の像ともわからない女体像が恵信尼像、玉日像となって、玉日の年忌法要が行われたりというのは、伝承の世界では珍しくありません。「越後の七不思議」と呼ばれる親鸞伝説を草野顕之氏が調べたところ、「鳥屋野の逆竹」は十六世紀半ばから確認できるものの、十九世紀初頭までは「かまいたち」や「火井」（天然ガス）、「弘智法印」（即身成仏した真言宗僧侶のミイラ）などを含む「土俗越後の七不思議」で、大正時代末にやっと今の七つの親鸞伝説に固まるそうです。

この七不思議の一である「保田《やすだ》の三度栗」と同型の伝承は、常陸稲田や三河桑子にもあります。親鸞作阿弥陀如来像や親鸞寿像ともなれば、全国に何体あるか見当もつきません。親鸞旧跡や直弟の口伝をめぐる言説には胡散臭さがつきまといます。

江戸時代の人たちもそういう感覚は持っていました。とくに学僧は慎重で、知空は「古老の伝説」を「実録」と相対するものとして位置付けたほどです。もし、文献主義を標《ひょう》榜《ぼう》する『正統伝』と、その文献の実在を証明して見せた『正明伝』とがなければ、学僧たちの東国への視線は、さほど熱くならなかったでしょう。

小教団の文献主義

江戸時代前期までの親鸞伝はどれもこれも似て非なるもので、派による差違はあまりありませんでしたが、仏光寺から異本の『伝絵』が現れ、高田派が「仏光寺の説は高田の説と同じだ」と主張し始めてから、本願寺対仏光寺・高田という親鸞伝の枠組が生まれ、激しく対立するようになりました。

親鸞伝の対立は「親鸞を主人公とする物語をいかに解釈するか」ではなく、「親鸞の史実はどうであったか」という、事実認定を迫るものとして行われました。事実認定を行うに足る資料（「語られたこと」でなく「書かれたもの」）を持っているかどうかが問われ、仏光寺本や『正明伝』といった「書かれたもの」が次々に世に出されました。

高田派・仏光寺派よりさらに小規模な教団で、近江に本拠を置く木辺派でも「書かれたもの」が発見されました。本山の錦織寺が元禄七年（一六九四）の火災で全焼したとき、焼け土のなかから異光を発して阿弥陀如来像・親鸞木像・縁起一軸が掘り出されたというのです。享保十三年（一七二八）には京都で開帳が行われ、寺伝が刷られて頒布されました。木像はともかく、紙でできた巻物の発掘とはやや無理な気がしますが、「書かれたもの」でなければ受け容れられない時代になってきたということでしょう。

歴史学では近世文書主義の開始を十七世紀後半に置くのが普通ですから、真宗に限った話ではありません。ただ、親鸞伝においては、小教団が「文献に拠って事実を明らかにする時代」を担うという特徴がありました。黙っていても尊崇される本願寺と違い、黙っていれば本願寺教団に呑み込まれかねない小教団が、自派に伝わる「書かれたもの」に基づいて、本願寺と異なる親鸞伝を印刷して衆目を集める、本願寺がそれに反応して議論が始まる、激しい議論の応酬で小教団の存在が広く認知される、というようにして、「文献」と「事実」、そして「東国」の価値が高められていったのです。現代の真宗史では「京都の親鸞廟堂に発する本願寺」と「関東の親鸞直弟に発する関東系諸教団」を対置することがありますが、そうした思考の枠組の生まれたのがこの時期でした。

歴史認識問題には常に、弱者・敗者に関する史料の欠如をどう乗り越えるかという問題が伏在します。強者・勝者は己の正義を証明する文献史料を振りかざし、誰はばかることなく大声で発言しますが、弱者・敗者はもともと発言権が低いうえ、自己主張の根拠となる史料を持たないことが多いものです。それは間違いありませんが、強者・勝者でなければしたたかに生きられないということでもないでしょう。

『正明伝』の初板本には、表紙の題簽（書名を記して表紙に貼付する細長い紙片）の右上に「一身田御免許」の朱印が捺されています。『正明伝』は本山管理の書物として世に出たのです。享和元年（一八〇一）には『正統伝』『正明伝』に拠る平仮名絵入り本の『親鸞聖人絵詞伝』が、大きな「高田山御蔵版」の朱印を捺されて刊行されました。この本は明治になっても重刷され、各地の寺院や一般の門徒宅でも目にすることがあります。

親鸞を複数の祖師の一としか考えていなかった専修寺は、三百年を経て、挿絵のたっぷり入った読みやすい平仮名本で、各派の真宗門徒に親鸞の生涯を教えるようになりました。『正統伝』『正明伝』以後の親鸞伝で、『正統伝』『正明伝』の影響を受けていないものはほとんどありません。この国が初めて迎えた出版の時代は、小教団の文化戦略を支え、親鸞伝を根っこから作り換えました。

最後に、各派の親鸞伝に教義的な差異が見られないことを指摘して、この章を終えることにしましょう。西派知空の『照蒙記』には、教学用語で「彼此三業不相捨離の機法一体論」と言われる理論を述べた部分があり、この部分は『康楽寺白鳥伝』（この時期の康楽寺は東派と西派の間で改派を繰り返していました）、仏光寺派から貞享四年（一六八七）に出された『善信聖人報恩抄』、高田派の『撮要』にそのまま引用されました。江戸時代前半には派による教義の違いはほとんど存在せず、親鸞伝の相違がメルクマールとして喧伝されたというのが実態に近いのでしょう。

第六章　読本から近代史学へ——江戸後期から明治——

一　赤山明神譚の在地定着——刊本から宝物が生れる——

良空の証拠湮滅作戦

二十六歳の親鸞が赤山明神から玉日との結婚を予言される物語は、『正統伝』にはありません。『正明伝』で初めて親鸞と玉日の結婚物語に前段階ができたのです。

建久九年、範宴（親鸞）は都で新年の祝儀を済ませ、比叡山へ戻る途中で赤山明神へお参りしました。神籬《ひもろぎ》の蔭から高貴で神秘的な女性が現れ、比叡山へ参詣したいので連れて行ってほしいと頼みました。範宴が驚いて女人禁制だから都へ戻るよう話すと、女性は範宴の衣にすがり、涙ながらに「伝教大師（最澄）ほどのお方でも、一切衆生悉有仏性の経文をご覧にならなかったのでしょうか。仕方ありません、山上で知識（師匠）にお渡ししようと持参したものを差し上げましょう」と言って、白絹に包んだ物を袖から取り出しました。「これは天日《てんじつ》の火を取る玉です。天日はこの世で最も高く尊く、土石は最も低く賤しいものですが、天日の火はそのままでは地上の灯火になれません。賤しい土石の玉に映ってこそ闇夜を照すことができるのです。清らかな仏法の水も、高い峰に湛えられているばかりでは何の徳にもならず、低く賤しい谷に降りてこそ万物を潤します。あなたはこの道理に迷うようなお方ではありません。玉と日が相重なる道理を、今はご存知なくとも、千日の後に思い当たるでしょう」と言い、玉を置いて木蔭に隠れたと思うと見えなくなりました。

その後、二十九歳の冬に九条殿下のご息女と結婚されたとき、姫の名前が玉日だったのではっと思い当たり、「太陽の火を明玉に映して一切衆生の迷闇を照し、五障三従の女人まで、すべての人を引導せよ」という教えだったのだなと悟られました。この化女は功徳天女、本地は如意輪観音です。

『正明伝』では『正統伝』以上に如意輪への傾斜が強まりました。この他にも筑波稲村で如意輪が茶喃玖《さなく》童子に灯火を持たせて親鸞を送らせたこと、親鸞が常に「弥陀・如意輪の法は不浄をはばからない」と語っていたこと、の二点が加えられましたが、『正統伝』執筆時には、赤山明神の物語はまだ構想されていなかったのでしょう。「三十四歳」条の『御伝鈔』信心諍論段に相当する本文の後に、良空の注として「機法一体」（衆生と如来を不二のものとして考えること）を一丁以上（三頁）もかけて説明し、「円鏡引《ひい》て炎を発し、方渚《ほうしょ》招《まねい》て水流る。彼此《かれこれ》一味にして隔《へだて》なし」と記しました。

この部分の典拠である『撮要』信心諍論段は次のようになっています。

> 円鏡引いて炎を発し、方諸招いて水流る。円鏡という玉を日に向けると、日の勢が移って玉の中から炎がほとばしり出る。このとき日と玉は主体・客体の区別なく一体である。そのように行者の信行と仏の信行が別物でないのを、機法一体という。

中国では太陽の火を取る円形の「円鏡」と、月の水を取る四角い「方諸」とを並列的に扱い、普門・良空はそれを踏襲しました。ところが良空は『正明伝』で結婚を予言する物語として「天日の火を取る玉」を独立させてから、このままでは典拠が知れてしまうと思ったのでしょう、『正統伝』の後刷を出すときに私注部分全体を削ってしまいました。

板本は版画のように文字を彫り残して作られます。浮き彫りになっている文字を削り取ってしまえば、その部分は白くなります。『正統伝』の後刷の本は「三十四歳」条の後半が真っ白です。そこはちょうど第三巻の巻尾に当たり、削ってしまっても巻末が白紙になるだけで、間に白紙が挟まるような不自然さはありません。現代と違って、各所に蔵される諸本を複写して見比べられない江戸時代には、それで十分に通用しました。

女人済度の物語へ

それに、赤山明神が「女人は不浄だから比叡山に登れない（天台宗の救済対象にならない）」とすげなく断られ、親鸞が自ら身を穢して衆生済度に当たることになると予言する物語は、女人教化のための物語として効果的でした。

霊玉和合の玉（西信寺蔵）
玉は2.1cm×1.7cmの楕円形。
収納容器は高さ16cm。

姫路の西信寺という西派寺院に「霊玉和合の玉」という宝物と、「赤山権現へ百日参詣すると、満願の日に社内から老翁が出てきて私に玉を手渡し、玉と日との和合のことを千日後に知れとのことであった。範宴。建久八年三月二十八日」という文書が伝わっています。文化三年（一八〇六）の宝物開帳の際に参詣者の前で読み上げられた文書（読み縁起）では、「この霊玉和合の玉は親鸞聖人二十六才、建久九年の春に年頭御礼に京都へお出かけになり、比叡山へ戻る途中で赤山権現へお参りしますと、神籬の蔭から赤山権現が気高い女性の姿となって」云々とされています。

寺院建築は普通の民家と違って維持管理に大金を要します。江戸時代の寺院は、自坊で行う居開帳《いがいちょう》や、他の場所を借りて行う出開帳を公儀に願い出て、広く参詣者を集めて修造費を得ようとしました。玉を授けたのは親鸞仮託文書では老翁、読み縁起では女性とされていますから、玉・文書・読み縁起の三つが同時に作られたのではないかもしれませんが、いずれにしても『正明伝』以降であることは確かです。

読み縁起は「この和合の明珠こそ肉食妻帯の始りでございます。不思議なご縁で当寺の霊宝となりました。女人往生の証拠ですから心を込めて拝礼なさいますよう」という言葉で閉じられています。赤山明神の物語は女犯肉食の在家仏教の創始譚、わけても女人往生を可能とする、新しい仏教のはじまりの物語として語り直されました。

皮肉といえば皮肉な話です。「高田専修寺に蔵される、親鸞の史実を正確に記した文献」を気取った良空の著作が、本願寺派寺院の開帳の場で、語られ聴かれる物語に作り直され、物語から教義を読み取る（聴き取る）『御因縁』や『御伝鈔』と同質の機能を果たしたのです。伝統とはこういうことを言うのかもしれません。

二　結城称名寺の女身堂――伝説の成長――

三善為教の出身地

親鸞の妻は一人か複数か、恵信尼は京都の人か地方の人か。真宗史ではまだ決着を見ないところですが、そういう議論ではたいがい「三善為教《みよしためのり》の娘」が話題に上るものです。

蓮如息実悟が天文十年（一五四一）に作った『日野一流系図』では、親鸞長子範意の母は九条兼実の娘、次子以下六人の母は兵部大輔三善為教の娘で法名恵信とされました。実悟は蓮如や本願寺に関する多くの記録を残した人で、『日野一流系図』はその実悟の手になる本願寺最初のまとまった系図ですから、知空や恵空は各種系図の最高位に置きました。一方、永禄十年（一五六七）ごろ蓮如孫顕誓が著した『反古裏書』では「覚信尼の母の恵信尼は九条兼実の娘の玉日である」、つまり玉日と恵信尼は同一人物とされました。

本書は親鸞の史実を探る書物ではないので、二つの説を深追いしようとは思いません。しかし、「『日野一流系図』や『反古裏書』は、物語の登場人物である兼実の娘玉日を実体として記すような感性に基づくものである」ということは言っておきましょう。この二書の親鸞に関する部分については、事実を探るための資料としてよりも、親鸞を主人公とする物語を読むための資料として用いる方が、適切な使用法だろうと思います。

「ある資料の重要部分が史実と大きく異なっている。それは別の資料から確認できるが、史実どおりでないと確認する別の資料を持たない部分については、とりあえず史実どおりと考えておこう」というのは、かなり難しいことです。日常生活において、重要場面で事実と異なる証言をした人がいれば、その証言が作為的であれ、単純な勘違いであれ、その時点での常識に引っ張られたものであれ、あるいは、証言者と証言を求めた者たちの属する文化の相違であれ、それと類似した場面での別の証言を「とりあえず事実と考えておこう」とはならないでしょう。

ともあれ、知空は『日野一流系図』に拠って、親鸞の最初の妻は九条兼実の娘で親鸞流謫中に没し、その後、三善為教の娘が妻となって六人の子をなしたと考えました。

恵空の場合は、途中で気持ちが変わったようです。板本の『叢林集』は『照蒙記』と同内容ですが、自筆本の『叢林集』では、親鸞の妻を玉姫・恵信尼の二人とする説と、玉姫と恵信尼を同一人物とする説を併記し、後者について「堅田の伝や康楽寺の伝では、流刑の際に関白の息女というのをはばかって三善為教の娘と名乗ったとする」としました。

『叢林集』板本の後に出た『視聴記』でも、「康楽寺物語にいわく」として「玉日は関白の息女だが三善為教の養女となって越後に下った」「親鸞が玉日の乳母を西仏に与え、浄賀が生れた」という記事を紹介しています。

「康楽寺物語」は未見なのでわかりませんが、東派の学僧の作と思われる『本願寺由緒紀』（一七一五年刊）には「流人の妻が関白の息女というのをはばかり、三善為教の娘と名乗った」という説が紹介されています。最初は『照蒙記』のとおり別人と考えていた恵空も、こうした説の広まるなかで、後には同一人物かもしれないと思い始めたのでしょう。

恵空攻撃を事とする良空は、『正統伝』では「玉日は親鸞流謫中に京都で没し、親鸞は東国で二番目の妻として、真岡判官代兵部太輔三善為教の娘の朝姫を迎えた。朝姫は善鸞・弥女など六人の母となり、弥女は後に覚信尼公と名乗った」と述べました。玉日と恵信尼（三善為教の娘）は別人で、三善為教は東国人だと言うのです。

四年後の『正統伝後集』では、恵空による二十番目の「鉄関」としてこう記しました。

本願寺の古来の伝習では、三善為教は京都の人で、玉日姫が関白の娘と名乗るのをはばかり、為教の娘として越後の配所へ下ったことになっている。その証拠に玉日の乳母は覚明に嫁いで浄賀を産んだ。玉日は常陸まで聖人に従い、「一生之間能荘厳」の誓約（女犯偈）のとおりとなったが、聖人帰洛時に東国に残って、後には恵信禅尼と号した。玉日と朝姫が別人で、三善為教が真岡の人とは、理非をわきまえないにもほどがある。さあ、この鉄関を開けられるものなら開けてみよ。

恵空がこんなことを言うはずはありませんが、良空はこれに対する「踏破」だといって、「玉日の乳母を覚明に賜ったからといって、玉日と恵信が同一人物という証拠にはならないし、京都の人なら聖人と一緒に帰洛するはずだ。若いころは北国・関東までつきまとい、老年に及べば世話をしないというなら、言語道断の薄情者だ」と述べ、「朝姫と玉日は別人で、為教は真岡の人だ」と結論づけました。

じつのところは「朝姫」や「真岡」は良空の創作でしょうが、これだけを読むと、朝姫と玉日が別人か同一人か、三善為教が東人か都人かを、高田と本願寺が争ったかに見えます。「関白の姫が三善為教の娘を名乗って越後へ下った」という「本願寺の秘伝」は、やがて一人歩きを始めます。

恵信尼像が玉日像となる

話は前後しますが、東国の結城では、称名寺住持の信教が宝永八年（一七一一）三月に

「玉日宮略縁起」を作って頒布していたようです。『御旧跡二十四輩記』という直弟寺院の巡拝記（一七三一年刊）に全文が引用されているので、それがわかります。

一七一一年は親鸞四百五十回忌の年でした。親鸞が没したのは西暦で一二六二年ですから、節目の五十回忌、百回忌はそれぞれ西暦で一一年と六一年になります。一六一一年からは東西両本願寺が大規模な法要を行うようになり、本山参詣だけでなく、親鸞伝の作成・刊行や親鸞旧跡巡拝も大いに盛り上がりました。結城称名寺も参詣者を迎える準備として略縁起を整えたのでしょう。

これによれば玉日像は親鸞が常陸国鹿島で彫刻したものです。玉日は九条兼実の娘で、親鸞流謫後は京都東山に隠棲しました。赦免された親鸞が常陸の真仏坊舎で説法したとき、結城朝光（真仏の檀越）の妾の白河局はもともと都の人なので、朝光に玉日の哀れな有り様を語りました。朝光は上洛の際に東山を訪れて玉日を伴い、結城の東の玉岡に御殿を造って住まわせました。親鸞が帰洛しても玉日は東国に留まり、建長六年九月二十九日に六十四歳で往生して、女人往生の先達となりました。その後、真仏の弟子が下野国沖村に女身堂を営んでこの像を安置しましたが、夢のお告げで結城に移したということです。

略縁起の作られる半世紀前に、知空が『照蒙記』にこの木像について書き記していました。「結城に治病の霊験ある女体像があり、土地の人びとに信仰されてきた。親鸞上洛後も東国に残った恵信尼を称名寺開基の信証が庇護し、その像を造ったが、時を経て忘れ去られたのだろうと、境内に堂を建てて木像を移した」という、例の話です。

結城称名寺は恵信尼像を玉日像とし、「玉日が東国に下って衆生済度した物語」を宣布しました。略縁起の末尾は、「世間では、玉日宮は範意とともに都に留って早世したという。口伝を知らない人は、先徳の書かれたものを見てそう思い込んでしまう。当寺には第五世証中（信証曾孫）の広縁起があるが、今は略して記す」と結ばれました。

『御旧跡二十四輩記』の作者である竹内寿庵は、信教が『照蒙記』を見ていると推定していますが、たしかに信教は『照蒙記』に異を唱えていたのでした。「先徳（知空を指す）は称名寺の伝承が当てにならないような言い方をするが、そんなことはない。当寺にははるか昔の広縁起（省略のない浩瀚な縁起）があるのだ」というわけです。

こちらは伝世の「書かれたもの」を持っている、原本は大部なので、ここでは梗概（略縁起）を公刊するよ。どこかで聞いたような台詞ですが、宝永八年は『正統伝』刊行の六年前です。良空はこうした世相のなかで『正統伝』を書いていたのでした。

三　『玉日宮御遺状記』――平仮名絵入りの注釈書――

玉日から女性たちへの手紙

称名寺では江戸後期になっても略縁起の形を守り、三善為教との関わりを言いませんでしたが、意外なところで両者が結びつきました。天明六年（一七八六）、永田調兵衛（西本願寺御用書林。現永田文昌堂）・黒石七兵衛・丁子屋九郎右衛門（東本願寺御用書林）の三者が刊行した『玉日宮御遺状記《たまひのみやごゆいじょうき》』がそれです。錚々《そうそう》たる本屋の名が並ぶので、難しい仏書かと思いきや、平仮名絵入りの勧化本《かんげほん》（庶民教化のための語りの台本や資料として用いられた本）で、作者「摂津の正西」の素性も不明です。

これによれば、玉日が老病で死期を悟ったとき、同朋への形見として遺した手紙があるそうです（むろん実際にあるわけではありません）。まず「玉日宮の本地は観音ですが、公家の姫に身を変じ、高祖の妻となって、在家往生・女人成仏の亀鑑となりました。同志の尼女房のために遺した手紙を明らかにします」という内容の序文があり、次に玉日の「遺状」の全文が掲げられています。「諸仏に見離された凡夫でも、阿弥陀仏はかならず救ってくださいます。悪心が起きたなら、阿弥陀仏を尊んで念仏を唱えることです。親鸞の仰

三善為教娘と名乗って東国へ下る玉日宮
『玉日宮御遺状記』（著者蔵）

せもそれ以外にはございませんでした。自力ではからうことなく、ただ阿弥陀仏の御恩を喜ぶばかりです。これでお別れと存じますが、浄土にてまたお会いいたしましょう」というようなことを記した短い手紙です。

玉日と恵信尼はここでも同一人物で、挿絵には貴人然とした「玉日宮」と「御案内の僧」、侍姿の「三善為教」、二人の侍女、計四人の姿が描かれました。上部の空白にも「聖人が罪人となられたため、玉日は死んだと言い広め、三善為教の息女と名乗って、徒歩で東国結城へ下られました」「高貴な女性が慣れぬ旅路に出られたのは、女人往生の手鑑となるためのご苦労でありました」と書き込まれました。

結城称名寺のあずかり知らぬ、「玉日が三善為教娘と名乗って結城へ下った」という物語ができたのですが、人気があったらしく、何度も刷り直されています。

注釈書の様式

この本は庶民向けと思われますが、作りは注釈書風です。「遺状」の最初の数行を載せ、一字下げてその部分の注釈、次の数行を載せてその部分の注釈……という風に、注釈書の書き方に従って「遺状」全体が解説されるのです。けれども、聖典注釈書は普通は漢字片仮名交じりの大本なのに、この本は半紙本といって、縦が二十三センチぐらいとやや小さく、総ルビ付きの漢字平仮名交じり文で記され、挿絵まで入っています。

「真宗では平生に一念発起すれば往生できるが、自力門では臨終行儀を重視する」ということの解説として、「昔ある僧が臨終を迎えたとき、田螺《たにし》が食べたいので取ってきてくれと妻に頼み、妻が出て行ったすきに、持仏堂に向かって往生を遂げた。戻ってきた妻は、生々世々つきまとって臨終を妨げてきたのに、往生させてしまって口惜しいと地団駄を踏み、鬼女になって虚空に飛び去った」という物語が紹介されています。たしかに教義の解説ではありますが、この本を聖典注釈書と言う人はないでしょうし、作った側もそうは考

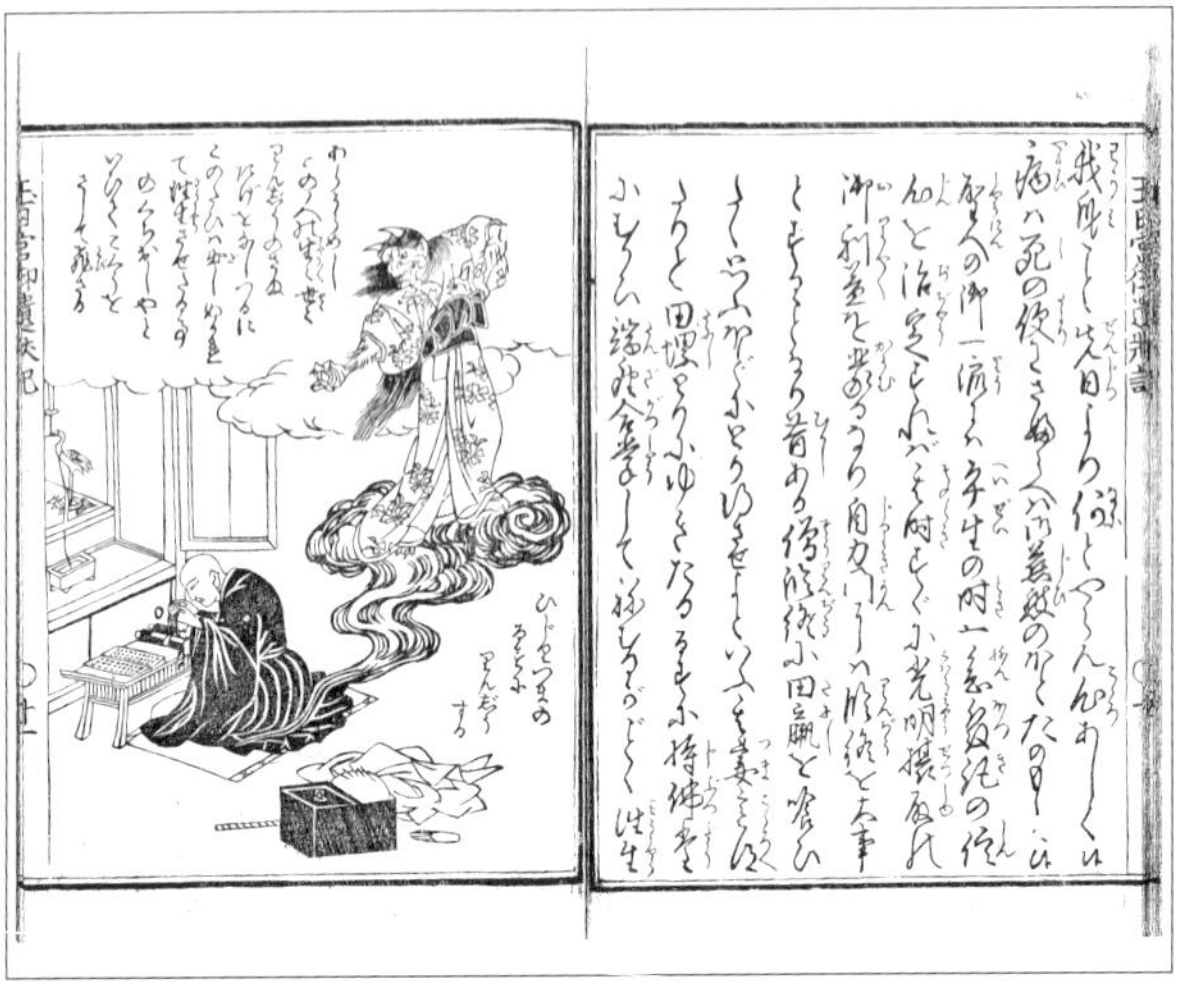

鬼女になって虚空に飛び去る（『玉日宮御遺状記』）

えていなかったでしょう。それでは、なぜ、注釈書の形式になったのでしょうか。

私たちは頭のなかに考え方の枠組を持っています。事あるごとに「この出来事を理解するにはどういう思考法が最適か」というところから考え始めるのでは時間がかかりすぎますし、ある人には便利な思考法でも、あまりにも特殊な形だと、他の人には理解が難しくなります。社会の構成員が思考の枠組を共有しているというのは重要なことです。

真宗では、というより仏教では、中国渡来の「注釈書」形式が知的思考の枠組として機能してきました。中国の経典講義では最初にその経典の伝来や思想が解説され、次に、「都講」と呼ばれる人物が本文を朗唱し、「法師」が解釈するという、二人の僧侶のかけ合いで、経典本文が順次講義されていきました。

天台は中国に発し、真宗は天台に発しました。その結果、存覚が『教行信証』に注釈を付した『六要鈔』から、『御遺状記』のように娯楽色の強い平仮名絵入り本、さらには絵解きや唱導といった「語り」までも、この形式で行われることになったのです。

安永八年（一七七九）、粟津義圭は在家の門徒に『御伝鈔』の心を教えようと、唱導の台本『御伝鈔演義』を作りました。東国武士に殺された鰐《わに》が三年後にその武士を取り殺した話だの、中国の皇帝が蛤を食べようとすると阿弥陀三尊が現じた話だの、聴き手を飽きさせないための楽しい物語満載で、文体も口語りに合うよう、赤山明神と親鸞が「妾《わたくし》も年来《としごろ》登山いたしたいと望み居《おり》ましたが」「所詮かなはぬ事じゃほどに、いざ是より帰られよ」などと問答していますが、形だけはやはり聖典注釈書風です。

もっとも、義圭は東本願寺の学寮で学び、教学を論じた書物も著しています。教学研究者が唱導の台本を書いていたのですから、注釈書の形式に疎いはずもありません。

話を『御遺状記』に戻しましょう。片仮名書きの専門的な注釈書など、一生手に取ることのない一般の真宗門徒でも、「まず全体像を提示する」「それから各部分を細かく解説する」といった形式に馴染んでいました。真宗門徒の間の共通教養は、個々の知識の共有というだけではなかったのでした。

四　『親鸞聖人絵詞伝』――平仮名絵入り親鸞伝の成立――

高田派の新たなこころみ

西信寺の「霊玉和合の玉」が『正明伝』から作られたと書きましたが、厳密に言えば、これは少々言い過ぎです。西信寺の開帳は一八〇六年ですが、その五年前に『正明伝』よりずっと読みやすい形で赤山明神の物語が提供されており、直接にはそちらから作られた可能性もあるからです。

享和元年（一八〇一）、在家の門徒が目で見ることのできる、堂々三冊組の平仮名絵入り親鸞伝、『親鸞聖人絵詞伝』が刊行されました。読者は三冊の厚手の本を購入して読もうという、資力と余暇のある人に限定されますので、社会的に恵まれたごく一部の人を対象とした本には違いありませんが、それでも、『絵詞伝』の刊行は『正統伝』に次ぐ親鸞伝の画期となりました。三冊合わせて八十一枚もの挿絵が入り、そのほとんどは見開きの両面（二頁）、小さくてもその半分（一頁）です。

この本は高田専修寺が板株を保有し、出版の実務は丁子屋九郎右衛門ほか三名の京都の大書林が請け負いました。江戸中後期の親鸞伝は一貫して高田派がリードしていました。序文によれば、権僧正真淳が少僧都舜恕《しゅんじょ》・法眼慧観らに命じて文章を書かせ、絵師もまた河辺縫殿《ぬいどの》源隆為という高田派の門徒ということですが、どういう人たちなのか、他に史料がなくてわかりません。けれども、この本を作るのに特別な文才や知識は必要ありませんでした。『正統伝』と『正明伝』を適宜組み合わせ、絵を付けたものだからです。

親鸞伝史を画する『絵詞伝』が、『正統伝』『正明伝』の焼き直しかと、落胆させてしまったでしょうか。でも、平仮名絵入り本は、そもそも「焼き直し」の性格を持っていました。それについてはまた若干の回り道をしなければなりません。

一代記物読本

半紙本、総ルビ付きの漢字平仮名交じり文、大きな挿絵、強い教訓性、知識の付与、などというと、江戸文学に詳しい方は「それは読本《よみほん》の形だね」と手を拍たれるでしょう。読本といえば上田秋成『雨月物語』、曲亭馬琴『南総里見八犬伝』などが有名です。『八犬伝』は室町時代の安房国が舞台ですが、馬琴自身が「八犬士は辞書から適宜武士の名前を持ってきて作った」と言明しており、代表的な中国白話《はくわ》(口語体)小説の『水滸伝』や『三国志演義』の影響も見えます。実際に起きた怪奇であるかのように書かれていても、読者が中国小説の翻案とわかっていて、「この部分は『水滸伝』のあの場面の作り替えだね」と見破って喜ぶといった、作者と読者がともに知的ゲームを楽しむ雰囲気さえあったそうです。

それでは親鸞伝とは大違いだ、親鸞は実在の人物で、読者は知的ゲームなど考えてもいない、と言いたいところですが、『絵詞伝』の形態や文体は読本とよく似ています。

じつは、江戸後期の読本には、上方《かみがた》で多く作られた「図会物《ずえもの》」（図絵とも書きます）や「一代記物」と呼ばれる諸本がありました。中野三敏氏は本屋の蔵板目録を整理し、「読本」すなわち「稗史《はいし》・実録・小説」の下位分類として、「敵討・長編大巻・時代物・奇談怪談・高僧伝」などを挙げています。国文学の研究対象となるような著名な文学作品だけが読本なのではなくて、広い裾野を持っていたということでしょう。

たとえば秋里籬島《りとう》は安永九年（一七八〇）に『都名所図会』を刊行して大成功を収めてから、寛政十二年（一八〇〇）に『源平盛衰記図会』、文化三年（一八〇六）に『親鸞聖人洛陽御旧跡二十四輩巡拝記』と、次々に作っていきました。名所の有り様が絵画に向くとなれば、二匹目、三匹目のドジョウとして合戦や親鸞旧跡が絵画化されるのです。

高僧伝も可視化にふさわしい分野でした。波瀾万丈の生涯は長編読み物に適合するうえ、奇瑞不思議は操り浄瑠璃の舞台のみならず絵入り本にもぴったりです。先見性のある本屋や読本作者が「仏教の本を僧侶に独占させるのはもったいない」と考えるのは当然のことで、長編勧化本を構成し直して「一代記物」と呼ばれる読本が作られました。

　折から一般教養として高僧に関する知識が求められていました。地方の人が大本六冊の『都名所図会』を背中に括り付けて都見物したとは思われません。真宗の巡拝記も現地に持参して使用するタイプの本は小型で、旅宿や食事に関する情報が入っているものです。持ち歩けない名所記の流行は、多くの人が都の寺社に関する知識を欲したからでしょう。

　武士は刀よりも筆で生き、町人も教養がなければ信用経済の世のなかを渡っていけませんでした。農村部でも村役人クラスの人びとは、十八世紀前半には西国巡礼の際に書物をまとめ買いするところまできていました。日本の歴史や京都の地誌、高名な人物の生涯ぐらい知っていなければ信用されない世のなかで、高僧伝が求められたのです。

　中村幸彦氏によれば、一代記物の初出は寛政十三年（一八〇一）の序文のある『中将姫一代記』だそうです。『絵詞伝』には寛政十二年の序文があり、享和元年（一八〇一年。二月五日に寛政から改元）に刊行されました。『正統伝』『正明伝』を構成し直した『絵詞伝』に「一代記」の名はありませんが、一代記物への扉を開く作と考えてよいでしょう。

五　『親鸞聖人御化導実記』――語りと文字の交錯――

白話小説による唱導

勧化本の土壌から栄養を吸い上げ、『八犬伝』のような大輪が花開く一方で、娯楽かたがた教養を得よう、与えようとする人たちが土壌を耕し続けていました。この努力は日本でのみ行われたのではありません。もとを辿れば白話小説は、中国の講釈の種本が洗練されて読み物となったものです。白話小説の流行は本来的に唱導と通じていました。

戦前までの日本の知識人は漢文（中国文語文）が読み書きできましたが、白話は口語文、つまり現代中国語の系譜上にあり、特別な勉強をしないかぎり読むことができませんでした。真宗でいえば『正統伝』が書かれる少し前から、知識人の間で白話学習が流行し、白話小説がもてはやされました。考え抜かれた構成と波瀾万丈のストーリー、はっきりした性格を持つ登場人物たち。新しいタイプの読み物に多くの日本人が魅せられました。

真宗の僧侶は、より大勢に、より熱心に唱導を聴いてほしかったので、これに目を付けました。最初に白話的要素を含む中国小説を翻案した浅井了意も、真宗の僧侶です。中国の講釈の場に生まれ、練り上げられた白話小説は、唱導の格好の素材でした。

龍谷大学図書館に蔵される『玄奘三蔵渡天由来縁起』という写本は真宗の唱導の台本で、お話の途中で唐突に「これほど強い孫悟空もいつかは死ぬ」などと言って称名念仏を勧めたりします。中国文学の研究者によれば、これは『西遊記』を和訳した『通俗西遊記』(「通俗」は「和訳中国小説」の意)や、やはり日本で刊行された平仮名絵入りの『絵本西遊記』に拠りながら、かなり自由に改編して作られているそうです。

一般に「白話小説から読本へ」「耳で聴く唱導から目で見る読本へ」と言われますが、実際には「通俗ものから唱導へ」や「平仮名絵入り本から唱導へ」も存在しました。「語る」と「読む」の間にリサイクル活動のあったことも指摘されています。

真宗流メディアミックスは健在でした。絵解きや唱導を聴き馴れた人が平仮名絵入り本を読めば、文字を目で追いながら、耳に法座の語りを響かせることになります。知識人である僧侶が中国の小説を受けとめたことで、農民・漁民や町人が「考え抜かれた構成」や「はっきりした性格を持つ登場人物たち」に目を開かれていきました。読本の成立・普及を考える上で、真宗の果たした役割は看過できません。

平仮名本親鸞伝の出版禁止解除

本山の平仮名本への対応も変化していきました。浄瑠璃本の出版禁止以来、平仮名書き親鸞伝は刊行されなくなり、百年以上経って明和八年（一七七一）に作者不詳『ひらかな親鸞聖人御一代記』が出されたものの、それは単発で、平仮名書きのまとまった親鸞伝は享和元年（一八〇一）の『絵詞伝』までありません。

とはいえ、一七八〇年代に入るころから、「〇〇絵鈔」と題される平仮名絵入り本が続々と刊行されていました。文化年間の末ごろ（〜一八一八）、丁子屋九郎右衛門が「御本山ならびに御学寮御書物所」をうたって刷った広告には、『正信偈絵鈔』や『高僧和讃絵鈔』、『玉日宮御遺状記』など計十二種が並び、「右いづれも平かなゑ入にて、安心領解安からしめん」とされています。東本願寺御用書林が「平仮名絵入り本で教義を理解するのが極楽往生への近道ですよ」と声を挙げていたのです。

鈴木俊幸氏によれば、寛政年間（一七八九〜一八〇一）を境に急速に知の底上げが起き、地方出版も隆盛に向かって、町や村の役人層でない普通の人たちが『論語』『孟子』に平仮名で注釈を付した庶民向け独習書を購入して勉強するようになったそうです。

読書の習慣が行きわたってくれば、本願寺も旧套墨守《きゅうとうぼくしゅ》ではいられません。そもそも書物を読み、自ら思考する人びとに、力づくの統制でもないでしょう。東本願寺は『絵詞伝』や、この後に刊行された他の平仮名書き親鸞伝には、禁止のそぶりも見せていませんが、明治に入っても親鸞物浄瑠璃の上演禁止は貫徹され、絵解き禁止も布達されました。

江戸初期の段階では、出版禁止と上演禁止は「正しい親鸞伝」の確定という一つの問題でした。しかし、十九世紀に入るころには、耳で聴く者たちを興奮させ、「宗義」を乱す大群集に変身させかねない浄瑠璃についてては禁止が継続され、文字で知識を与えて考えさせる書物は問題視されなくなりました。

雑俳点者の親鸞伝

安政五年（一八五八）、「江戸佃島の同行」緑亭《りょくてい》川柳の『親鸞聖人御化導実記《ごけどうじつき》』が江戸馬喰町の山口屋藤兵衛から刊行されました。半紙本五冊の平仮名絵入り本です。

建久九年、上人は二十六歳で、新年には師匠（慈円）の名代として参内なさいました。祝儀を済ませて比叡山へ戻る途中で、赤山明神へお参りなさいました。この神をここに勧請した次第は、昔慈覚大師（円仁）が入唐され、清涼山の引声《いんじょう》念仏を伝授されたとき、明神は大師にこの念仏の守護を約束なさり、異朝（中国）の雲を出て帰朝に付き添われました。万里の波濤を過ぎること数日、悪風吹き荒れ、逆浪激しく船を襲って、船はもう覆ってしまいそうでしたが、大師が本山の三宝を念じられると、不動・毘沙門が艫《とも》に現れ、舳《へさき》には赤山明神が出現し、赤い着物に白羽の矢を負い、船中を走り廻って大師を守護なさいました。無事日本に着岸の後、明神は「山王は東坂本をお守り下さい。私は閑かなところを好むゆえ西の麓に居りましょう」と仰せられ、西坂本に鎮座しました。赤山とは中国の山の名で、その山に住まれる神ゆえ赤山明神と申し、本地は地蔵菩薩です。

『御化導実記』は粟津義圭の『御伝鈔演義』に拠って作られました。赤山明神譚自体は、義圭が『正明伝』を口語り用に書き直したのを、再度「読む」文章に直したもので、文体は二転三転したものの、内容は『正明伝』から変わっていません。

ただ、円仁入唐時に云々という、赤山明神に関する詳しい説明は、『御化導実記』が独自に付加したものです。この本は総じて勉強熱心でした。「親鸞は四歳の二月十五日に土や砂で仏像を作り、名号を唱えた」という部分にしても、木の下で拝む子供の姿の挿絵があり、その上部の空白に「善光寺如来仏詠。待兼天恨止《まちかねてうらむと》告与《つげよ》皆人爾《みなひとに》何遠《なにを》可《か》都而《すべて》急賀佐留《いそがざる》覧《らん》」の文字が書き込まれました。善光寺如来と聖徳太子が歌を詠み交わす物語は古くからあり、南北朝期の勅撰集『風雅和歌集』や、存覚『報恩記』にも載っています。

主たる典拠となった『演義』も、さまざまな物語を取り込んでいましたが、それは聴衆の関心を逸らすまいとする法座の語りの常套手段でした。でも、『御化導実記』が取り込んだのは鰐や蛤ではなく、赤山明神の縁起や善光寺如来の詠歌です。法座の聴衆は伝奇伝説を面白がりましたが、この本の読者は知識欲旺盛でした。親鸞の事蹟と真宗教義の解説だけでは飽き足りない、広く一般教養を得たいと願う真宗門徒が全国に生れていました。

北海道の松前も「全国」に含まれました。この本の巻末には「諸国発行書肆《しょし》」として羽州山形十日町に五名、秋田湯沢・仙台国分町に各二名、秋田横手と松前城下各一名の計十一名、ほかに「大坂書林」三名、「江戸書林」九名が列挙されています。仙台国分町は奥羽全体の庶民教材センターと呼ばれるところで、この二名も『小倉百人一首』『御成敗式目』『庭訓《ていきん》往来』などを出していました。

十日町の一名は現在は陶器商だそうです。「諸国発行書肆」は他の品物と一緒に書物も売る、販売専門の本屋だったのでしょう。明治に入って東派の浅草本願寺の近くにある「蘭法テレスメル希代膏弘所　玉水屋清九郎」が『御化導実記』を後刷しました。高田派の『絵伝撮要』なども出したところですが、そのころは書物の出版・販売だけでなく、薬の販売も行っていたようです。

『御化導実記』を刊行したのは江戸の春錦堂山口屋藤兵衛ですが、これも丁子屋九郎右衛門や永田調兵衛のような、仏書・儒書など「物の本」(「お固い本」の意)を出す物の本屋ではなく、絵草紙や歌麿・広重の版画、錦絵などを扱う地本《じほん》問屋でした。絵画や「お軽い本」専門の本屋が五冊組の平仮名絵入り親鸞伝を出して、奥州・北海道にまで売り弘めていたのでした。

作者の緑亭川柳は雑俳点者《ざっぱいてんじゃ》で、佃島の裕福な漁師の家で育ち、築地本願寺に葬られました。生粋の真宗門徒ではあっても僧侶ではありません。本格的な誹諧でなく、前句付け・折句といった雑俳の優劣を判定して点料（報酬）を受ける、庶民文芸の専門家が、仏書林ならぬ地本問屋から親鸞伝の執筆を依頼され、各種の書物に載るさまざまな記事を切り取って一書に編みあげたのです。一八六〇年頃からは『絵詞伝』ともまた一線を画して、こうした俗人の手になる親鸞伝が多く作られました。

集団的学習から孤独な読書へ

『御化導実記』の文章を原文のまま掲げてみましょう。

是は焼焦《やけこがれ》たる栗、いはば敗種《くされたね》に同じ物。弥陀の本願まことに師の説《とき》玉ふ通り、即《すなわち》今日前に芽を出《いだ》させ玉へ。左《さ》あらばよく、若亦《もしまた》芽が出《で》ぬ時は、今日《こんにち》の御勧化は皆空事《そらごと》なり。斯言《かくいつ》て諸人を狂惑《きょうわく》せらるゝなれば、其分《そのぶん》には差置《さしおき》がたしと、扼腕《はりひじ》して難題を申かけゝる。

桑子妙源寺の焼栗のお話です。この後、「イヤどう有《あつ》ても、一旦左様仰《おおせ》られし上は、是非とも是に芽を出《いだ》させ見せ玉へと、理不尽に詰掛け」た男は、焼栗が芽吹くのを見て「ハット驚き、何一言いはず縁側へ出ると見えしが」、髻を切って親鸞の弟子となったといいます。

『演義』では「芽を出させ玉へ」でなく「芽を出されよ」、「今日の御勧化は皆空事なり」でなく「今日の勧化は皆うそいつはり」、「申かけける」でなく「申しかけた」となっていたので、語り口調が書き言葉に直されたのは確かですが、法座の高潮した気分はなお生きています。

前田愛氏によれば江戸末期の庶民の読書は孤独な黙読ではなく、一人の読み手を囲んで数人が聴き入る集団的な読書だったそうです。明治初期の新聞も同様で、有識者が村人を集めて新聞記事を読むこともあり、とくに庶民対象の小新聞《こしんぶん》は、政論中心で漢文調の大新聞と違って、唱導のような語り文体に総ルビが付されていました。読本《よみほん》は声を出して読むから読本です。読本や、読本とごく近いところにある『御遺状記』『絵詞伝』『御化導実記』などの総ルビは、伊達《だて》に付けられたのではないでしょう。目で見るための絵入り本も、耳で聴く従来の親鸞伝のあり方と、切れたわけではなかったのです。

とはいえ、平仮名絵入り本の普及は、「語る」「聴く」を基盤に、教義の学習と集団の結集とを遂げていた宗門が、「読む」ことへ軸足を移していくさまを如実に現しています。寺院に集まってともに学ぶのでなく、書物の世界に沈潜し、ただ一人親鸞と向き合う近代的真宗がすぐそこまで来ていました。

六 『親鸞聖人御一代記図絵』——江戸と明治の連続性——

一般教養の教科書

親鸞伝に親鸞や真宗以外のさまざまな知識まで求めるとなると、大部になるのはやむを得ません。万延元年（一八六〇）に京都の物の本屋六名によって、大本（「図会もの」は大本です）五冊の『親鸞聖人御一代記図絵』が開板されました。各冊五十丁内外という分厚さで、作者は不明ですが、大坂の売れっ子読本作者である暁《あかつき》鐘成《かねなり》かと推定されています。総ルビ付きの平仮名本で、親鸞の生涯以外に、吉崎坊舎の建立、織田信長との闘いといった本願寺史や、各寺に蔵される親鸞影像などについても説明があり、さらに、親鸞直弟の伝記を集めた「御門侶省伝《しょうでん》」一冊が付加されました。『御化導実記』も五冊でしたが、半紙本で、各冊四十丁以内ですから、情報量の差は歴然としています。

絵のなかにも解説が書き込まれました。「月輪殿下・源空上人御面謁の図」には「吉水

『親鸞聖人御一代記図絵』（大桑斉氏蔵）

の禅坊は今の知恩院付近という。丸山安養寺の勢至堂の下に吉水という名水が湧いていることから、辺り一帯を吉水と名付けた」、「御門侶省伝」で幼少の顕智が富士山上で養父に見出されるところでは「甲州からの富士登山は吉田口、駿州からは大宮口、相州からは砂走」などといった風で、もはや一般教養の教科書とも言えそうです。

この本もまた『正統伝』『正明伝』準拠で、内容的な目新しさはありませんが、よほど評判がよかったらしく、明治二十九年（一八九六）には東京博文館によって一冊に合冊され、三十四年（一九〇一）には京都中村風祥堂（明治中期創業の新しい本屋）の手で小型の活版本に生まれ変わり、大正二年（一九一三）には「大字新版」となって（実際には同型。大字新版と称して販拡を目論んだだけでしょう）九年間で五刷を重ねました。大阪では偉業館岡本仙助が明治二十八年（一八九五）に活版化し、絵を新しいものに差し替えて『親鸞聖人』の題名で刊行しました。

大正九年（一九二〇）年に『日本歴史図会』という歴史読み物の集成が全十二巻で出されましたが、秋里籬島『源平盛衰記図会』・高井蘭山『平家物語図会』・山崎美成《よしなり》『赤穂義士伝一夕話《いっせきわ》』などという高名な読本作者の作に混じって、この『御一代記図絵』が大衆的親鸞伝の代表として採録されています。

高田派の『親鸞聖人絵詞伝』も明治十五年（一八八二）に再度刷られたか、覆刻されました。親鸞は明治九年（一八七六）に見真大師の大師号を賜与されたため、標題は「見真大師絵詞伝」と改められています。

『玉日宮御遺状記』はこの時期によく見られる黄色い表紙の小本（約十八センチ）の形で、京都の永田長左衛門という永田調兵衛の関係者によって刊行されました。「売捌所《うりさばきしょ》」は京都の永田栄次郎、浅草の吉田久兵衛、熊本の長崎治郎です。彼ら四名は富士谷成章《ふじたになりあきら》の『あゆひ抄』『かざし抄』（国語学書）、作者不詳『神道名目類聚抄』（神道書）など数種を同じメンバーで出していますが、どれも自力での開板ではなく、他の本屋が出版した本の板木を購入しての刊行でした。そうすれば安く作って安く売れます。

幕末の板本がそのまま、あるいは活字となって安価に供給され、大いに読まれていました。明治維新は「御一新」とも言われ、大変革の印象が強いのですが、親鸞伝の画期は幕末一八五〇年代の末から六〇年ごろと、明治も半ばを過ぎた日清戦争ごろで、一八六八年にはありません。

法事で饅頭代わりに配る本

明治三十年（一八九七）前後に丁子屋九郎右衛門は百冊の「施本適当小冊子」という、粗悪な紙の活版のパンフレットを作りました。東本願寺が全末寺に配布した宗報に大きな広告を載せて、「報恩講や法事の際のご供養に、赤飯や饅頭の代わりに参詣者に配れば、家内一同、近隣の人までもご利益がある、時世に合った小冊子」と謳《うた》っています。「玉日宮御遺状記」「祖師の御苦労」「蓮師の金言」「少年仏教問答」「真宗に神棚なきわけ」「安心ほこりたたき（仏法ちょぼくれ）」「天理教ひねりつぶし」「滑稽耶蘇教《やそきょう》退治」「かるかや道心」「教育勅語のはなし」「御伝抄御延書《のべがき》」「念仏軍人」「平太郎の伝」「箱根御別《おわかれ》物語」「おなつ蘇甦物語」……勧化本を委細構わず寄せ集めたようです。

『玉日宮御遺状記』は天明六年（一七八六）の板本の絵を抜いて活版にしたもの、『箱根御別物語』や『おなつ蘇甦物語』にも江戸時代の板本があります。『祖師の御苦労』は

『御伝鈔』に拠ってはいますが、七五調で「一朝国にことあらば命を君にささぐべし。体は野山や波間にて死すとも、魂は浄土に住みあそぶ」云々というのですから、明治の作でしょう。『教育勅語のはなし』や『念仏軍人』も明治の新作、『かるかや道心』は石道丸《いしどうまる》の物語で高野山刈萱堂の由来譚、天理教やキリスト教に対抗するための本もあります。文体も何でもござれで、比較的固い読本文体から七五調、ちょぼくれまでありました。

十七、八世紀のヨーロッパでは、トロワ青本叢書と呼ばれる廉価な小冊子が大量印刷され、行商人の手で農民たちに売り捌かれました。それらもあらゆる時代、あらゆる文学から借用した雑多な書物の集成だそうです。明治中期の丁子屋九郎右衛門もまさにそんな形で、庶民向けの小冊子をシリーズで出していたのでした。

一から新しく作るより、旧いものの再利用の方が安上がりに決まっていますが、もし今、百年以上前の小説を装丁だけ変えて出したとしたら、どうでしょうか。内容面の古くささより何より、まず文章が読めないのではないでしょうか。

明治三十年代の真宗門徒は、葬式饅頭を食べるようにして江戸時代の勧化本を読むことができました。言文一致と言われますが、一般の真宗門徒が「目で読む」文体として馴染んでいたのは、勧化本・読本でお馴染みの文語文の範疇に入る文体でした。

法座の語りと言文一致

幕末の越後国蒲原郡では、東西両本願寺派と仏光寺派の寺院が派を超えて唱導の上手な者を派遣し合ったり、遠方から専門家を呼んだりしていました。唱導の名演があるときは三百人も集まり、なければ十人から二十人程度ということで、集められる金額に大差が出るためです。近江の名高い説教者・野世渓《のせたに》真了の明治二十四年（一八九一）の布教日誌にも、一年の大半を長期の遠方出張で過ごす様が描かれています。

全国のどこに住んでいても同じ唱導を聴き、唱導の文体で書かれた同じ書物が読めるようになりました。目で見られ、耳で聴かれる、全国に斉一的な文体の成立です。

横道に入りついでに、もう少し言文一致や国語の成立について考えましょう。言文一致といえば二葉亭四迷の『浮雲』、山田美妙は「ですます体」で尾崎紅葉は「である体」、などと暗記した記憶がおありでしょう。明治という新しい時代に、旧身分も居住地も職業も問わない、日本国民として等しく身につけるべき言葉が求められ、当代一流の知識人たちが研究の末に新しい文体を作り出したと習って来られたのではないでしょうか。

ところが、十七世紀後半の『康楽寺白鳥伝』でも、「祖師聖人の追立の官人は、伊賀の判官末貞にてありたときこへました」「四方みな白雪のありさまをかきあらはされた。これを小多の浜と申はあやまりである」のように、「ました」や「である」という文末表現が頻用されています。明治・大正の説教本もほぼ同じ文体ですので、これが法座での通常の語り方だったのでしょう。

学僧の講義や聖典注釈書と、絵解き・唱導・勧化本と、どちらが権威があったかなど、問うまでもないことです。勧化本は談義本とも呼ばれますが、真宗の「談義本」という語には、学僧が「聖教」と「談義本」を分別しようとした十八世紀後半以降はとくに、「聖典でない、いい加減なもの」「庶民相手の嘘話」といった、軽侮の意味も含まれました。

現代人が言文一致と聞いて想起する文体は、江戸時代も早い時期から絵解きや唱導の場で用いられていました。また、江戸後期から明治半ばまでは、それとは別に一種の文語文が全国の法座で語られ（「おしゃべり」とは異なる「語り」です）、読まれていました。長い時間をかけて明治維新を準備しながら、ついぞ権威とも権力とも無縁だった大勢の普通の人たちがいて、二葉亭四迷や尾崎紅葉はその上に乗っているのです。

七　近代史学の誕生――「人間親鸞」の物語――

社会の一員としての親鸞

日清戦争が終わるころを境に、近代史学の方法で親鸞の生涯に迫ろうとする、それまでなかったタイプの研究書が刊行され始めました。もはや最初から活版本での刊行です。村田勤著『史的批評親鸞真伝』は明治二十九年（一八九六）四月に東京の教文館というプロテスタント系出版社から発行されました。親鸞や真宗に関する知識のあり方から推して、真宗の家に生まれた人であることは間違いありませんが、同志社を出てアメリカの名門であるエール大学に遊学し、キリスト教関係の書物を多く著したほか、エミール・ライヒ著『近世欧羅巴の基礎』という歴史学の本の翻訳もしています。自らの意志で宗門を離れた学究が、親鸞の伝記を書こうとしたのです。

予輩は双眼を拭て、開山御聖人としてに非ず、弥陀の化身としてに非ず、鎌足公の末孫としてに非ず、非僧非俗の禿として、情あり血ある一人物としての親鸞の真面目を観察せんと欲するなり。読者よ勇め請ふ予輩と共に彼の真相を穿たむ。

熱の籠もった文章なので原文のまま引用しました。キリスト教徒となっても親鸞という「一人物」に強く惹かれているのに、その研究には高い壁が立ちはだかっています。本願寺が自らを聖化するために親鸞を聖化してきた結果、親鸞は「開山聖人」や「弥陀の化身」としてしか描かれてこなかったと、村田は慨歎しました。第一章「本伝著述の目的及其困難」から、今度は口語訳をして引用します。

彼に関する記録はことごとく彼の崇尊家、とくに彼の血族の筆に成り、崇尊家の保護を受け、また彼を崇尊してその宗旨に帰依せさるために用いられたものだ。（中略）最初から親鸞を崇尊してかかり、弥陀の化身や関白兼実公の婿殿という理想像を描いておいて、その上に稗史《はいし》的な美服をまとわせたにほかならない。当今文明の世、いったい誰がこのような仏教者の妄譚を信じるだろうか。

中国には民間の物語を集める稗官《はいかん》という役人がいました。稗史とはその稗官の手になる歴史書、つまり民間で行われた物語的な歴史書という意味です。正史の対義語として用いられ、侮蔑や韜晦《とうかい》の意が籠められたり、「よみほん」とルビが振られたりしました。

村田はたしかによいところを突いていました。宗門の正史である『御伝鈔』からして、事実を記録した史書というより稗史的、つまり「お話」でした。次のような一節もあります。

慈円が「北岳（比叡山）の神龍」と称讃した親鸞を、慈円の実弟である兼実が法然に頼んで愛女の婿にもらい受ける一段は、面白い一場の演劇ではないか。寓意の潜伏する所は、読者が看破していただきたい。

親鸞と玉日の結婚物語を踏まえた発言です。村田は『御伝鈔』よりも『正統伝』を採り、これを適宜取捨選択しながら書きましたが、取捨の判断は多分に恣意的でした。『御伝鈔』にないこの物語をあえて取り上げたのも、玉日との結婚を事実と考えたからではなく、天台宗と日本浄土教の歴史のなかで親鸞の下山の意味を探ろうとしたためです。鎌倉幕府が樹立され、仏法は東国へ拡がって、「血あり肉ある新宗教」は大伽藍から山下の小庵へと移りました。「栄西・法然は比叡山を下り、残された親鸞も遅れてならじと己を励まして吉水へ向かった」と解釈され、重要なのは「天下の気運」だとして、六角堂夢告は「また枝葉のみ」と言い捨てられました。

『御伝鈔』や『正統伝』に描かれた個々の出来事に重きを置かず、社会的条件から親鸞の行動を説明しようとする、新しい考え方の登場です。この前年に吉川半七（現吉川弘文館）から刊行された福井了雄著『親鸞聖人』でも、「御一生の事蹟」と「社会の状況」の二段に分けて親鸞年譜が作られています。

神仏は時空を超越した存在ですが、人間は社会のなかでしか生きられません。鎌倉時代の人が鎌倉時代の現実のなかで思考し、行動したのは当然とはいえ、親鸞伝の歴史を通観すれば、「社会のなかの一人の人間として親鸞を見る」のがいかに新しいか、おわかりでしょう。

人間は神仏と交流しない

女犯偈は「親鸞の自作」で、「英雄世を弄ぶの方便」に過ぎないとされました。親鸞が布教のために女犯偈を自作したというのですが、その理由は「観音は字句（言葉）をもって人間に告げはしない」ということと、「観音が我成玉女身被犯のような醜言を吐くわけがない」という二点です。意思疎通に言葉を用い、劣情をも言葉で表現してしまう人間と、そういうことのあり得ない観音とを二分し、親鸞を紛れもない人間として遇したのです。

箱根霊告・熊野霊告の両段も「親鸞が発意に出でたる方便談」「取るに足らざる虚誕」とされました。村田に言わせれば、親鸞は右手で衆生に阿弥陀如来を指し示しながら、左手で佳肴美人を擁する、政治家の技倆《ぎりょう》をそなえた英才でした。

したがって親鸞と玉日の結婚は、親鸞の方便談に上乗りした「全く後世の捏造談」ということになります。本願寺が繁栄する一方で、朝廷の衰微につれて公家は不如意をかこったため、霰《あられ》のように降り積もる黄白《こうはく》（金銭）の力で公家も門徒になり、関白令嬢が「祖師聖人の御台所」として求められたというのです。黄白という露骨な言葉を二度も用いているのは、親鸞・本願寺の双方を人間界に引き戻そうとしてのことでしょう。『御伝鈔』の蓮位夢想・入西鑑察の両段は「後人の追加」とされ、もちろん事実と見なされませんでした。これで、親鸞と神仏の交流を描いた四段は、親鸞自身が作ったにせよ、後世の人の創作にせよ、すべて「虚譚」ということになりました。

現代の歴史学者は、親鸞の出自や修学については『御伝鈔』を叩き台として考えていきますが、この四段については触れないか、触れても「箱根経由で帰洛した」のような、『御伝鈔』の述べようとしたところとは無関係な扱い方をします。「『御伝鈔』の言う親鸞の出自は事実か否か」を大きく扱いながら、「『御伝鈔』の言う箱根権現の饗応は事実か否か」という問題の立て方はしません。これら四段は無言のうちに虚譚とする共通認識が持たれ、歴史学の研究対象から外されています。現代の歴史学に直結する研究の第一歩がこの時期に始まったのでした。

『歎異抄』の再発見

村田は鎌倉時代をさまざまな史料に拠って描出しながら、肝心の親鸞の話になると『正統伝』を引用して事足れりとするところがあり、「本願寺でなく高田専修寺こそ中世真宗の本山だ」といった、良空の手の裡にはまったような発言も目につきます。福井了雄の著作も『正統伝』に拠っていました。本願寺や『御伝鈔』から我が身を引き剝がし、弥陀の化現でなく人間親鸞を見据えようとすれば、今度は高田偏重の陥穽《かんせい》が待ちかまえていました。

この年の九月、京都に真宗大学が発足しましたが、教団改革を目指す人びとが中心となって、明治三十四年（一九〇一）に東京に移転させました。東京大学で西洋哲学を学んだ清沢満之が初代学監（学長）に就任し、京都の東本願寺学寮に数倍する学生を惹きつけたものの、学寮との激しい綱引きの末に十年にして廃され、京都に真宗大谷大学として再編されました。本願寺から自立した学問を目指すこと自体が茨の道でした。

清沢は東京の本郷に浩々堂を設け、「浩々堂の三羽烏」と呼ばれた佐々木月樵《げっしょう》・多田鼎《かなえ》・暁烏《あけがらす》敏《はや》と共同生活を行い、雑誌『精神界』を発行しました。この雑誌で見出されたのが『歎異抄』です。蓮如によって真宗聖教に組み入れてから、ずっと聖典の一に数えられてはいても、とくに重要視されなかった『歎異抄』が、真宗随一の名作と受けとめられるようになったのには、浩々堂の人びとの陶酔と喧伝が大きく作用しました。

「弥陀の五劫思惟の願をよくよく案ずれば、ひとへに親鸞一人がためなりけり」という一文もありますが、『歎異抄』は沈思黙考する孤独な読書人の愛読書となりました。親鸞にかかわる人たちを、『歎異抄』を支持する、かならずしも門徒とはかぎらない知識人たちと、明治四十四年（一九一一）の親鸞六百五十回忌に本山へ押し寄せて稗史的親鸞伝を買って帰り、有り難さに涙する真宗門徒とに、二分することもできるでしょう。

親鸞の出自や事蹟を記す体裁の、いわゆる親鸞伝に対し、親鸞の言葉を記す体裁の親鸞伝として『歎異抄』を分析する必要もあろうと思いますが、ここではとりあえず、『歎異抄』の再発見を行った人びとが、いわゆる親鸞伝にどう向かい合ったかを見ていきます。

佐々木は明治四十三年（一九一〇）に、各種親鸞伝を集成した『親鸞伝叢書』と、八百頁を越す『親鸞聖人伝』とを刊行しました。後者冒頭の「告白」（序文）には、「伝記は事実の記載である」とか、「我が聖人を人間以上と見なしたり、宗我の偏見に陥ったりしないよう、常に努力した」とかいう言葉が掲げられましたが、「宗我」の宗は真宗というより本願寺だったのでしょう。「凡例」で「親鸞伝研究の資料には、第一に宗内に伝わる諸伝、第二に宗内における間接史料、第三に当時の紀伝・日記・古文書があり、第三部門の研究が最も必要だ」と断言しながら、本文は『正統伝』に全面的に依拠していました。

藤原定家『明月記』、九条兼実『玉葉』、慈円『愚管抄』といった日記・記録類が引かれているとはいえ、量はごくわずかですし、文書もまた、江戸時代から親鸞伝に付き物だった法然の制戒条文や興福寺の奏状などが中心でした。それらをもって当時の社会を論じ、直接親鸞を論じた部分では『正統伝』をもって箸鷹の歌や、兼実と法然の問答や、玉日との結婚を語ったのです。

幸福・愛・真理

もっとも、結婚という「事実」を語って終わるのではありません。その三倍もの頁数を割いて「第一〇章　仏教の婦人観」が置かれ、「仏教は男尊女卑の宗教だが、どの国にも古くは男尊女卑の風習があり、釈尊はそれを採用したにすぎない。風習や社会制度の上では男尊女卑でも、救済解脱の門戸はすべての人に開かれている。宗教そのものの上で男女の別はない」と佐々木は力説しました。再び原文のまま引用します。

人間が最大の幸福を感ずるものは、婚姻によりて二個の愛を結ぶ事なるべし。されど、尚ほ遥かに之に優る幸福あるを知らずや。真理に契合する事即ち是也。死は又夫婦を割きて二個となさん、されど、死は決して真理に嫁せるものを奪ふ事能はざる也。

親鸞は仏教的家庭の理想を我が国に実現した人とされ、幸福・愛・真理という新しい言葉を用いて佐々木自身の信念が表明されました。それは京都の持つ伝統への対抗策でもあったのでしょう。翌年に刊行された多田鼎の『親鸞聖人』も、近代史学の風を採りながら「私の親鸞」を語るものでした。

多田の本と同年、すなわち親鸞六百五十回忌の興奮の最中に、東京市神田区駿河台の真宗報恩協会から河野正義著『親鸞聖人真伝』が分厚い二冊本で刊行されました。「凡例」には佐々木月樵の著書を参照したことが特記され、感謝が捧げられています。

けれども、河野はまったく触れていませんが、この本は万延元年（一八六〇）の『御一代記図絵』と享和三年（一八〇三）の『二十四輩順拝図会』（全国の著名な真宗寺院の紹介）に全面的に依拠していました。鎌倉時代の仏教界を考察する部分を付加するなどして、近代史学を摸していても、実際には江戸時代の稗史的《よみほん》親鸞伝の集大成なのですから、佐々木への謝辞は単なる権威付けにすぎません。とはいえ、佐々木の本も『御一代記図絵』ももとをたどれば『正統伝』『正明伝』なので、内容面での矛盾がないことも確かでした。

教育者ゆえの陥穽

佐々木はこのとき真宗大谷大学の教授でした。真宗大学の京都移転に反対し、教授職を解かれたものの、翌年京都で再び教鞭を執ることになったのです。真宗大谷大学は後に大谷大学と改称し、佐々木は大正十三年（一九二四）に学長の任に就きました。

『親鸞伝叢書』に収録された二十一種の親鸞伝は、『御伝鈔』『正明伝』『秘伝鈔』の順で配列されました。佐々木は『正明伝』を「存覚の著作をもとにした江戸中期の作」と考えていましたが、読者が脳裏に親鸞の生涯・著書などを順序よく整理できることを配列の基準としたため、時系列に沿って出来事が並ぶ『正明伝』を二番手に選んだのでしょう。佐々木はあくまでも教育者だったのです。

佐々木とともに真宗大学を解任された日下無倫は、後にはやはり大谷大学で教え、昭和二十三年（一九五八年）に『総説親鸞伝絵』を刊行して、「親鸞聖人伝」一〇六種、「御伝鈔註疏《ちゅうそ》」一二一種から成る壮大なリスト（「下野伝」のように書名のみ見えるものも含む）を掲げました。日下の収集した親鸞伝は自坊の楠丘《なんきゅう》文庫に保管され、現在は大谷大学図書館に移されて、詳細な目録も発行されています。

研究者ならぬ普通の人たちは、抽象的な語句の操作を延々と続けることはできません。生身の人間の行動として具体化したとき、やっと教義が腑に落ちます。民衆的宗教に祖師伝は不可欠です。村田や佐々木や河野を、近代史学を僭称《せんしょう》する者と糾弾するのは簡単ですが、教育者として書いていた彼らだからこそ、陥穽を逃れられなかった面もあるでしょう。もし、佐々木の主張どおり、親鸞と同時代の日記・記録・文書から親鸞の出自をうかがおうとすれば、「当時の公家日記等に親鸞は姿を見せない。親鸞は公家たちの視野に入らない階層の人物であった」という一行で終わりかねません。

もちろん、歴史学の研究方法が格段に進んだ現代で、村田らの轍を踏むことは許されません。鎌倉時代の親鸞の事実を解明しようとする者は、資料不足を補おうと物語に応援要請をしてしまうことのないよう、自らを厳しく律していかねばなりません。禁欲の技を身につけた、学問のプロによる実証的研究は、えてして退屈窮まるものにしかなりませんし、これまでの夢を壊す面も大きいでしょうが、それはいたし方ないことです。

しかし、そういう研究とは別に、もうひとつの歴史研究、あるいは文学研究として、人びとの心のなかに描かれた親鸞像や、親鸞伝を語る営みがもたらしてきた恵みを探っていけば、豊かな実りが得られるはずです。親鸞伝の世界は未開の沃野なのです。

		御因縁注釈書	
		●親鸞聖人御因縁秘伝鈔	**寺史 真宗史**
		御伝鈔注釈書	日野一流系図 反古裏書 ●高田上人代々聞書
近世小説	**史料集 研究書**	●御伝鈔聞書 ●御伝抄私記 ●御伝照蒙記 御伝探証記 ●仏光寺絵詞伝著聞鈔	●代々上人聞書
●親鸞聖人正明伝	●高田親鸞聖人正統伝 ●正統伝御集 宗祖世録 非正統伝	●絵伝撮要 御伝絵視聴記 伝絵大意	●叢林集 本願寺由緒紀 大谷本願寺通記
●親鸞聖人絵詞伝 ●親鸞聖人御化導実記 親鸞聖人御一生記絵抄 ●親鸞聖人御一代記図絵 ●親鸞聖人御一代記	御伝絵鴟鵂鈔		

中近世親鸞伝年表（●は本書で扱ったもの）

年	浄瑠璃	和讃	御絵伝絵解き本・解説書	聖典／勧化本
				聖典 ●親鸞聖人御因 ●親鸞伝絵
1300				●御伝鈔
1400				●御俗姓御文
1500	**浄瑠璃** ●親鸞聖人由来	**和讃**		
1600	●しんらんき	●良観和讃	**御絵伝絵解き本・解説書** ●康楽寺白鳥伝 図解親鸞聖人御一代記 ●御伝絵説詞略抄	**勧化本** 善信聖人報恩
1700	華和讃新羅源氏 祇園女御九重錦	親鸞聖人本伝和讃	御伝絵解 親鸞聖人行状記 御伝絵指示記	善信聖人十徳 ひらかな親鸞 人御一代記 ●御伝鈔演義 ●玉日宮御遺状
1800		大谷聖人謝徳奉讃		御伝絵略解 親鸞聖人枕石 伝絵鈔

本書で使用した諸本一覧　①書名（本文中での略称）②作者③成立④開板

①親鸞聖人御因縁（御因縁）②未詳③正応（一二八八～一二九三）ごろ④／

①報恩講私記②覚如③永仁二年（一二九四）④寛文六年（一六六六）

①親鸞伝絵（伝絵）②覚如③永仁三年（一二九五）④（御伝鈔）天和二年（一六八二）以前

①拾遺古徳伝②覚如③正安三年（一三〇一）④寛文九年（一六六九）

①慕帰絵②従覚（存覚）③観応二年（一三五一）④寛文十三年（一六七三）

①最須敬重絵詞（敬重絵）②乗専（存覚）③文和元年（一三五二）④天和元～三年（一六八一～八三）

①歎徳文②存覚③延文四年（一三五九）④宝暦十二年（一七六二）

①六要鈔②存覚③延文五年（一三六〇）④寛永十三年（一六三六）

①親鸞聖人御因縁秘伝鈔（秘伝鈔）②未詳③南北朝末期～室町初期④正徳六年（一七一六）

①御俗姓②蓮如③文明九年（一四七七）④慶応年間（一八六五～六八）

①日野一流系図②実悟③天文十年（一五四一）④／

①反古裏書②顕誓③永禄十年（一五六七）ごろ④延宝初（一六七三）ごろ

①高田ノ上人代々ノ聞書②恵教③室町末期④／

①代々上人聞書②恵教③室町末期か④／

①親鸞聖人由来（由来）②未詳③文禄元年（一五九二）以前④／

①御伝鈔聞書（聞書）②未詳③室町末期～江戸初期④／

①親鸞上人御弟子達次第之事②顕西③江戸初期④／

①しんらんき②未詳③室町末期～江戸初期④元和（一六一五）～寛永初（一六二四）（古活字本）

①良観和讃②未詳③室町末期～江戸初期④／

①御伝抄私記（私記）②未詳③正保五年（一六四八）以後④慶安三年（一六五〇）

①御伝照蒙記（照蒙記）②知空③寛文四年（一六六四）④寛文四年（一六六四）

①仏光寺絵詞伝著聞鈔（著聞鈔）②玄貞③延宝五年（一六七七）④延宝六年（一六七八）

①康楽寺白鳥伝（白鳥伝）②未詳③貞享年中（一六八四～八八）④／

①絵伝撮要（撮要）②普門③元禄五年（一六九二）以前④宝永三年（一七〇六）

①御伝絵説詞略抄（詞略抄）②霊勝③元禄八年（一六九五）④宝永八年（一七一一）

①御伝絵視聴記（視聴記）②恵空③宝永二年（一七〇五）ごろ④正徳四年（一七一四）

①高田親鸞聖人正統伝（正統伝）②良空③正徳五年（一七一五）④享保二年（一七一七）

①親鸞聖人行状記②了雲・浄超③享保二年（一七一七）以後④享保七年（一七二二）

①正統伝後集②良空③享保七年（一七二二）④享保七年（一七二二）

①親鸞聖人正明伝（正明伝）②良空③享保六年（一七二一）以後④享保十八年（一七三三）

①御伝鈔演義（演義）②粟津義圭③宝暦十一年（一七六一）④安永八年（一七七九）

①玉日宮御遺状記（御遺状記）②正西③天明元年（一七八一）④天明六年（一七八六）

①親鸞聖人絵詞伝（絵詞伝）②舜恕・慧観等③寛政十二年（一八〇〇）序④享和元年（一八〇一）

①親鸞聖人御化導実記（御化導実記）②緑亭川柳③安政五年（一八五八）か④安政五年（一八五八）

①親鸞聖人御一代記図絵（御一代記図絵）②暁鐘成か③万延元年（一八六〇）か④万延元年（一八六〇）

①親鸞聖人御一代記②招禄翁（笠亭仙果）③万延元年（一八六〇）か④万延元年（一八六〇）

①史的批評親鸞真伝②村田勤③明治二十九年（一八九六）④明治二十九年（一八九六）

①親鸞聖人伝②佐々木月樵③明治四十三年（一九一〇）か④明治四十三年（一九一〇）

①親鸞聖人真伝②河野正義③明治四十四年（一九一一）か④明治四十四年（一九一一）

参考文献

本書で採り上げた親鸞伝のテクストと研究書を、書店で入手可能な単著を中心に挙げました。親鸞伝を論じることを目的とした研究書は、今のところ書かれていませんので、筆者が参照した書物を掲出しました。

◆親鸞伝テクスト

『親鸞文学集』古典文庫189、一九六三年（しんらんき）
『新編真宗全書』史伝編三、思文閣、一九七五年（二十四輩牒）
『真宗大系』第三十一巻、国書刊行会、一九七六年（御伝絵視聴記）
『真宗聖教全書』第二巻、大八木興文堂、一九七七年（六要鈔）
『真宗史料集成』第三巻、同朋舎メディアプラン、二〇〇三年（反古裏書）
同第四巻、同朋舎メディアプラン、二〇〇三年（代々上人聞書・高田ノ上人代々ノ聞書）
同第七巻、同朋舎メディアプラン、二〇〇三年（絵伝撮要・日野一流系図）
『大系真宗史料』特別巻、法藏館、二〇〇六年（伝絵・御伝鈔・歎徳文・慕帰絵・最須敬重絵詞）
同伝記編1、法藏館、二〇一一年（親鸞聖人御因縁・親鸞聖人御因縁秘伝鈔・親鸞聖人由来・良

観和讃・高田親鸞聖人正統伝・正統伝後集・親鸞聖人正明伝・親鸞聖人絵詞伝）
同伝記編2、法藏館、二〇〇八年（御伝鈔聞書・御伝抄私記・御伝照蒙記・御伝鈔演義）
同伝記編3、法藏館、二〇〇七年（康楽寺白鳥伝・親鸞聖人御一代記図絵）
同文書記録編6、法藏館、二〇〇七年（御俗姓御文）
本山佛光寺編『佛光寺の歴史と文化』法藏館、二〇一一年（仏光寺絵詞伝著聞鈔〈抄録〉）

◆単著

浅田徹ほか編『和歌をひらく』第一巻、岩波書店、二〇〇五年
伊藤聡『中世天照大神信仰の研究』法藏館、二〇一一年
上田さち子『修験と念仏』平凡社、二〇〇五年
後小路薫『勧化本の研究』和泉書院、二〇一〇年
塩谷菊美『真宗寺院由緒書と親鸞伝』法藏館、二〇〇四年
大桑斉『蓮如上人遺徳記読解』東本願寺出版部、二〇〇二年
大桑斉『戦国期宗教思想と蓮如』法藏館、二〇〇六年
岡見正雄博士還暦記念刊行会編『室町ごころ』角川書店、一九七八年
小川剛生『武士はなぜ歌を詠むか―鎌倉将軍から戦国大名まで―』角川書店、二〇〇八年
小川剛生『中世の書物と学問』山川出版社、二〇〇九年

織田顕信『真宗教団史の基礎的研究』法藏館、二〇〇八年
本願寺史料研究所編『増補改訂本願寺史』一、浄土真宗本願寺派、二〇一〇年
小山正文『親鸞と真宗絵伝』法藏館、二〇〇〇年
柏原祐泉『真宗史仏教史の研究Ⅱ 近世篇』平楽寺書店、一九九五年
金龍静『蓮如』吉川弘文館、一九九七年
日下無倫『総説親鸞伝絵』史籍刊行会、一九五八年
草野顕之『親鸞の伝記 『御伝鈔』の世界』筑摩書房、二〇一〇年
小峯和明『中世法会文芸論』笠間書院、二〇〇九年
沙加戸弘『真宗関係浄瑠璃展開史序説—素材の時代—』法藏館、二〇〇八年
佐々木月樵編『親鸞伝叢書』無我山房、一九一〇年
佐々木正『親鸞始記』筑摩書房、一九九七年
志立正知『〈歴史〉を創った秋田藩』笠間書院、二〇〇九年
真宗高田派本山専修寺監修『高田本山の法義と歴史』同朋舎出版、一九九二年
鈴木俊幸『江戸の読書熱—自学する読者と書籍流通—』平凡社、二〇〇七年
堤邦彦『江戸の高僧伝説』三弥井書店、二〇〇八年
高木元『江戸読本の研究』ぺりかん社、一九九五年
土井順一『仏教と芸能』永田文昌堂、二〇〇三年

徳田武『日本近世小説と中国小説』青裳堂書店、一九八七年
鳥越文蔵ほか編『浄瑠璃の誕生と古浄瑠璃』岩波書店、一九九八年
直林不退『節談椿原流の説教者―野世渓真了和上芳躅―』永田文昌堂、二〇〇七年
長友千代治『江戸時代の書物と読書』東京堂出版、二〇〇一年
長友千代治『近世上方浄瑠璃本出版の研究』東京堂出版、一九九九年
中野三敏監修『江戸の出版』ぺりかん社、二〇〇五年
『中村幸彦著述集』全十五巻、中央公論社、一九八二年～一九八九年
奈倉哲三『幕末民衆文化異聞』吉川弘文館、一九九九年
錦仁『浮遊する小野小町　人はなぜモノガタリを生み出すのか』笠間書院、二〇〇一年
早島有毅編『親鸞門流の世界―絵画と文献からの再検討―』法藏館、二〇〇八年
平松令三『親鸞』吉川弘文館、一九九八年
宮崎円遵『初期真宗の研究』永田文昌堂、一九七一年
『宮崎円遵著作集』全七巻、思文閣出版、一九八六年～一九九〇年
村上學『中世宗教文学の構造と表現―佛と神の文学―』三弥井書店、二〇〇六年
山田俊治『大衆新聞がつくる明治の〈日本〉』日本放送出版協会、二〇〇二年
鷲尾教導『親鸞の室玉日の研究』中外出版、一九二三年

◆論文

伊藤聡「本地垂迹神の展開」『解釈と鑑賞』第七十二巻第十号、二〇〇七年
遠藤一「坊守以前のこと」大隅和雄・西口順子編『信心と供養』平凡社、一九八九年
塩谷菊美「『真仏因縁』の生成」『同朋大学仏教文化研究所紀要』二五、二〇〇六年
塩谷菊美「法座の言葉―真宗史料から見た言文一致―」『文学』第7巻第3号、二〇〇六年
塩谷菊美「詠歌と女犯―真宗における神話的言説の意義について―」『同朋大学仏教文化研究所紀要』二六、二〇〇七年
塩谷菊美「物語不在の時代―真宗における祖師伝と『御文』―」『文学』第9巻第3号、二〇〇八年
塩谷菊美「自行化他の学問」『大系真宗史料』伝記編2、法藏館、二〇〇八年
塩谷菊美「『親鸞聖人正明伝』と知空著『御伝照蒙記』―「伝存覚作」の実態―」『同朋大学仏教文化研究所紀要』二九、二〇一〇年
大桑斉「呼応としての御遠忌史」『真宗研究』五二、二〇〇八年
川平ひとし「桐火桶変容―もの・こと・歌・テキスト―」『中世和歌論』笠間書院、二〇〇三年
大橋俊雄「鎌倉光明寺草創考」『日本歴史』一四六、一九六〇年
小川豊生「三界を建立する神」『日本文学』六三七、二〇〇六年
熊野恒陽「興正寺開山蓮教上人のこと」福嶋崇雄ほか著『仏光寺異端説の真相』白馬社、一九九九

九年
脊古真哉「荒木満福寺考―満福寺歴代の復元と源海系荒木門流の拡散―」『寺院史研究』一一、二〇〇七年
平雅行「若き日の親鸞」『真宗教学研究』二六、二〇〇五年
田中智行「龍谷大学図書館蔵『玄奘三蔵渡天由来縁起』翻刻（一）附解題」『徳島大学国語国文学』二二、二〇〇九年
名畑崇「親鸞聖人の六角夢想の偈について」『真宗研究』八、一九六三年
西口順子「成仏説と女性―「女犯偈」まで―」『日本史研究』三六六、一九九三年
万波寿子「『御伝鈔蔵板一件記録』翻刻と解題」『書物・出版と社会変容』十、二〇一一年
山田雅教「再論　伝親鸞作「三夢記」の真偽について」『高田学報』九二、二〇〇四年
山本一「『十訓抄』と歌学書・和歌注釈―『俊頼髄脳』『古来風体抄』関係説話から―」説話と説話文学の会編『説話論集　第3集』清文堂出版、一九九三年
和田恭幸「江戸時代の文学と仏教」『教化研究』一四七、二〇一〇年

あとがき――働きながら学ぶということ――

鎌倉時代から真宗門徒は教義を人格化させた「親鸞聖人」の物語を作り、その物語の共有によって、教義の伝承と集団の結集を図ってきました。

真宗は在家仏教です。職業的な研究者・実践者ではなく、働きながら救いを求める者たちのための教えです。この私の生死を職業的な研究者・実践者に任せてしまわず、自らの手で背負おうとは、志は素晴らしくても実行は大変です。倦《う》まず弛《たゆ》まず学び続けるには、難しい学術書ではなく、耳で聴いてわかる物語と、物語を共有する仲間とが必要でした。

物語の解釈は時代により、立場によって変わるものです。親鸞と玉日の結婚物語は、「真宗はじめはじめ物語」という作者の意図を超えて、「真宗興隆の予言」や「法然門流内における正統性の主張」、「山上山下を往復して衆生を救う代受苦の人」、「人間親鸞の政治的手腕」など、いろいろに読まれ、聴かれてきました。

親鸞伝の歴史は誤読の積み重ねだから、正しい読み方を取り戻そう、などと言いたいわけではありません。ドイツの思想家であるヴァルター・ベンヤミンのエッセイ「物語作者」によれば、物語は後熟するそうです。作者が筆を置いたときには青くかりかりしていた果物が、時の流れのなかで豊かに熟れて、濃厚な香を漂わせるようになるのです。

後熟の任に携わった人たちには著名人もいますが、現代にその名を伝えない人もたくさんいます。まして浄瑠璃・絵解き・唱導の聴き手や、平仮名絵入り本の読み手ともなれば、どこの誰とも見当がつきません。今、私たちの脳裡にある「親鸞」像は、何百年もかけて育まれてきた、有名無名の人たちの希望、願望の化身と言ってもよいのだと思います。

私は定時制高校の国語科教員として、働きながら学ぶ生徒たちに読み書きを教えていました。「漢字で住所氏名が書けるようになって通帳が作れた」などという生徒たちとの暮らしです。歴史や文学の研究といっても、特別なエリートを対象とする研究でなく、普通の人の普通の暮らしを知りたいと、いつも思ってきました。真宗門徒でもないのに親鸞伝という研究対象に出会えたのは偶然ですが、本当にすばらしい偶然でした。こういうのを「ご縁」と言うのでしょうか。

本書は『大系真宗史料』伝記編1「親鸞伝」、2「御伝鈔注釈」、3「近世親鸞伝」の三冊を編むなかから生まれました。そこでは後世への影響度を重視して、鎌倉時代から江戸時代中期までの親鸞伝を中心に収録したため、幕末の唱導や絵解きの台本、小型の平仮名絵入り本などは収録できませんでした。また、「親鸞の事蹟を記す」体裁のものばかりで、「親鸞の言葉を記す」体裁のものも対象外としました。したがって、本書もそれらについてはほとんど言及できていません。

何より、まだ資料収集も十分にできておらず、今後の研究の進展によって大幅な修正が見込まれる段階で、本書を公刊してよいかどうか、強く迷いました。けれども、今回の親鸞七百五十回忌を機に、また多くの「親鸞の実像」をうたう本が書かれるのだろうと思うと、「鎌倉時代の親鸞についての本」ではなく、「親鸞を主人公とするお話を語ってきた真宗門徒についての本」を出しておくのも意義があろうと考えた次第です。私も研究を続けますが、皆様もさまざまな親鸞伝を本棚のみならず、床下や屋根裏から探し出し、是非とも読んでみてください。

最後になりましたが、大切な資料を惜しげもなく見せてくださった真宗寺院のご住職や坊守の皆様、大谷・龍谷・同朋の各大学図書館や研究所、それから、書き慣れない私を上手にリードしてくださった法藏館編集部の上山靖子さんに、心から御礼申し上げます。

二〇一一年四月

塩谷　菊美

塩谷　菊美（えんや　きくみ）
1957年、神奈川県に生まれる。1979年、早稲田大学第一文学部日本文学科卒業、神奈川県立高校教育職（国語科）、1997年、和光大学人文学部文学科専攻科修了、2003年、早稲田大学にて学位取得　博士（文学）、現在、神奈川県平塚商業高等学校教諭。
編著：『真宗寺院由緒書と親鸞伝』『大系真宗史料　伝記編2御伝鈔注釈』『大系真宗史料　伝記編3近世親鸞伝』（共編）。近著『大系真宗史料　伝記編1親鸞伝』。

語られた親鸞

二〇一一年五月二〇日　初版第一刷発行

著　者　塩谷菊美
発行者　西村明高
発行所　株式会社　法藏館
京都市下京区正面通烏丸東入
郵便番号　六〇〇-八一五三
電話　〇七五-三四三-〇〇三〇（編集）
〇七五-三四三-五六五六（営業）

装幀者　西岡　勉
印刷・製本　亜細亜印刷株式会社

ISBN978-4-8318-6062-0 C1015